Walther Rohdich

Das Hitler-Attentat vom 8. November 1939
„Wenn es gelungen wäre ...“

Das Hitler-Attentat vom vom 8. November 1939

„Wenn es gelungen wäre ...“

Eine politischeVision von Walther Rohdich

Rediroma-Verlag

Bibliografische Information der Deutschen Nationalbibliothek:
Die Deutsche Nationalbibliothek verzeichnet diese Publikation in der Deutschen Nationalbibliografie; detaillierte bibliografische Daten sind im Internet über http://dnb.ddb.de abrufbar.

ISBN 978-3-96103-102-3

www.rediroma-verlag.de
23,95 Euro (D)

Inhalt

Vorwort

Immer wieder sich auf die vielen Attentate gegen Adolf Hitler beziehend ist gefragt worden: „Was wäre, wenn..." Also: Wenn eines wirklich gelungen und der Diktator ins Jenseits befördert worden wäre. Möglichst früh natürlich, ehe seine Untaten Wirklichkeit geworden wären. Der 20. Juli 1944 wäre zwar auch noch genehm gewesen und besser als gar nichts. Aber das erste der Allgemeinheit bekannt gewordene Attentat, eben jenes, das wir hier behandeln, fiel in eine günstige Zeit: Der Diktator war zwar als Kriegstreiber entlarvt, in Polen siegreich gewesen und schickte sich nun an, sich den Westen vorzunehmen, aber seine späteren ungeheuren Grausamkeiten waren noch nicht geschehen. Erste Untaten aus Polen wurden gemeldet und ließen ahnen, was anderen Besiegten bevorstehen würde, kämem sie unter die Fuchtel Adolf Hitlers. In internen Parteikreisen war bekannt, dass Hitler wie alle Despoten, Tyrannen und Diktatoren mit Attentaten auf sich rechnete. Darum übte er sich seit langem im Pistolenschießen und trug stets eine geladene Waffe bei sich.

„Solange Sie erfolgreich sind, mein Führer", hatte Heinrich Himmler versichert, „wird niemand auf den Gedanken kommen, Sie anzugreifen. Außerdem werden meine Männer jeden Attentäter von Ihnen fernhalten!"

„Aber die verdammten Engländer", wandte Hitler ein, „sollen laut Admiral Canaris' Leuten extra Agenten für solche Zwecke ausbilden."

Hitler liebte es, seine Vasallen ängstlich zu machen und streute absichtlich seine kruden Vorstellungen aus – das nennt man „seine Leute auf Trab halten". Auch von Vorsehungen, ob christliche oder heidnische, ließ der katholische Führer offen, redete er gern ausgiebig und stieß damit all jene vor allem alte Parteigenossen vor den Kopf, die seinetwegen aus den beiden großen Kirchen ausgetreten waren, und das nicht nur, um Steuern zu sparen. Wir werden hier sehen und erleben, wohin der Karren „Nationalsozialisten" fährt. Vor allem ist zu vermelden, dass der deutsche Normalbürger, der vorm Volksempfänger sitzt oder den „Völkischen Beobachter“ liest, sich überhaupt nicht vorstellen kann, dass irgendwo im Dritten Reich ein Mann hockt und an einer Attentatsbombe bastelt. Er, dieser genannte Normalbürger weiß ja inzwischen aus der Erfahrung von Nachbarschaft und Kollegenkreis, dass das Ohr der Partei, abgekürzt „Gestapo“ genannt, sozusagen „seine Ohren“ überall eingeschaltet und Leute erwischt hat, die viel harmlosere Sachen getan oder geäußert haben als einen deutchen Reichskanzler und Oberbefehlshaber der Wehrmacht ins Jenseits zu befördern.

Die Tatsachen

Aber dann! Am 8. November 1939 detonierte im Saal des traditionsreichen Bürgerbräukellers zu München eine Bombe, eine Attentatsbombe; es war 21 Uhr 20. Doch Adolf Hitler, dem allein sie galt, hatte seine Rede um zehn Minuten verkürzt und den Saal bereits verlassen, von innerer Unrast und notorischem Misstrauen getrieben – so etwas nannte er dann vollmundig Vorsehung. An seiner Stelle starben acht seiner Kameraden, von den 36 verschütteten wurden einige erheblich verletzt, denn eine ganze tragende Säule war total eingestürzt. Wieder war der Hauptakteur davongekommen, wie schon damals am 9. November 1923, als alle bayerischen Polizeikugeln einen Umweg um ihn gemacht hatten. Diesen Glücksfall galt es 16 Jahre später gebührend zu feiern. Schon am Abend desselben Tages hatte man *unseren Mann*, den Attentäter, am Wickel, da er in ziemlich tumber Weise versuchte, über die Schweizer Grenze das Dritte Reich zu verlassen. Da wussten die Behörden aber noch nicht, welchen Fang sie gemacht hatten. Warum der Attentäter den Fluchtversuch machte, statt heim zu Muttern zu fahren, bleibt ein Geheimnis und beweist, dass er kein „Profi“ war, wie man so schön sagt, sondern ein Amateur.

Unsere Vision

Das Attentat ist geglückt. Neben anderen Opfern liegt auch die Zielperson unter den Trümmern begraben, man zieht sie rasch hervor, aber sie sagt dann, sehr matt und kaum hörbar, so etwas wie „nach Osten“ und dann keinen Mucks mehr. Und *unser Mann* ist da längst bei Muttern und ruht sich aus: Von einer Arbeit, die nicht nur staubig und außerordentlich mühselig war, sondern auch Weltgeschichte macht. Kann man *historisch* steigern? Etwa *historischer* und *am historischsten*? Jedem Deutschlehrer graut's natürlich hiervor, aber wir wollen dennoch, auch auf die Gefahr hin, das Unwort des Jahres zu kreieren, diese sprachliche Untat hier begehen:

„Die erwähnten zehn Minuten waren die historischsten des 20. Jahrhunderts!“

Warum? Das zu untersuchen und darzulegen ist dieses Werk geschrieben worden.

„Eine Vision ?“ Gewiss: „Wenn das Attentat gelungen wäre...“

Die Lage im Herbst 1939

Seit dem 3. September des Jahres befindet sich Deutschland mit Frankreich und Großbritannien im Krieg, nachdem es Polen in einem äußerst raschen Feldzug niedergeworfen hat. Seine Befürchtung, im Westen angegriffen zu werden, ohne bereits im Osten fertig zu sein, hat sich nicht bewahrheitet; bis jetzt, Anfang November, jedenfalls nicht. Doch die Verantwortlichen sind sowohl in Erwartung eines Angriffs als auch selbst in Vorbereitung desselben, denn Hitler ist drauf und dran, die Unentschlossenheit seiner Gegner zu nutzen und Frankreich ebenso zu schlagen wie Polen. Er glaubt endgültig gesiegt zu haben, wenn dies gelingt: Dann rasch ein Friedensangebot an Großbritannien, das allein stehen würde, und der Krieg wäre aus und vorbei – wie alle Welt hoffte. Heute wissen wir, dass die Niederwerfung Polens für Hitler nur der erste Schritt zu weiteren Eroberungen im Osten gewesen ist. Sein Dilemma ist, dass entgegen den Prognosen sogenannter Fachleute wie Außenminister Ribbentrop überhaupt der Kriegszustand mit Frankreich und Großbritannien besteht: Hatte nicht Hermann Göring seinen fetten Korpus wie ein Wiesel hin und herbewegt und geredet und schwadroniert wie ein Weltmeister, sogar mit Neutralen wie Birger Dahlerus, um die Westalliierten aus diesem östlich-europäischen Konflikt herauszuhalten? Was ging diese überhaupt Polen an?

Nun, man würde es ihnen zeigen und ihnen das gleiche Schicksal wie den Polen bereiten! Er, Hitler, hätte bereits losgeschlagen, wenn seine Militärs, die sich ängstlich wie die welschen Memmen benehmen, nicht allzeit von ungünstigen Wetter- und Klimabedingungen faselten und auch sonstwie unpassende Bedenken vorbringen würden. Im Prinzip war Hitler der

Sitzkrieg im Westen natürlich ganz recht, denn erstens konnte der militärische Aufmarsch mit der Verlegung der Truppen von Ost nach West ungestört vorgenommen und die allgemeine Rüstung angekurbelt werden, zweitens waren die Chancen zu einer Verständigung solange noch einigermaßen günstig einzuschätzen, wie es noch nicht zu ernsthaften Kampfhandlungen gekommen war. Es hatte ein paar Luftangriffe gegeben, deutsche U-Boote waren in See gegangen, am 14. Oktober 1939 drang ein deutsches U-Boot unter Kapitänleutnant Günther Prien in den britischen Kriegshafen Scapa Flow ein und versenkte das Schlachtschiff „Royal Oak" durch Torpedotreffer, und in südlichen Gewässern war das Panzerschiff „Admiral Graf Spee" dabei, den gegnerischen Handel extrem stark zu stören.

Polen war zwischen Deutschland und der Sowjetunion aufgeteilt, zwischen den beiden Verbündeten herrschte seit den Verträgen vom August so etwas wie eitel Sonnenschein und alle Welt war überzeugt, das Ende Polens, das schon so viele Teilungen hatte hinnehmen müssen, wäre nun für alle Zeiten besiegelt. Damit dieses nachhaltig so sei und bliebe, griffen beide Partner zu äußerst drastischen und bisher ungewohnten Methoden: Ausrottung und Deportation. Die Sowjets kassierten in ihrer Besatzungszone Juden, Geistliche, Intelligenzler und Offiziere und verfrachteten sie in ihre gefürchteten Arbeitslager im fernen Osten oder brachten sie tatsächlich kurzerhand um. Die Deutschen gingen entsprechend ihrer Art methodischer vor: Da sie seit 1933 Erfahrung im Einrichten von Schutz- und Konzentrationslagern gesammelt hatten, richteten sie diese nun auch hier in Polen mit dem Gedanken ein, sie zu späterer Zeit zu Vernichtungs- und Arbeitslagern auszubauen und zu erweitern. Denn auch ihnen ging es darum, alle jene polnischen Kräfte zu liquidieren, die der neuen Besatzungsmacht jetzt und später Widerstand leisten könnten. Außerdem hatte Hitler mit der Eroberung Polens die erste Etappe seines „Weltziels" erreicht:

„Die Ausrottung der jüdischen Rasse."

Noch war die Welt hierüber ahnungslos, nur Befehlshaber und Teilnehmer wussten darüber Bescheid. Deutschlands Nachbarn im Westen waren jedoch ahnungsvoll: Gerüchte, die Deutschen würden bei ihrem geplanten Angriff im Westen auf die drei neutralen Länder keine Rücksicht nehmen, gingen um und wollten nicht verstummen. Tatsächlich kannte Hitler hierüber keine Skrupel, obwohl er nicht daran dachte, den deutschen Fehler vom Kriegsjahr 1914, nämlich den bekannten „Schlieffenplan", zu wiederholen. Wenn aber Frankreich im ersten Ansturm geschlagen werden sollte, m u s s t e der deutsche Angriff wiederum durch Belgien, möglichst sogar auch durch Holland, vorgetragen werden – ohne Warnung an diese Länder! Hitlers Ansicht und Motto „Der Sieger hat immer recht" war geschichtliches Allgemeingut.

Deutschlands Nachbar im Norden, Dänemark, hoffte auch diesen Krieg ungeschoren zu überstehen, ebenso wie die Schweiz im Süden, die jedoch zu konsequenter Verteidigung entschlossen war. Bündnispartner Italien unter dem Duce Mussolini würde treu zu Deutschland stehen, dessen war Hitler sicher, aber es lag in seinem Interesse, es nicht aktiv am Krieg teilnehmen zu lassen. Damit war Mussolini einverstanden, hatte er doch noch Ende August eindringlich erklärt, nicht gerüstet zu sein und im Ernstfall Kriegsmaterial und Betriebsstoff in großen Mengen zu benötigen. Schließlich sei noch aufs ferne Japan verwiesen, der Dritte im Bunde der Achse „Berlin-Rom-Tokio", dessen in der Zukunft ruhende Absichten allerdings in Berlin nicht bekannt waren.

Bleibt noch zu untersuchen, warum um Mars und Ares willen Frankreich und Britannien im Westen Deutschlands, also im Osten Frankreichs, keine Offensive starteten, als die deutschen Armeen in Polen beschäftigt waren. Wähnten sie Deutschland so hoch und stark gerüstet, was nicht stimmte; den Westwall unüberwindlich, was nur militärische Laien glauben konnten; die deutschen Linien stark besetzt, so dass ein Angriff auf sie das Risiko nicht lohnte? Ihr Hauptargument, nicht die militärische

Initiative zu übernehmen, war wohl der Umstand, dass sie sich, – im Gegensatz zum Gegner -, einen langen Krieg leisten konnten. Eingedenk des Weltkrieges von 1914 bis 1918 wussten sie, dass sie nicht ermattet und ausgehungert werden konnten. Aber außerdem überschätzten sie wohl wirklich Deutschlands Stärke und Potential, besonders das der Luftwaffe. So bezogen die Franzosen und das britische Expeditionskorps gemütlich doch etwas leichtsinnig ihre Stellungen hinter der gefürchteten Maginotlinie und den belgischen Forts und waren sicher, eine deutsche Offensive wie im Jahr 1914 abfangen zu können.

Wieder wie 1914 hatte die britische Flotte, der die deutsche diesmal hoffnungslos unterlegen war, die Blockade erhoben und die Nordsee abgeriegelt, aber sie verfing bis jetzt nicht, denn durch den Vertrag mit der Sowjetunion hatte sich Deutschland die Lieferung wichtiger Rohstoffe und Lebensmittel gesichert. Das würde, dachte jeder Deutsche und Ausländer, bis zum Ende des Krieges wohl so bleiben. Einer wusste es besser...

Am 6. Oktober richtete Hitler seinen „Friedensappell" an die Westmächte:

„Weshalb soll nun der Krieg im Westen anfangen? Für die Wiederherstellung Polens? Das Polen des Versailler Vertrages wird niemals wiedererstehen. Dafür garantieren zwei der größten Staaten der Erde. Die endgültige Gestaltung dieses Raumes, die Frage der Wiedererrichtung eines polnischen Staates, sind Probleme, die nicht durch den Krieg im Westen gelöst werden, sondern ausschließlich durch Russland in einem Fall und durch Deutschland im anderen..."

Stalins neutrale Sowjetunion schloss sich diesem Appell an, und gemeinsam erklärten Deutschland und die Sowjetunion noch, *„dass es den wahren Interessen aller Völker entsprechen würde, dem gegenwärtigen zwischen Deutschland einerseits und den Staaten England und Frankreich andererseits bestehenden Kriegszustand ein Ende zu machen."*

Ja, das hätte Hitler gepasst, aber die Westmächte gingen auf sein Angebot nicht ein.

Der Mann der Stunde

Unser Mann heißt *Johann Georg Elser*, Jahrgang 1903. Hier kurz sein Lebenslauf: Er wurde als Sohn eines Holzhändlers in Hermaringen im Kreis Heidenheim geboren, besuchte die Volksschule in Königsbronn und trat im Alter von vierzehn Jahren eine solide Ausbildung zum Dreher in der örtlichen Eisenwarenfabrik an. 1922 machte er seine Gesellenprüfung und spezialisierte sich sowohl auf Möbeltischlerei als auch auf Metallarbeiten, schlug also schon früh den Weg zum Bastler und Tüftler ein. Die nächsten zehn Jahre brachte er, wie damals durchaus üblich, als wandernder Handwerksbursche hinter sich, mal Möbel reparierend, dann in Uhrenfabriken arbeitend. In diesen Jahren kam er in Kontakt mit dem kommunistischen Rotfrontkämpferbund, der ziemlich kämpferisch agierte, Elser aber wohl nicht sonderlich imponierte. Sein schüchternes Wesen, ein wortkarger Charakter, der eindeutige Hang zum Einzelgänger und Grübler – nein, das sind gar nicht die Eigenschaften, welche Geselligkeit, Vereins- und Parteileben fördern. Lieber etwas auf eigene Faust und Verantwortung tun. Und so geschieht denn auch das nun Folgende.

Die erste drohende Kriegsgefahr erfasste Europa im Verlauf der sogenannten Sudetenkrise im Jahr 1938, die freilich mit dem Münchner Abkommen gebannt wurde. Sowohl der politische Laie Elser als auch hochkarätige Politiker und Militärs glaubten jedoch an den Kriegsausbruch, letztere sogar so sehr, dass sie Elser zuvorzukommen gedachten, - natürlich wusste man gegenseitig nichts davon -, und einen Putsch gegen Hitler planten. Der erübrigte sich zwar, aber für Elser war diese kritische Zeit das traumatische Erlebnis.

„Ich muss die Obersten treffen, weil sie immer mehr Land einbeziehen wollen.“

Diesen Entschluss fasste Elser im Herbst 1938 und begann nun seine Tat mit einer Umsicht und Ausdauer zu planen, zusätzlich mit Energie und Können, die in solchen einschlägigen Kreisen einmalig sein dürften. Es blieb vorerst ein Rätsel, wie er an die nötige Menge Sprengstoff kam und es schaffte, das Material zu dem zeitgenau funktionierenden Spezialuhrwerk zu beschaffen und es zusammenzubauen. Heute weiß man es: Aus einem Steinbruch bei Königsbronn, wo er beschäftigt war, stahl er prompt über 100 Dynamitpatronen und die dazugehörigen Sprengkapseln. Im Sommer 1939 zog Elser nach München und mietete dort unauffälig eine Werkstatt, um ungestört die Bombe konstruieren zu können.

Ab Ende August 1939 suchte er jeden Abend den Bürgerbräukeller auf, aß für 60 Pfennig eine Arbeitermahlzeit und versteckte sich danach in einer Besenkammer. Und in mehr als dreißig Nächten höhlte er die bewusste Säule aus und installierte er zuletzt die Bombe nebst Zeitzünder. Und sein Motiv? Hier ist eines: Er hat festgestellt, dass in der Hitlerzeit die Löhne der Arbeiter niedriger und die Abzüge höher wurden. Statt 1929 noch eine Mark wurden unter Hitler nur noch 60 Pfennig Stundenlohn gezahlt, und das unter einer Partei, die sich „Arbeiterpartei“ nannte! Auch, monierte Elser, kann ein Arbeiter seine Arbeitsstelle nicht mehr wechseln. Hitler, Göring und Goebbels nannte Elser die Verantwortlichen und wenn diese beseitigt würden, kämen andere, bessere Männer an die Regierung.

Im übrigen ist auch Elsers Kombinationsgabe zu bewundern: Wo und was ist des Opfers schwächste Stelle, wo ist sein wunder Punkt? Regelmäßigkeit und Gewohnheit sind es. Seit 1933 zelebrierte „der Oberste“ alljährlich die Erinnerungsfeier an seinen misslungenen Putsch von 1923 im bereits erwähnten Bierkeller zu München, hielt dort vor alten und neuen Kameraden seine Reden und schwelgte in alten Zeiten. Nur hier könnte es einem Attentäter, der jenen Kreisen vollkommen fern stand, gelingen, die Tat auszuführen. Die nun folgende Arbeit, die sich über viele Nächte hinzog, ist als das größte Meisterstück aus der

Zunft der Attentäter zu beurteilen, und wir begreifen noch heute nicht, wie es Elser gelingen konnte, völlig unbemerkt in den Nächten eine tragende, gemauerte Säule so auszuhöhlen, dass die Bombe hineinpasste, Mörtel-, Putz- und Mauerreste so fortzuschaffen, dass anderntags das Wirtspersonal nichts merkte und nach Vollendung der Arbeit die Örtlichkeit so wiederherzurichten, dass nichts auffiel und die SA- und SS-Männer und andere Parteigenossen, die den Saal zu inspizieren und vorzubereiten hatten, ganz ohne Arg waren. Die Bewachung der Örtlichkeit muss freilich gar nicht bestanden haben. Bedenken wir, dass bereits Krieg und es sehr leicht war, sich verdächtig zu machen. Nun, am Morgen des 8. November war alles gerichtet und *unser Mann* machte sich auf den Heimweg.

Dieser schien gefährlicher zu sein als die zurückliegende Nachtarbeit, denn dort hatte er sich allein befunden, hier, zum Beispiel am Bahnhof, wimmelte es von Menschen. Die ihn anstarrten, bildete er sich ein, von denen jeder ein Gestapoagent sein konnte, bildete er sich ebenfalls ein, die ihn beobachteten auf Schritt und Tritt – auch Menschen, denen die kommende Tat keinerlei Gewissensbisse verursacht, kennen die Angst vor dem Ertapptwerden. Es herrschten Diktatur und Krieg, das ganze System des Dritten Reiches baute sich auf Denunziation und die ihr beigesellte Furcht auf, jedermann konnte angehalten werden, um sich zu legitimieren und und über sein Kommen und Gehen Nachweis zu führen. Elsers Papiere waren in Ordnung, infolge seiner geringen körperlichen Konstitution und des „latenten Schwachsinns“, den ihm der Musterungsarzt attestierte, glaubte man vorerst auf seine Mitwirkung am Endsieg verzichten zu können. Aber eine plausible Erklärung, warum er hier in München war, konnte er nicht vorbringen; Arbeitssuche vielleicht, ein penibler Befrager würde aber wohl wissen wollen: warum, wieso, weshalb? Ob er ein Drückeberger sei? Ob er denn nicht wisse, dass das Dritte Reich den Begriff „Arbeitslosigkeit“ nicht kenne?

Na, durch die Sperre war er schon mal! Doch dort – ein Individuum, dem man den leibhaftigen Schergen angeboren sah! Einer jener Typen, von denen man munkeln hörte, dass sie am liebsten im Morgengrauen an Haus- und Wohnungstüren klopften... Er stand den der Sperre entströmenden Passanten breitbeinig im Weg und forderte Ausweise und Pässe, verließ sich aber wohl mehr auf seinen geübten Spürblick, den er über die Personen schweifen ließ. Noch zwei waren vor Elser, dessen Herz und Hirn zwischen Angst und Ruhigblut schwankten, jetzt nur noch eine, da ertönte ein Pfiff, den ein Kollege des Kontrolleurs ausstieß, und wie angestochen fetzte dieser davon, einem Flüchtling nach. Eine Minute später hockte Elser in seinem Waggon dritter Klasse.

Während sich der Zug in Richtung Augsburg-Ulm in Bewegung setzte, dachte Elser über seine Situation nach. Nicht dass er sich fürchtete, der Tat wegen eingefangen, verurteilt und geköpft zu werden; das war es nicht, was ihn bedrückte. Aber als notorischer Pedant, wenn es um seine Arbeit ging, bangte er einen Fehler gemacht, irgendeine Kleinigkeit übersehen zu haben, so dass Mühen und Gefahren der letzten Tage vergeblich erlitten sein könnten. Nun, da der Zug davonratterte und das Abteil von gewöhnlichen Durchschnittsbürgern besetzt schien, wich von ihm der letzte Rest Besorgnis, aufgefallen zu sein. Wenn heute Abend die Stunde schlug, war er zu Hause – wie je sollte es möglich sein, dass die Fahnder Himmlers und Heydrichs auf ihn, den unscheinbaren Mann aus Hermaringen, verfallen könnten? Er hatte keinen der bekannten Fehler der Attentäter gemacht, nämlich wie allzu sorglos die benötigten Utensilien einkaufen, sich zuviel sehen zu lassen und den Mund nicht halten zu können. Und wenn s i e die Überreste des Saales Stein für Stein und Krümel für Krümel aufklauben und untersuchen würden: Er, Johann Georg Elser, war mit nichts in Verbindung zu bringen. Das so seltene, perfekte und unaufklärbare Verbrechen!

Am Nachmittag erreichte er Hermaringen, nachdem er eine Strecke zu Fuß hatte machen müssen. Seine Mutter war zu Hause.

„Georg, mein Junge."

Sie hatte sich stets Sorge um ihn gemacht, da er so gar nicht zu den jungen Leuten der Gegend passte.

„Mutter."

Wie gut, bei allem Alleinsein e i n e n Menschen zu haben! Nach dem besten Essen seit langer Zeit sank Elser aufs Bett und in einen unruhigen Schlummer, aus dem er bereits um 20 Uhr wieder erwachte. Sein unstetes Wesen, der unruhige Blick, planloses Hin und Hergehen und das ungewohnte Zittern der Hände fielen seiner Mutter auf:

„Ist dir nicht gut, mein Junge?"

„Ich mache mir Sorgen um den Krieg, Mutter."

Verstohlene Blicke zur Uhr, noch eine Stunde! Das Radio verkündete, „unseres Führers Rede wird ab 20 Uhr 30 aus der Feierstunde zu München übertragen" und würde dieses eine Mal nur bis etwa 21 Uhr 15 dauern, „denn es ist Krieg und der Führer ist mit Arbeit und Sorgen um das deutsche Volk erfüllt". Elser erbleichte und musste den Raum verlassen, um Erregung und Enttäuschung vor seiner Mutter zu verbergen. 21 Uhr 15 – nun war alles umsonst! Merkwürdig genug fiel Elser erst jetzt ein, dass seine Bombe nicht nur Adolf Hitler sondern auch eine große Anzahl seiner Gefolgsleute bedrohte, Leute der zweiten und dritten Reihe, die vielleicht nichts anderes verbrochen haben als Parteigenossen zu sein. Sei's drum: Erst Mitläufer machen einen Diktator möglich.

Um 20 Uhr 25 begann die Übertragung aus dem Bürgerbräukeller, der erregte Reporter schürte die Erwartung ins beinahe Unangemessene – verlassen wir die Elsers und begeben wir uns nun zum Ort des Geschehens...

Wem die Stunde schlägt

Während Johann Georg Elser ruhte oder von Ängsten und Zweifeln geplagt die Zeit verbrachte, näherte sich der Führerzug der Hauptstadt der Bewegung.

„Wie mich diese Stadt immer wieder in ihren Bann schlägt", sagte Hitler mehr zu sich selbst als zu seinem Gegenüber. Dieser war *Otto Dietrich*, Jahrgang 1897 und Reichspressechef der NSDAP, der wichtigste Öffentlichkeitsarbeiter seines Herrn. Die heutige Veranstaltung war eine Öffentlichkeitsarbeit ersten Ranges und von Dietrich und seinen Mitarbeitern perfekt organisiert; was er übersehen hatte, ging ihm in wenigen Stunden schmerzhaft auf.

„Hier fing einst alles an", monologisierte Hitler versonnenen Blicks, „und hier, an der Feldherrnhalle, soll es auch enden, wenn ihr mich dort irgendwann in den Sarkophag legt."

„Das hat noch Zeit", sagte Dietrich.

„Ja, erst muss ich meine Aufgabe erfüllen und diesen Krieg gewinnen."

Dann kam Hitler auf den heutigen Abend zu sprechen:

„Wir haben ja die Rückfahrt nach Berlin für 21 Uhr 45 gebucht", sagte er, „das hieße, dass ich nur bis etwa 21 Uhr 15 im Bürgerbräu bleiben und bis 21 Uhr 10 höchstens reden könnte."

„So ist es geplant, mein Führer."

„Wissen Sie, Dietrich", fuhr Hitler fort, „ich denke manchmal und in letzter Zeit oft an Attentate und dergleichen. Ein Mann wie ich ist nie sicher vor ihnen, immer kann irgendwo ein Spinnkopp oder Fanatiker lauern..."

„Wir beschützen Sie, mein Führer."

„Das weiß ich doch natürlich", entgegnete Hitler, „dennoch gibt es keinen hundertprozentigen Schutz für mich. Das beste Mittel gegen solche Attentate ist eine kurzfristige und rasche Umdisponierung der Planungen."

Seine Begleiter stimmten zu.

„Darum", sagte Hitler, „tun wir das heute. Ich halte also meine Rede in voller Länge, wie ich das ursprünglich vorgehabt habe und wir nehmen den letzten Zug, der, soviel ich weiß, noch vor Mitternacht abgeht."

Sie beschlossen, diese Änderung geheim zu halten, auch besonders den Rundfunkleuten gegenüber, und Hitler ging die letzte Viertelstunde vor der Ankunft in München noch einmal seine Rede durch. Er hatte vor, seine letzte Friedenstaube starten zu lassen, in Richtung Westen, versteht sich, und sich dann an seine Aufgabe im Osten zu machen.

Im Bürgerbräukeller herrschte ungeheure Erregung, als seine Ankunft draußen gemeldet wurde. Die Kapelle intonierte den Badenweiler Marsch, schon tauchte der SA-Vortrupp auf, um Hitler die Bahn durch die Menge zu brechen. Ja, hier fühlte er sich in seinem Element, das der Saalschlachten der zwanziger Jahre, hier fühlte er sich auch sicherer als in der kalten Pracht der Neuen Reichskanzlei zu Berlin oder auf den Straßen der ungeliebten Hauptstadt. Hier konnte ihm nichts passieren, unter all den Parteigenossen, alte der ersten Stunde dabei und jene, die gleich ihm der Schießerei vor der Feldherrnhalle entkommen waren; 1923 war das gewesen, am 9. November.

„...es traf vor der Feldherrnhalle so manchen das tödliche Blei..."

Sie sangen's hier, gleich nach dem Horst-Wessel-Lied, während Hitler stumm und ergriffen schon am Rednerpult stand und sich zu sammeln suchte. Direkt neben ihm die bewusste Säule! Oft hatte er in den letzten Jahren vor seinen Zuhörern über seine Intuitionen und Ahnungen renommiert, „die mich noch nie im Stich gelassen haben", aber heute, ausgerechnet heute Abend hatte er sie nicht, diese Ahnungen!

20 Uhr 33. Nach Begrüßung und Gedenkminute kam Hitler, weitläufig ausholend, wie es seine Art war, auf seinen und seiner Partei Werdegang zu sprechen, von den ersten ärmlichen Anfängen über das Drama vom 9. November 1923 bis zu den Höhen und Tiefen in den stärksten Zeiten der Weimarer Republik.

„...Der November ist kein guter Monat für uns Deutsche, nicht zufällig kennen wir den Begriff der Novemberverbrecher. Aber unsere nationalsozialistische Bewegung ist nicht abergläubisch, zumal sie ja mit diesen Verrätern fertiggeworden ist. Mich und Sie, meine lieben Parteigenossen, erinnert der morgige 9. November an eine insgesamt glorreiche Zeit unserer Bewegung, die uns gestärkt und für das Folgende gestählt hat. Der Opfer zu gedenken und auch sie zu ehren sind wir heute zusammengekommen. Ihr Vermächtnis verpflichtet...“

Er kickste wie ein indisponierter Tenor und erntete dröhnenden Applaus und Ovationen im Stehen. 21 Uhr. Keine Hitler-Rede ohne Drohung, so wie das Dritte Reich nie ohne Feinde sein würde. Der Mittelteil der Rede:

„...Ich wiederhole mich nicht gern, halte es aber dieses eine Mal für notwendig. Wenn das internationale Judentum nicht bereit ist, mein Friedensangebot anzunehmen und diesen Krieg, der unnötig ist wie ein Kropf hierzulande (Gelächter)*, schleunigst zu beenden, dann hat es die Folgen, die fürchterlich und heute unvorstellbar sein werden, in voller Konsequenz zu tragen...“* (Eine Minute Applaus). 21 Uhr 10. Diejenigen vielen Männer von Adolf Hitlers Begleitung, die über seine Programmänderung nicht informiert waren, wurden nervös und schauten auf ihre Uhren; nach dem jetzigen Stand der Rede konnten sie sich nicht vorstellen, dass sie innerhalb weniger Minuten beendet sein könnte. Otto Dietrich hatte sich hinter Hitler an eine Säule gestellt und dirigierte die Fotografen, Kamera- und Rundfunkleute in die besten Positionen. Er ließ nun zirkulieren, „dass der Führer umdisponiert habe und ein wenig länger reden werde“.

21 Uhr 18. Dessen Redetalent trieb nun die Spannung dem Höhepunkt zu:

„Deutschland hat diesen Krieg nicht und nie gewollt. Er ist ausgebrochen, weil dieses Polen, mit der Rückenstärkung Großbritanniens, auf unsere berechtigten Wünsche Danzig und den Korridor betreffend nicht eingegangen ist. Nun haben wir Dan-

zig und einen Korridor, wie er breiter und größer nicht sein kann, (Gelächter), *und einen Grund für die Fortsetzung des Krieges kann ich beim besten Willen nicht erkennen, soweit ich auch meine Blicke und die meiner Soldaten nach Westen und Nordwesten schweifen lasse..."*

21 Uhr 20. Gelächter, Atempause.

„...und so richte ich nun hier und heute und tatsächlich zum letzten Mal einen dringlichen Appell an jene Staatsmänner jenseits des Rheins und auf der anderen Seite des Kanals..."

Die meisten Attentatsexplosionen der Welt wurden und werden nur gehört und nicht gesehen; wer hat schon seine Blicke im richtigen Moment aufs Zentrum gerichtet? Otto Dietrich hat's getan! Zitieren wir ihn aus seinem Protokoll, das er am nächsten Tag erstellt hat:

„Noch ehe ich den Krach der Explosion vernahm, Sekundenbruchteile vorher nur, sah ich den Führer nach hinten taumeln, wie von unsichtbarer Faust geschmettert rückwärts geworfen, dann dröhnten meine Ohren und eine ungeheure Wucht warf mich an die hinter mir befindliche Säule. Doch blieb ich bei Besinnung und sah, ehe eine Wolke von Mörtelstaub und Mauerresten die Sicht verwehrte, den Führer auf den Rücken liegen und auf seine Brust einen riesigen Gesteinsbrocken fallen. Der Explosionsdonner rollte durch den Raum, der Erdboden bebte und auch von den Deckenpartien, die hielten, bröckelten Putz und Ziegelfetzen hernieder. Von allen Seiten drang Geschrei an mein Ohr, Stöhnen, Hilferufe und Kommandos, immer wieder ‚der Führer, helft dem Führer!', ‚wo ist der Führer?' und dergleichen. Ich rappelte mich auf, spürte unverletzt zu sein und stolperte auf die Stelle des Rednerpultes zu. Es war auseinandergerissen, Mikrofone und Kabel lagen wirr durcheinander, aber wo war der Führer? Ich trat fast auf ihn, ein leises Ächzen ließ mich niederblicken, wo ich sein staubbedecktes Gesicht sah, das unverletzt schien, aber seine starren Augen auf mich gerichtet hielt. Ich bückte mich, versuchte den Steinbrocken zu bewegen, ihn von seiner Brust zu rollen oder zu schieben – unmög-

lich. Auch seine Arme lagen unter ihm fest. Da sah ich seinen Mund: Wollte er sprechen? Ja! Ich neigte mein rechtes Ohr hernieder und hörte undeutlich, leise, ein letztes Geflüster: ‚Nach Osten, Russland, ihr müsst es schlagen...' Tiefes Ausatmen und Seufzen – dann war der Führer tot!"

Des Berichterstatters Namensvetter *Joseph,* genannt *Sepp Dietrich*, Jahrgang 1892, einer der ältesten Anhänger Hitlers und Chef der gleichnamigen Leibstandarte, saß dem Redner gegenüber und beobachtete den Vorgang aus entgegengesetztem Winkel. Nur der Zufall, dass ein stürzender Balken seinen Nebenmann traf, ließ ihn davonkommen:

„Wie üblich und dafür verantwortlich schweiften meine Blicke vom Führer über den ganzen Saal hin und her, um die Absichten etwaiger Verräter und Attentäter so früh wie möglich zu erkennen. Da krachte die Säule auseinander und der Luftdruck presste mich an meinen Nebenmann, doch gingen meine Blicke instinktiv zum Führer. Was ich dort sah, werde ich mein Lebtag nicht vergessen: Sein Wasserglas flog an seinem Kopf vorbei, seine Hände versuchten das auf dem Pult fest installierte Mikrofon zu fassen, die Blätter seines Manuskripts wirbelten in der Luft und er selbst wurde von einer unwiderstehlichen Kraft rückwärts geworfen. Mein letzter Blick galt einem Mauerbrocken, der von oben herabfiel, ich rief in höchster Bedrängnis ‚der Führer!', ehe ich selbst einen schweren Schlag auf die Schulter erhielt."

Der erwähnte Balken verwundete Sepp Dietrich, der ein Bulle von Kerl war, nur unwesentlich, während sein Nebenmann, ein alter Kämpe von 1923, an diesem sechzehnten Jubiläum seines Putschversuchs ums Leben kam. Einige Teilnehmer hatten in unmittelbarer Nähe der präparierten Säule gesessen, sogar an sie gelehnt – sie konnten nur mühsam identifiziert werden. Sepp Dietrich, kaum ganz zu sich gekommen, riss das Kommando an sich, befahl um erste Hilfe, die bereits unterwegs war und rief dröhnend:

„Niemand verlässt den Saal! Wir schießen auf jeden, der es versucht.“

Sein praktischer Sinn bedachte schon die Fahndung und Verfolgung, konnte er doch noch nichts vom Ursprung der Explosion wissen. Dabei schien er die Einsturzgefahr in Kauf zu nehmen. Schon nach wenigen Minuten hatte er die Ruhe wiederhergestellt und starke Männer veranlasst, Hitler zu bergen. Zwei Ärzte unter den Zuhörern stellten dessen Tod fest. Otto Dietrich kam zu Sepp Dietrich und schlug vor, sofort eine komplette Nachrichtensperre zu verhängen; zu spät: Einer der Rundfunkleute hatte bereits den Saal verlassen und durch den Übertragungswagen draußen die Meldung vom Attentat nach Berlin gegeben, schon eine Minute später konnte er Hitlers Tod nach dort bestätigen. Im Sender saßen keine Politiker, nur Fachleute, die Mühe hatten, ihre besorgten Hörer, die wegen der unterbrochenen Übertragung anriefen, zu beruhigen. Damit ging die Neuigkeit im Nu durch die Welt. Hätte es etwas ausgemacht, wenn dieses erst zwölf oder vierundzwanzig Stunden später geschehen wäre? Vielleicht.

Hitlers Leichnam wurde auf eine Bahre gebettet, hinaus in einen passenden Wagen getragen und ins nächste Krankenhaus transportiert, scharf bewacht von Sepp Dietrichs SS-Männern der Leibstandarte. Ein Dutzend von ihnen kontrollierte und visitierte inzwischen die Gäste der Veranstaltung, auch das Personal, das für Bier und andere leibliche Genüsse gesorgt hatte. Jeder musste sich ausweisen, wurde durchsucht und als Teilnehmer registriert, ehe er den Saal verlassen durfte. Über dreißig Verwundete verschiedenen Grades mussten versorgt werden, die acht Toten, teilweise grauenhaft verstümmelt, lagen bereits in Reihe und Glied und unter Tischdecken verborgen. Gestapo- und Kripoleute trafen ein, verhörten, untersuchten, fotografierten. Ein schlauer von ihnen, vielleicht in der raschen Erkenntnis, dass hier wohl nie etwas aufzuklären sei, murmelte ein paar Worte wie „Anschlag englischer Geheimagenten“ und gebar damit unbewusst eine Legende, die zur Gewissheit gemacht wurde. Sogleich gingen Anweisungen hinaus, die Grenzen des Reiches schärfer als bisher zu bewachen und jede verdächtige Person sogleich festzunehmen.

Während die beiden Dietrichs als einzige Männer, die hier einen klaren Kopf behalten hatten, berieten, wie weiter zu verfahren sei, trafen der Polizeipräsident und der Gauleiter Münchens ein. Damit wurde Otto Dietrich jeder Verantwortung enthoben und Sepp verblieb in seiner Eigenschaft als Chef der Leibwache vor Ort. Beratung und Gespräche drehten sich um die Nachfolge Hitlers.

„Heß oder Göring?"

Das Volk betrachtete Heß als den Stellvertreter Hitlers, aber diese Regelung bezog sich nach Hitlers Willen nur auf die Führung der NSDAP.

„Hermann Göring ist Hitlers Nachfolger als Staatsoberhaupt", sagte Sepp Dietrich.

Otto Dietrich bestätigte dies kurz vor seinem Abgang, so dass man beschloss, alle notwendigen Maßnahmen in die Wege zu leiten. Wenn diese Herren dachten, der „dicke Hermann" sei in Bequemlichkeit total verweichlicht und müsse wohl mühsam wachgerüttelt werden, so irrten sie sich gewaltig und im Fall des Gauleiters sogar zum letzten Mal. Nicht nur war Hitler vom Sockel gestürzt, sondern sein ganzes System wankte in den Fugen und brach in wenigen Stunden auseinander. Bevor wir diesen Vorgang untersuchen, kehren wir ins Wohnzimmer *unseres Mannes* zurück, dem, trotz aller Befürchtungen, dieser Abend äußerst gelungen vorkam...

Die Stunde unseres Mannes

Mutter Elser hatte solange mit Adolf Hitlers Maßnahmen und Errungenschaften sympathisiert, wie sie keine großen Risiken und Kriegsgefahren heraufbeschworen, also bis zum Anschluss Österreichs an das Dritte Reich. Sie traf sich da mit den Ansichten ihres Sohnes, ohne dass viele Worte darüber gemacht wurden. Ihr Mann und eine Anzahl Männer der Verwandtschaft waren zwischen 1914 und 1918 gefallen oder schwer verwundet worden, „für Gott, Kaiser und Reich“, was durchaus akzeptabel schien und, als es sich als sinnlos erwies, mehr Enttäuschung als Empörung hinterließ. Aber das Ganze noch einmal? Und für einen Bürgerlichen? Dass dieser ein Emporkömmling war, störte in Georg Elsers Familienkreis nicht, in denen jeder gern emporkommen mochte und Verständnis für seinesgleichen besaß, aber, wie gesagt:

„Nicht noch einmal, meine Herren!“

Wir wissen ja bereits um Georg Elsers Kontakte zu „roten Zirkeln“, die er mit Wissen seiner Mutter unterhielt, aber beide kamen zu dem Schluss, dass von Braunen zu Roten gehen soviel bedeutete wie vom Regen in die Traufe zu geraten. Also ging ihr Treiben fortan dahin, den nun einmal ausgebrochenen Krieg zu überleben. So dachte die Mutter. Der Sohn dachte weiter und das Ergebnis seiner Denk- und anschließenden Handarbeit lag, wir wissen es, heute Abend vor.

20 Uhr 33 im Hause Elser, das Radio übertrug die Münchner Feierstunde.

„Ich dachte“, sagte Frau Elser, „du könntest seine Reden nicht mehr anhören, sie kotzen dich doch sonst an.“

Georg antwortete nicht und hockte dumpf brütend am Tisch, den Kopf in beide Hände gestützt. Verstohlen entquollen ein paar Tränen seinen Augen.

„Was ist mit dir, mein Junge?“

Wenn sie in diesem Ton „mein Junge“ sagte, schmolz er hin wie Margarine in der Sonne, schon seit über dreißig Jahren, und wenn dann noch ihre Hand über seinen Kopf glitt, war für ihn die Welt so in Ordnung, dass er alle guten und auch schlechten Vorsätze spontan vergessen musste. 21 Uhr in Elsers gutem Wohnzimmer.

„Es ist alles umsonst gewesen“, schluchzte Georg und flennte wie der letzte Dorfköter, „meine ganze Arbeit, die Mühen, mein letztes Geld...“

In fliegender Hast, denn die Zeit drängte ja, berichtete er seiner Mutter, was er in der vergangenen Zeit getrieben hatte und was in wenigen Minuten gar passieren würde, stockend, bisweilen stotternd, dennoch flüssig und beinahe lückenlos. Ihr Gesicht wurde zwar lang und länger, aber nicht bang und bänger, unterdrückter Stolz und bezähmter Jubel überzog es mit rotem, Erregung verratenden Schein. 21 Uhr 10 zeigte Elsers große Standuhr.

„Und welcher Kummer macht dich jetzt verrückt?“, fragte sie kaltblütig und im Inneren triumphierend.

„Dass er nun aufhört mit seiner Rede und den Saal vor 21 Uhr 20 verlassen wird“, wimmerte Georg, „sie haben vorhin die Programmänderung angekündigt.“

Um 21 Uhr 15 sah Frau Elser nun auf ihrer Uhr, sie horchte eine Minute intensiv Hitlers Ausführungen und entschied dann:

„Er ist mittendrin in seinem Gequatsche, mein Junge, der ist noch lange nicht durch. Es klappt, wirst's sehen.“

Wieviel gebannte Hörer mochte Hitler momentan haben? Wieviele langweilten sich, hörten nur pflichtschuldig zu oder bekundeten nur ein berufliches Interesse? Dieses ist nicht zu beantworten, aber sicher ist, dass es keine weiteren als unsere beiden Elsers gab, die mit ähnlicher, ungeheurer, nervtötender Spannung schwiegen und horchten. 21 Uhr 20, noch immer diese Stimme – Georg Elser zitterte unter der Vorstellung, dass s e i n e Bombe nicht zündete. Gelächter wurde übertragen, dann:

„...und so richte ich nun hier und heute und tatsächlich zum letzten Mal einen dringlichen Appell an jene Staatsmänner jenseits des Rheins und auf der anderen Seite des Kanals...“

Dann Rauschen im Äther, Abbruch, totale Stille. Mutter und Sohn schauen sich an wie Teilnehmer des Jüngsten Gerichts. Georg erklärt mit Flüsterstimme, dass dieser Hitler mausetot sein m ü s s e, wenn er während der Explosion am Rednerpult gestanden habe. Nach einer kurzen Weile meldet sich der Berliner Sender zurück, sagt etwas von Stromausfall und dass die Störung bald behoben sei. Unsere beiden Elsers sind so mit den Nerven am Ende, dass sie das Radio ausstellen, wonach Georg seiner Mutter noch einmal, diesmal klarer und genauer, den Hergang seiner gefährlichen Arbeit im Bräukeller berichtet. Sie kann sich vor Stolz kaum fassen, bis ihre aufkeimende mütterliche Sorge die Oberhand gewinnt:

„Und du bist sicher, nie beobachtet worden zu sein?"

Er ist ganz und gar sicher und beruhigt sie. Dass sie selbst die Gefahrenquelle sein könnte, geht ihm vorerst nicht auf: Denn nachbarliche Schwätzchen sind ihre Leidenschaft. Nach einer Viertelstunde des steten Grübelns und einer Gewissenbefragung klingelt es heftig an der Haustür und die Nachbarin, auch eine Schwätzchenliebhaberin, stürzt in das Zimmer:

„Habt ihr gehört? Er ist tot! Hinüber und hops, sage ich euch."

„Wer? Dein Mann etwa?"

„Der Führer sag ich, tot und mausetot, ganz und gar. Sie haben's vorhin im Radio gesagt."

„Aber er sprach doch soeben noch..."

„Ja, da ist's ja wohl passiert, wie's scheint. Vermutlich ein Herzschlag, denk ich."

„Vielleicht gibt's nun Frieden", sagt Georg Elser.

Da ist die Nachbarin schon draußen, um's weiterzuvermelden. Georg und seine Mutter einigen sich an diesem Abend, dass eisernes Schweigen nun ihre erste Bürgerpflicht sei.

„Wenn sie dich packen", sagt sie, „landest du im KZ oder auf dem Schafott. Ist dir das klar?"

Ist es ihm, natürlich. Ehe wir verfolgen, wie sich eine Todesnachricht einem Lauffeuer gleich durch das Dritte Reich ausbreitet, wenden wir uns einigen Persönlichkeiten zu, die, im Gegensatz zu unseren Elsers, von diesem Ereignis vollkommen überrascht werden.

Gespräche, Diskussionen, Intrigen und Hoffnungen

In Berlin. Doktor *Joseph Goebbels*, Jahrgang 1897, Reichsminister für Volksaufklärung und Propaganda, muss seines Meisters Reden von Berufs wegen anhören, ob sie ihn nun interessierten und fesselten oder nicht. Denn als oberster Chef der deutschen Medien war er verpflichtet, mitsprechen zu können, wenn es um ihre Veröffentlichung ging. Da er ein Lebenskünstler und nicht Hitlers Bewegung beigetreten war, um in brauner Askese zu vegetieren, bemühte er sich, Pflichten und Vergnügungen zu vereinen, auf einen gemeinsamen Nenner zu bringen. Für heute, den Abend des 8. November des sechsten Jahres der Machtergreifung, bedeutete dies folgendes: Die Pflicht war das Anhören der Rede im Bürgerbräukeller, das Vergnügen ein vergnügtes Beisammensein mit Fräulein *Anita von Anhalt*, Jahrgang 1920, ein eventuell aufgehender Filmstern; je nachdem, wie sie dem kleinen Doktor diesen Abend zu gestalten wusste. Dass es gerade dieser Abend war, der beider Karriere ein Ende setzte, konnten sie, selbst bei größtem Pessimismus, nicht absehen. Goebbels musste inzwischen bei seinen erotischen Pirschgängen behutsam vorgehen, wie ein echter Grünrock beinahe, denn er wusste um Hitlers Missfallen für solche unschönen Angelegenheiten, das lebensgefährlich werden konnte.

Er kannte Hitlers Terminkalender, der seine Ankunft in Berlin für den Vormittag vorsah; Zeit genug, die Rede anzuhören und am Morgen mit seinen Referenten zu besprechen. Wir wollen Goebbels‘ Beschäftigung bis 21 Uhr 20 übergehen, da sie für den Verlauf unserer Geschichte ohne Bedeutung ist. Nun jedoch kam der uns bereits bekannte Übertragungsausfall zustande.

„Den Radioleuten werde ich morgen mal den Marsch blasen.“

Auch deren Entschuldigung besänftigte ihn nicht, aber dann warf ihn die Todesnachricht aufs Sofa zurück.

„Das ist unser Ende!“

Wie genial hellseherisch! Und in zwei Minuten saß Goebbels im unten wartenden Auto, in weiteren zehn Minuten war er daheim bei Frau *Magda*, Jahrgang 1901, Hausfrau, und fuhr von dort aus ins Ministerium, wo man ihn bereits dringend erwartete. Aufruhr und Aufregung dort waren unbeschreiblich, seit sich hier die Gerüchte um ein Attentat zur Gewissheit verdichtet hatten. Gerade hatte sich Goebbels hinter seinen Schreibtisch platziert, noch allein jetzt, ließ seine Leute im Vorzimmer warten und brütete finsteren Blicks seiner Zukunft entgegen, als ihn Bruno Lörzer, bekannt als Intimus Hermann Görings, am Telefon zu sprechen verlangte. Goebbels' Gesicht wurde während des Gesprächs bleich und bleicher, die Miene wutverzerrt und devot zugleich und erschöpfter, als jede Mätresse ihn je gemacht hatte, legte er den Hörer auf. Das ihm!

„Das mir!"

Lörzer hatte ihm im Namen Görings befohlen, morgen „Punkt 11 Uhr" im Kabinettssaal der Reichskanzlei zu erscheinen.

„Befohlen! Das mir!"

Von dumpfen Ahnungen geplagt tat Goebbels nun folgendes:

1.) Er notierte die Ereignisse „dieser Nacht vom 8. auf den 9. November 1939" in sein Tagebuch.

2.) Er steckte dieses Tagebuch, „mein wertvollstes Stück", nebst anderen persönlichen Utensilien, in seine Aktentasche.

3.) Dann rief er seine engsten Mitarbeiter zu sich.

Er teilte ihnen offiziell den Tod Hitlers mit und sagte einiges über die Ungewissheit der neuen Lage, dass man abwarten müsse und dass sie nach Hause gehen könnten und sollten.

„Morgen werden wir weitersehen."

Es sollte tröstlich und kameradschaftlich klingen, aber alle ahnten doch, dass ihre feinen Arbeitsplätze hier bedenklich wackelten.

Zu Hause bei seiner Magda ließ Goebbels seinen argen Befürchtungen freien Lauf. Er wusste am besten, dass Hitler die Klammer von Partei, System und Staat war und dass nun Diadochenscharmützel größten Ausmaßes stattfinden würden, ja müssten, aus denen Kreaturen wie Göring und Himmler als Sieger hervorgehen würden. Er selbst, Goebbels, besaß ja im Gegensatz zu ihnen keine Hausmacht und würde abserviert werden wie erkaltete Mahlzeiten. Wer sollte auch, da rundherum kein Feldherrngenie wie der Führer in Sicht war, diesen Krieg erfolgreich zu Ende führen oder in vernünftiger Weise ausklingen lassen?

Freilich, er selbst war stets gegen dieses Abenteuer gewesen und hätte nichts einzuwenden, wenn es beendet würde, ehe es mit ganzer Macht über Deutschland hereinbrach. Er versuchte nun, seiner Magda den vermutlichen Lauf der Dinge zu erklären:

„Die Militärs werden die Macht an sich reißen, um einen bösen Bürgerkrieg zu verhindern und vermutlich das ganze nationalsozialistische System liquidieren. Dieses Adelspack der Offiziere und Generale opponierte schon immer gegen den Führer und sieht nun seine Stunde gekommen."

Magda hatte insgeheim nichts dagegen, wenn ihr Joseph, dessen Seitensprünge ihr bekannt waren, aus dem aufreibenden Ministeramt schied und mit einer satten Pension ins Privat- oder normale Berufsleben wechselte; zum Beispiel könnte er sich seinen schriftstellerischen Ambitionen hingeben. In Eintracht verbrachten sie den Rest der Nacht und fieberten der morgigen Ministersitzung entgegen. Alle Minister auf einen Haufen vereinigt! Das hatte es seit 1933 nicht mehr gegeben...

Weiter in Berlin. In den ersten Monaten des Krieges war das Lokal *Horchers* noch immer gut frequentiert. An Privatpersonen mangelte es freilich ein wenig, doch wurden diese von Bonzen, Funktionären, Diplomaten und anderen Kriegsgewinnlern so ausreichend ersetzt, dass der Betrieb aufrecht erhalten werden konnte. Wer hier etwas war, aß und trank, schlemmte und prasste, machte sich und anderen Mut und hurte anschließend ein wenig in *Kittys Salon.* Der Besuch vornehmer und teurer Lokale erhöht das Ansehen, das war schon zu Neros Zeiten so, und wer in Hitlers Berlin auf dem laufenden bleiben wollte, sei's aus beruflichen Gründen oder des puren Überlebens wegen, m u s s t e hier verkehren.

Unter diesem Zwang lebten auch die beiden Herren, denen wir uns nun zuwenden. Sie waren als Intimfeinde bekannt, doch ließen sie sich dieses wegen ihrer guten Erziehung keinesfalls anmerken. Sollte aber einmal einer von ihnen reif sein, über die Klinge zu springen, nun denn: man würd's geschehen lassen, ohne einen Finger zu krümmen. Schließlich war Krieg und Todesanzeigen gehörten zum neuen Alltagsbild der Zeitungen. Pflichtgemäß lief im Hintergrund das Radio, aus dem in sarkastischen Worten die Stimme des *Lord How How* zu hören war, eines verräterischen Engländers, der seine Landsleute von Berlin her zu verhöhnen pflegte. Niemand achtete auf ihn, wie auch später Hitlers Rede hier in dieser lockeren Atmosphäre niemanden vom Hocker reißen konnte.

Wilhelm Canaris, Jahrgang 1887, trockengelegter Admiral und mächtiger Chef der „Abwehr“, das heißt des militärischen Geheimdienstes der Wehrmacht, verbrachte diesen Abend mit Oberleutnant *Reinhard Heydrich*, Jahrgang 1904, Leiter des Reichssicherheitshauptamtes (RSHA), damit der Geheimen Staatspolizei (Gestapo), des Sicherheitsdienstes (SD) und der Kriminalpolizei (Kripo). Ein im Reich gefürchteter Mann, auch „blonde Bestie“ geheißen. Einst wegen unlauteren Verhaltens aus der moralpingeligen Kriegsmarine ausgestoßen, fand er Unterkunft und Auskommen unter der Schirmherrschaft des starken Reichsführers-SS Himmler und machte dort rasch durch Skrupellosigkeit und gekonntes Intrigantentum Karriere. Das Duo Himmler-Heydrich schien Hitler der Garant zu sein, eines Tages mit dem Weltjudentum gründlich aufzuräumen.

Canaris dagegen war ein echter „German gentleman“, britisch beinahe, viel in der Welt herumgekommen und moralisch eiffelturmhöherstehend als sein blasser Tischnachbar. Dank seiner guten ausländischen Beziehungen und der für den scharfäugigen Hitler erkennbaren gewissen Schlitzohrigkeit schien er für die jetzige Position, die er seit 1935 innehatte, wie geschaffen zu sein.

Wo nur hatten diese beiden braunen Superagenten in den letzten Tagen ihre Augen und Ohren, dass sie von Georg Elsers Anschlag nicht die mindeste Witterung aufnehmen konnten! Ihr Gespräch drehte sich jetzt um die Lage im Westen und die Fortführung des Krieges.

„Der Feind macht zur Zeit keine Anstalten“, sagte Canaris, „zur Offensive überzugehen, obwohl er täglich seine Truppen reichlich und die Befestigungen enorm verstärkt.“

„Glauben Sie, Admiral?“, fragte Heydrich süffisant, „dass unsere Soldaten die Maginotlinie überwinden werden?“

„Ich denke“, antwortete Canaris offen, „das wird nicht nötig sein, wir sollten sie nämlich von hinten, also vom Westen her fassen und nach Osten hin aufrollen.“

Ja richtig, Heydrich erinnerte sich von der Schulzeit her an den Schlieffenplan, der ja einst vorsah, die Franzosen in einer riesigen Frontschwenkung von Nordwesten und Westen östlich gegen ihre eigene Rheingrenze zu drücken. Ehe die beiden Männer ihr Gespräch fortführen konnten, lauschten sie eine Weile der Stimme ihres Führers.

„Der Reichsführer und ich“, fuhr Heydrich mit gedämpfter Rede fort, „haben dem Führer Vorhaltungen wegen seines Leichtsinns bei einem solchen öffentlichen Auftreten gemacht. Aber er fühlt sich verpflichtet, möchte vorerst nicht verzichten und ist der Ansicht, dass er Attentate solange nicht zu fürchten braucht, wie seine Politik und die Kriegführung erfolgreich sind. Ich denke, das ist eine richtige Ansicht.“

„Und wenn nicht?“, fragte Canaris bedenklich.

„Dann, das weiß er gewiss, werden sich seine Generale gegen ihn erheben.“

„Auch die Admirale?“, fragte Heydrich mit einer gewissen, wohl geplanten Hinterhältigkeit.

Admiral Canaris ersparte sich eine Antwort.

Gesprächspause, weil aus dem Radio überlautes Gelächter dröhnte, gefolgt von rauschendem Beifall.

„Aber Sepp Dietrich mit seinen Männern ist doch bei ihm“, warf Canaris dann doch ein.

„Ja, wie immer. Aber wenn nun unter den alten Gefolgsleuten sich einer zum Täter gemausert hat?“

Heydrichs Augen folgten dem Popöchen einer Kellnerin aktuell-gierigen Blicks und just wollte er Canaris den Vorschlag machen, anschließend auf einen „Sprung“ nach Kittys Salon mitzukommen, als das Radio aussetzte und kurze Zeit später die Entschuldigung des Senders zu hören war.

„Unser kleiner Doktor“, sagte Heydrich spöttisch, „hat seine Rundfunkleute nicht richtig im Griff. Solche Pannen dürfen bei einer derartigen Veranstaltung nicht vorkommen, was soll das Ausland von uns denken! Werde mal nachforschen lassen.“

Sein klassischer Agentenriecher, auch Spürnase genannt, verließ ihn heute vollkommen; Herrn Canaris erging es nicht anders. Da sorgte die Durchsage von Hitlers Ableben für eine solche Stille im Lokal, dass man den geheimsten Pup hören konnte. Nun hatten es alle jene Persönlichkeiten mit dem Aufbruch ziemlich eilig, denen das Dritte Reich einen gewissen Grad von Verantwortung aufgebürdet hatte: Generalstäbler, der Polizeipräsident, Staatssekretäre, Huren im Staatsdienst, Spione, angehende Widerständler, Diplomaten, Filmdiven und ihre Regisseure. Alle sie witterten heraufziehendes Unheil; warum, wussten sie selbst nicht zu sagen.

Canaris begab sich auf sein Amt, um wie Goebbels persönliche Unterlagen einzustecken und ansonsten der Dinge zu harren, die kommen könnten: Zum Beispiel einige Schergen Himmlers, der nicht nur auf dieses Amt scharf war, sondern auch auf eine Beseitigung seines Konkurrenten. Aber auch hier kam nun ein Anruf Lörzers, der den Admiral zum nächsten Morgen 11 Uhr in die Reichskanzlei befahl. Heydrich fuhr erst heim zu Ehefrau Lina, beruhigte sie und fand dort bereits den gleichen Befehl Himmlers, herzukommen...

Immer noch Berlin. *Heinrich Himmler*, Jahrgang 1900, Reichsführer-SS im Rang eines Ministers, erfuhr den Tod seines Mentors und Vorbilds in seiner Berliner Wohnung. Da es seine Leute waren, die in München ermittelten, konnte er sich bald ein Bild vom Hergang des Attentats machen, zumal man aus den Trümmern der tragenden Säule die Reste einer weckerartigen Uhr geborgen hatte. Immerhin ein Anfang. Als Heydrich eintraf, klingelten unaufhörlich die zwei Telefone, so dass er sich sogleich nützlich machen konnte. Himmler tat zwar martialisch im Ton, aber seine innere Erregung war unübersehbar, und nach dem Anruf „hier Lörzer", den Heydrich ihm reichte, zuckten Blässe und Röte über sein Gesicht wie Nordlichter um Island.

„Stellen Sie beide Telefone ab", befahl er.

Heydrich wagte sich jetzt nicht zu rühren. Der Blitz eines Augenblicks hatte aus den beiden mächtigsten Männern des Reiches, sofern es um die Verfolgungen, die Verhaftungen und die Umsetzung Hitlerscher Befehle ging, Muttersöhnchen, Memmen und geistige Krüppel gemacht. Es fehlten nur noch ihre Frauen, denen sie sich flennend in die Arme werfen könnten.

„Er reißt schon die Macht an sich", sagte Himmler, „und bestellt mich für morgen in die Reichskanzlei – dieser fette Lebemann und Reichsschmarotzer!"

„Aber der Führer hat ihn zu seinem Stellvertreter erkoren", sagte Heydrich, „wir werden ihm gehorchen müssen."

„Das ist es nicht allein", antwortete Himmler, „er lässt bereits Luftwaffeneinheiten nach Berlin verlegen, die die Reichskanzlei abriegeln und schützen sollen."

„Schützen? Vor wem?"

„Vor meiner SS natürlich."

„So lassen Sie diese ebenfalls antreten, Reichsführer."

Himmler winkte müde ab.

„Bürgerkrieg? Ein Krieg im Krieg! Nein, Heydrich, niemals."

Heydrich fand allerdings, dass sein Vorgesetzter dafür nicht der richtige Mann sei, er selbst schon eher, klar; aber wenn es hier und heute, eventuell auch in den nächsten Tagen, darum ging, das Fell zu retten, war es wohl schon zu spät zu solchen Eskapaden. Außerdem: Wenn das Heer sich mit der Luftwaffe verbündete, was anzunehmen war, konnte auch eine Armee aus vereinigter SS und SA nichts ausrichten. Nochmals außerdem: Warum sollte er sehen, wie seine Uniform war, schwarz also? Bestand nicht die Möglichkeit, dass der neue Reichskanzler, der die Moral nicht mit Löffeln gegessen hatte, seiner und seiner besonderen Fähigkeiten und Kenntnisse bedürfe? So stimmte er Himmler zu, dass Bürgerkrieg und Machtkampf nicht in Frage kommen könnten.

Nun berieten sie, wie zu verfahren sei: Sollte man etwaigen neuen Männern, wenn man denn gefeuert wurde, Büros und Schreibtische unversehrt samt Inhalt übergeben oder nicht? In den Panzerschränken Himmlers und Heydrichs, die bei ihnen zu Hause standen, befanden sich zahlreiche brisante Dossiers über Prominenz und Halbwelt der Nazihierarchie, wie sie beide wussten auch „von gegenseitig". Die beiden Schlingels kamen nun überein, diese zwei Akten zu tauschen und ansonsten alle anderen schlummern zu lassen.

„Sollen andere sich drum kloppen!"

Dem in Sachen Ordnung pedanten Himmler wäre es sowieso nicht recht gewesen, auch nur einen Hauch Unordnung zu hinterlassen. Er nahm Heydrichs Akte aus seinem Safe und gemeinsam fuhren sie zu Heydrichs Wohnung, wo der Tausch stattfand.

„Wie wollen Sie's nun halten, was haben Sie jetzt vor?", fragte Himmler mit stoischem Gesicht.

„Ich denke", antwortete Heydrich, „morgen wie üblich zum Dienst zu erscheinen. Ich gehöre nicht zur ersten Garnitur, wer sollte mir an die Karre fahren?"

„Nun", sagte Himmler gedehnt, „wenn Sie noch hinkommen. Am besten täten Sie, sich mit Ihrer Frau, sie stammt doch daher, nach Schleswig-Holstein zurückzuziehen. Ich genehmige Ihnen hiermit diesen Urlaub. Alles Gute."

Sie sahen sich nie wieder...

Himmler hatte, wie viele Leute, die ihn näher kannten und kennen, stets bezeugten, tatsächlich eine gewisse private kameradschaftliche Ehrlichkeit an sich, die ihm verbot, in Kleinigkeiten und unbedeutenden Fällen krumme Dinger zu drehen. Er war in Wirklichkeit der Atypus des Macchiavellisten, Schleichers, Intriganten und Politikers, denn nicht Leistungen dieser Sorte Menschen hatten ihn emporgetragen, sondern Hitlers Schwingen. Mit Heydrich war das anders. Schon als Jungmann nahm er sich vor, über Stock und Stein, mit Hängen und Würgen, auf Biegen und Brechen und notfalls über Leichen Karriere zu machen. Nun, da sein Vorgesetzter offensichtlich abserviert werden würde, winkte vielleicht dessen Amt, vorausgesetzt, es gab eine Einigung mit dem neuen Machthaber. Diese könnte in sachte Nähe rücken, wenn er dessen Dossier, das sehr umfangreich und mit sehr stark interessant-pikanten Einzelheiten gefüllt war, an sich nähme. Unglücklicherweise ruhte es nicht in seinem privaten, sondern im dienstlichen Safe im Prinz-Albrecht-Haus. Nichts wie hin jetzt! Aus beruflicher Vorsicht ließ er sein Auto nun das finstere, im ganzen Reich gefürchtete Gebäude sachte „anschleichen" und gewahrte dadurch rechtzeitig, dass es abgeriegelt war. Nichts wie weg nun! Jetzt gab auch dieser wackere Menschenverächter auf, fuhr heim und befahl das Kofferpacken.

„Ich bin abgesetzt", log er Lina an, „lass uns zu deinen Eltern fahren und vielleicht nicht wiederkommen."

„Ist mir recht, Reinhardt, ganz recht sogar!"

Im ersten Morgengrauen fuhren sie davon, beobachtet aber unbehindert. Lassen auch wir sie fahren, denn Reinhardt Heydrich wird in unserer Geschichte keine Rolle mehr spielen; im Gegensatz zu Himmler, dem noch eine winzig-unbedeutende Nebenrolle zugedacht ist...

Berlin weiter. *Erich Raeder*, Jahrgang 1876, Großadmiral zur See, (was soviel wie ein Feldmarchall zu Land ist), Träger des Goldenen Parteiabzeichens, war, wie eigentlich jeder höhere Offizier einer Kriegsmarine, ein vorsichtiger und behutsam operierender Mann. Vom Krieg hatte er Hitler abgeraten, als er dennoch ausbrach, sah er es als seine Pflicht an, ihn gewinnen zu helfen. Nun, so weit so gut, wäre er ein anständiger Soldat gewesen, wären da nicht seine vermaledeiten Äußerungen vom Heldengedenktag gewesen: Nämlich des Inhalts, dass er ein rücksichtsloses Vorgehen gegen das internationale Judentum befürwortete:

„...dessen volkszersetzende Taten man ja voll zu spüren bekommen hat...“

Wo er diese Taten erfahren haben will, gar mit angesehen, hat er nie verraten. Nun, sie waren wohl Hitler nach dem Maul geredet. Heute Abend, am 8. November, war er zu Hause und ließ es langsam angehen, denn der Dienst der vergangenen Wochen drohte seinem Herzen zuzusetzen. Der Seekrieg gegen England war seine große Sorge, lieber studierte er Seekarten als sich Hitlers Münchner Tiraden anzuhören, und gegen 21 Uhr 30 erwartete er noch einen wichtigen Anruf seines Befehlshabers der Unterseeboote zum Lagebericht. Und wie erwartet klingelte das Telefon, Karl Dönitz war am Apparat, meldete ein paar Versenkungen seiner U-Boote und wurde dann plötzlich ganz aufgeregt und begann zu stottern:

„Soeben wird mir ein Zettel zugereicht mit der Nachricht, dass der Führer tot ist.“

Raeder erstarrte und wie bei allen Herrschaften, die wir bisher vorgestellt haben, kam auch bei ihm keine Spur von Trauer auf. Diesem Phänomen werden wir noch häufiger begegnen. In Raeders Hirn rotierten die Rädchen der Nachdenkabteilung, Sparte Vernunft, Untersparte Zukunftsaussichten, und rieten zu einem Entschluss, der den Kopf kosten konnte:

„Dönitz, wenn Sie das bestätigt bekommen, funken Sie sofort Ihren U-Booten, dass sie jede Kampfhandlung einzustellen und in unauffällige Warteposition zu gehen haben, bis weitere Anweisungen folgen. Verstanden?“

„Verstanden, Herr Großadmiral.“

Nach der Trennung schrillte das Telefon sogleich wieder und Raeders Chef des Stabes meldete nun auch Hitlers Tod.

„Ist die Meldung sicher?“, fragte Raeder.

„Vollkommen, sie stammt aus Görings Büro, der Sie, Herr Admiral, über Bruno Lörzer für morgen punkt 11 Uhr in die Reichskanzlei befiehlt.“

Nun erteilte Raeder Befehl, auch den draußen befindlichen Überwassereinheiten per Funk Anweisung zur Einstellung jeglicher Kampftätigkeit zu geben, genauso wie bei den U-Booten. Erst jetzt, nach ein paar Minuten Ruhe, traf ihn die Bedeutung der neuen Lage mit voller Wucht. Was wird werden? Wie wird ein Mann wie Göring, den kein höherer Offizier des Reiches mit Achtung betrachtete, das geerbte Amt ausfüllen? Raeder faltete die große Karte Skandinaviens zusammen, auf der er die Möglichkeit einer Aktion gegen Norwegen geprüft hatte; diese war völkerrechtlich brisant, gewiss, aber wenn seine Informationen stimmten, nach der die britische Marine ähnlichen Plänen nachhing, durfte Deutschland nicht untätig bleiben. Ehe Raeder zu Bett ging, erreichten ihn noch zwei Anrufe, die seine Befehle und die Tatsache der Abriegelung der Reichskanzlei durch Görings Truppen bestätigten.

Indischer Ozean. Nach erstaunlich vielen Erfolgen kreuzte das Panzerschiff „Admiral Graf Spee" in den warmen Gewässern des Indischen Ozeans und nahm allmählich Kurs auf die Ostküste Afrikas, wo es gute Beute erwarten konnte. Der Morgen des 9. November graute, als *Hans Langsdorff*, Jahrgang 1894, Kapitän zur See und Kommandant des Schiffes, die Brücke betrat. Die erste Sichtung am frühesten Morgen war die wichtigste des Tages, denn obwohl die Spee bereits mit einer Art Radar ausgestattet war, bestand doch die Möglichkeit, dass sich im Dunkel der Nacht ein feindliches Schiff genähert hatte.

Aber heute morgen war die Luft rein. Langsdorff war kein Draufgänger, eher ein Pessimist oder kritischer Realist, der wusste, dass seine Tage oder Wochen als moderner Freibeuter der Meere gezählt seien; trotz oder gerade wegen seiner Versenkungserfolge. Die Spee war bereits im August, vor Beginn des Polenkrieges, weit über die Nordsee und den Nordatlantik in südliche Meeresbreiten ausgelaufen, um in einer unauffälligen Wartestellung weitere Befehle der Marineleitung abzuwarten. Dann war am 1. September zuerst die Meldung über den Kriegszustand mit Polen eingegangen, schließlich am 3. des Monats die entscheidende über die gleiche Lage mit Frankreich und Großbritannien. Seine Jagd konnte beginnen, der sich bald in logischer Konsequenz die Jagd a u f ihn anschloss.

Die Royal Navy würde keine Mühen scheuen, ihn zur Strecke zu bringen, und wenn er an das Schicksal des Namensgebers seines Kreuzers im Jahr 1914 dachte, wusste er, dass alles nur eine Frage der Zeit sein konnte. Die Offiziere seiner Art der deutschen Kriegsmarine, gebildete und hochanständige Männer, waren allesamt gegen einen Krieg gewesen, über dessen Gründe zum Ausbruch sie natürlich nicht informiert waren. Und genau darum fragte sich Langsdorff während der Fahrt immer wieder:

„Hat Hitler diesen Krieg herbeigeführt?"

Warum sonst hätte er dieses herrliche Schiff Wochen vor Kriegsausbruch auf Fahrt schicken sollen? Aber ein Soldat überlegt und hadert nicht – er gehorcht! Der Funker betrat mit wichtiger Miene die Brücke:

„Ein Funkspruch des Großadmirals, Herr Kapitän."

Er lautete: „Ab sofort alle Kampfhandlungen vermeiden und in verkehrsarmen Zonen in Wartestellung gehen. Einzelheiten werden später folgen."

Im Nu durchzog das Gerücht von einem Waffenstillstand das ganze Schiff, bis hinunter zu den Räumen, wo die Besatzungen aller in den letzten Tagen versenkten Handelsschiffe als Gefangene untergebracht waren. Pflichtgemäß taten alle Matrosen der Spee ihren Dienst, sollten sie fallen oder ertrinken, so war's halt Neptuns Wille – aber heil nach Hause wollten sie alle kommen; deshalb der Jubel. Die Spee änderte den Kurs auf Südwest, um in die vorantarktischen Gewässer zwischen dem Kap der Guten Hoffnung und Kap Hoorn auszuweichen. Vorher traf sie ihr Versorgungsschiff *Altmark*, um Treibstoff und Proviant aufzunehmen und ihr die Gefangenen zu übergeben. Während dieses Vorgangs kam der nächste Funkspruch:

„Bestätigung des vorigen Spruchs. Der Führer am Abend des 8. November in München verstorben. Befehle folgen."

Betroffenheit? Ja; Trauer? Keine sichtbare. Freude? Ja. Also bedeutete wohl für den „kleinen Mann“ in Deutschland „Hitlers Leben Krieg“ – „Hitlers Tod Frieden“. Wir verlassen nun das stolze Schiff, das sich in der unendlichen Weiten des Ozeans zu verstecken suchte und wenden uns einer schönen Gegend am noch schöneren Rhein zu.

Breisach am Rhein. „Zwischen Schwarzwald und Vogesen...“ Ja, keine drei Monate ist es her, dass eine Menge fröhlicher Urlauber diese Landschaft bevölkerten. Nun starrt sie vor Waffen und Kanonen und Panzer verbergen sich in den Wäldern und auf den sanften Hängen der Weinberge. Männer haben sich eingegraben wie die Maulwürfe und wie damals anno 1914. Aufklärungsflugzeuge durchbrummen den Himmel, vereinzelt durchpeitschen MG-Schüsse die Nächte. Noch geben auch Menschlichkeit und Humor zeitweise den Ton an: lustige Sprüche durchs Megaphon, Musik, Schlager. Soldaten gehen an den Rhein um zu baden, nackert und gut sichtbar, und werden nicht beschossen. Angler unter ihnen sitzen stundenlang, machen Beute wie im Frieden; Abwechslung im tristen Speiseplan. Offiziere im Generalsrang inspizieren bisweilen und murren und nörgeln über diese Lässigkeiten – abgestellt werden sie nicht. Diesen Zustand nennen die Franzosen „Drôle de guerre“, die Deutschen sagen nüchterner „Sitzkrieg“. Hatte es nicht auch im vorigen Krieg stereotyp geheißen „Im Westen nichts Neues“?

Alfons Kirchhuber, Jahrgang 1909, Obergefreiter, dachte an Erzählungen dieser Art seines Vaters, als er auf dem Breisacher Münsterberg Wache schob. Weit ging sein Blick ins nächtliche Elsass, von wo Motorengedröhn und Kettenklirren zu hören waren. Na, der Franzmann wird doch den Frieden nicht stören und angreifen wollen? Jeder deutsche Soldat hier wusste, wie schwach die Linien dort besetzt waren, dass sie niemals einen energisch angreifenden Feind aufhalten könnten. Ganz im Stillen murrte Alfons, denn er hatte sich ziemlich gefreut, Hitlers Rede heute aus dem heimatlichen München lauschen zu dürfen;

da traf ihn der Befehl zum Wacheschieben. Heimlich legte er darum seine Gänge so, dass er aus der nahen Wachstube mithören konnte, und trat um 21 Uhr 20 enttäuscht zurück, als die Übertragung abgebrochen wurde. Dann stürzten Kameraden herbei, um ihm den Tod ihres obersten Kriegsherrn zu melden. Eine halbe Stunde später, so kurz nach 22 Uhr, hatte er Gelegenheit, über die unterschiedliche Mentalität zweier benachbarter Völker nachzudenken.

Als nämlich auf der anderen Seite des Flusses etwas geschah, das die erschreckten Deutschen zunächst als Vorbereitung zum Angriff deuteten: massig MG- und Gewehrschüsse krachten, Leuchtkugeln stiegen wie Silvester hoch, Jubelgeschrei ertönte, die Marseillaise erklang unter Flöten, Trommeln, Gegröle und Gelächter. Verwundert traten alle deutschen Soldaten und Bewohner ins Freie, echte und alte Nazis unter ihnen traurig und empört, die meisten nur neugierig. Durch Megaphone schallte es herüber bis in deutsche Wohnzimmer hinein:

„Hitler perdu!“ „Euer Führer ist tot, kommt rüber zum Feiern!“ „Sterben für Danzig? Nein!“ „Der Krieg ist aus.“ „Geht nach Hause, wir tun’s auch!“ „Heim zu Muttern!“ „Vive la France – vive la Allemagne!“ „Nieder mit allen Kriegstreibern!“ „Völker hört ihr die Signale...“

Konsterniert und stumm lauschten die Deutschen. Fast die ganze Front hinauf bis an die belgische Grenze setzte sich diese Szenerie fort, sehr zum Ärger der alliierten Generale. Die französischen unter ihnen bangten um ihren Krieg. Zwar waren sie im Lauf des Sommers gegen ihn gewesen, aber nun, da der Aufmarsch vonstatten ging, sollte dieser nicht für Mirnichtsdirnichts die vielen Mühen und Opfer bereitet haben; so sind Generale nun mal, in aller Welt wohl.

Obersalzberg. *Eva Braun*, Jahrgang 1912, Fotolaborantin und Mätresse, fiel der Telefonhörer aus der Hand, als ihr ehemaliger Chef, Hitlers Leibfotograf *Heinrich Hoffmann*, Jahrgang 1885, ihr das Ereignis des Abends verkündete. Dann fasste sie sich und trat an das große Fenster, das am Tag den herrlichen Blick auf die Berge freigab. Drehte sich dann um und sog den Raum, in dem sie so oft in Gegenwart ihres Adolf und der vielen Gäste die Hausdame gemacht hatte, seit Herbst 1935 schon, sozusagen mit letzten Blicken in sich ein. Das war nun das Ende hier! Ihr bisheriger Verzicht, nämlich Hitler nicht zu einer Heirat zu drängen, würde unbelohnt bleiben. Wäre sie besser im Volk bekannt gewesen: Millionen deutsche Frauen und Mädchen hätten sie bis zum Blasswerden und zur Selbstaufgabe beneidet, die Geliebte des geliebten Führers zu sein – eines s o l c h e n Mannes! S i e jedoch wusste am besten, wie es um ihn als Mann und Mensch stand, sehr miserabel in der Tat und ganz und gar nicht beneidenswert. Eva hatte bisweilen die vernünftige Anwandlung, diesen ganzen Tageskram hier in Hitlers Domizil mit der ödesten Langeweile der Welt, dem Zeitvertreib voller leerem Geschwätz, Nichtsnutz wie Romanelesen, Kitschfilme ansehen, Sport und Schönheitspflege, - Beschäftigungen, die stark beanspruchte Männer als ideal für Frauen im Wartestand ansehen -, über Bord zu werfen oder hinter sich zu lassen und in ein normales Leben, auch Berufsleben zurückzukehren. Einzig Hitlers Bannkraft hielt sie, natürlich auch seine Zusage, sie nach dem Endsieg zu heiraten. Der konnte ja nicht mehr lange auf sich warten lassen, wie's aussah. Und nun dieses!

„Hätte doch mein Selbstmordversuch (1935) funktioniert, dann hätte ich den heutigen Tag nicht zu erleben brauchen."

Doch wie so oft im Weltgeschehen war Gevatter Tod auch hier der große Problemlöser. Eingedenk ihrer wirtschaftlichen Situation, die das Hitlergeschenk „Villa Wasserburger Straße Nummer 12 zu München" und, wie sie sicher wusste, eine lebenslange Rente „von monatlich RM 1.000 im Falle meines Todes" einschloss, eingedenk dieser Situation also mochte sie hier nicht mehr bleiben. Die Rente freilich mochte schwach fundiert sein, das Haus aber hatte er aus seinem Privatvermögen errichten lassen und ihr per Schenkung vermacht:

„Das soll mir niemand nehmen, auch der fette gierige Göring nicht,“ knurrte sie vor sich hin.

Sie ging ans Packen und ließ sich weder von Frau Raubal noch vom Fahrer Linge, auch nicht von Schwester Ilse oder Frau Speer, die gerade anwesend waren, von ihrem Entschluss abbringen. Mercedes und Chauffeur standen ihr zur Verfügung, so dass sie am frühen Morgen bereits unterwegs war. Lassen wir sie also mit diesen Zeilen aus der Geschichte davoneilen...

Zurück in Berlin. Spitzenarchitekt *Albert Speer*, Jahrgang 1905, Generalbauinspekteur für die Reichshauptstadt, brütete an diesem Abend über seinen Plänen. Denn es war Hitlers Wille, dass auch während des laufenden Krieges die Arbeiten an der Neugestaltung Berlins fortgeführt werden sollten. Nach dem Endsieg, so bestimmte es Hitler, sollte Berlin nicht lange mehr Berlin heißen, dieser Name würde höchstens in „Berliner Weiße“, „berliner Schnauze“ oder einfach „Berliner“ weiterleben, den die Deutschen Silvester in Massen zu vertilgen pflegen. Auch Groß-Berlin würde es nicht mehr geben, sondern: „Germania“. Da der Endsieg ein Weltsieg sein würde, würde Germania d i e Welthauptstadt sein! Hieran arbeitete Albert Speer zur Zeit, versessen und besessen und gläubig wie ein Fanatiker von Beton, Stein, Marmor und Stahl. Klar, dass ihn die Auslassungen Hitlers aus München nicht interessierten. Zwar hatte Hitler ihm anvertraut, dass er noch einmal „an die Vernunft in Frankreich und England“ appellieren wolle, aber als Techniker war Speer auch Realist und er wusste damit um die Vergeblichkeit dieser Bemühungen. Also würde der Krieg viel länger dauern und mehr und mehr Material verschlingen als jetzt überschaubar, jetzt, wo der Westwall noch nicht einmal, wie Speer genau wusste, fertiggestellt war. Gebot nicht die Vernunft, den Führer von diesen gigantischen Vorhaben wie Prachtallee und Weltdom abzubringen? Gewiss, aber war es nicht ebenso vernünftig, alle diese Pläne bis in die Details schon jetzt auszuarbeiten, um später sofort loslegen zu können?

„Professor“, sagte Hitler noch am Abend aus München her, ehe er den Bürgerbräukeller betrat, „bleiben Sie dran. Ich werde morgen mit Ihnen über die neue Siegesallee diskutieren.“

Diskutieren! Mit wem sonst tat Hitler dies? Er war selbst, vom Werdegang her, ein verhinderter Architekt – leider, leider – und fand deutlich viel Gefallen am raschen Verständnis seines „Lieblingsarchitekten“ und an seinem Organisationstalent. Wie hatte das doch famos hingehauen mit der termingerechten Fertigstellung der funkelnagelneuen Reichskanzlei! Und das Parteitagsgelände in Nürnberg? Speers Leute arbeiteten ja sogar zuverlässiger als die Männer der Organisation Todt! Das wollte etwas heißen. Da erreichte Speer, es war gegen 21 Uhr 25, ein Anruf aus München, dass im Bürgerbräukeller etwas passiert sein müsse:

„...es gab eine Explosion, dass eine Staubwolke bis auf die Straße quoll. Dann erschienen Kranken- und Rettungswagen und die Feuerwehr, die Leibwache-SS des Sepp Dietrich sperrte alles ab...“

Speer warf sofort das Radio an und erfuhr das Ergebnis der Explosion. Der unverhoffte Tod Hitlers, kalkulierte er wie einen Kostenvoranschlag, machte seiner Karriere als Architekt des Dritten Reiches ein jähes Ende, das war sicher. Wohl würde er als gewöhnlicher Architekt immer sein Auskommen finden, aber „schad ist's doch!“ Er packte alle s e i n e Zeichnungen zusammen und beschloss, zum Obersalzberg zu fahren, weil dort, erstens, seine Frau sich aufhielt und, zweitens noch einige Entwürfe, die vorerst geheim bleiben sollten, abzuholen waren...

Nürnberg. Einem atheistischen Mann wie *Julius Streicher*, Jahrgang 1885, Gauleiter, stand es wahrhaftig nicht an, der Vorsehung zu danken. Und doch konnte er nicht anders. Nämlich als er die Unglücksnachricht aus München erhielt. Denn er war Teilnehmer jenes Putsches gewesen, der dort gefeiert wurde, 1923, und nur deswegen nicht dort anwesend, weil ihn ein „leichtes Unwohlsein“, auch Besäufnis genannt, befallen hatte. Da er ganz vorn beim Redner seinen Platz gehabt hätte, wäre ihm wohl irgendein dicker Brocken an den Kopf geflogen, wer weiß. So stürzte ihn dieser Abend von hoher Begeisterung in tiefe Trauer. Begeisterung: Weil es sich fabelhaft im Radio anhörte, wie der geniale Führer den Juden den Hintern heiß machte und den Alliierten in unnachahmlicher Manier drohte; man hätte doch dabei sein sollen. Trauer: Weil er genau wusste, dass er all seine zahlreichen Funktionen wie Gauleiter, Herausgeber des *Stürmer*, Kolumnist ebendort, Reichstagsabgeordneter, Leiter des „Zentralkomitees zur Abwehr jüdischer Greuel- und Boykotthetze“ und SA-Gruppenführer nur seiner Gunst beim Führer verdankte. So sah er das Ende aller dieser Funktionen gekommen und beschloss, ehe es abzutreten hieß, - vielleicht wartete sogar der Galgen auf ihn -, noch eine recht judenarge Ausgabe des Stürmer herauszugeben. An die Arbeit!

Als er dann über den wahrscheinlichen Nachfolger Hitlers nachdachte, wurde es ihm tatsächlich schlecht. Göring war sein erklärter Feind, weil er ihn und seinen prasserischen Lebensstil oft angeprangert und bloßgestellt hatte. Kam nun die Quittung? Doch ein gewisser Fatalismus bemächtigte sich nun des Herrn Streicher, jetzt, wo mit dem Ende seines Gönners auch sein eigenes vor der Tür stand:

„Diese tolle Sondernummer des Stürmer muss wie eine Rakete ins deutsche Volk einschlagen!“

Aufi geht’s, Julius! Er befahl den noch vorhandenen Arbeitskräften der Druckerei zu bleiben, rief andere von zu Hause zurück und warf seinen Text in fliegender Hast aufs Papier. Da ging’s erst einmal um den Nachruf des Führers, der diesen als die Lichtgestalt des 20. Jahrhunderts darstellte; dann kam die Aufforderung „An mein Volk“, im Sinn des Dahingeschiedenen das begonnene Werk der Weltumgestaltung fortzusetzen; nun ganz, im Stil eines etwaigen Hitlerschen Testaments, die Aufforderung, ja der Befehl, im Kampf gegen das nationale und internationale Judentum nicht nachzulassen und vor allem in den noch zu erobernden Gebieten ihm gehörig den Marsch zu blasen; schließlich noch der Hinweis ans Volk, auf Rassereinheit zu achten. Hierzu lieferte Streicher die Anweisung, wie rasseunreine Individuen einwandfrei erkannt werden können.

„Ich selbst habe ja“, tönte er lautliterarisch, „unsere alte ehrwürdige Stadt Nürnberg judenrein gemacht.“

Nicht ganz, wie wir noch erfahren werden. Als ihm die Möglichkeit ins Gehirn schoss, dass ja, vermutlich sogar, Heinrich Himmler die Macht an sich reißen würde, - wer sollte wohl gegen seine wackere SS ankommen können! -, erfand er eine Meldung unter „Kleine Rubrik der großen Leute“, die zu Görings Untergang beitragen sollte:

„Wie wir soeben erfahren, soll der Oberbefehlshaber der Luftwaffe, Generalfeldmarschall Hermann Göring, impotent sein und die Geburt seiner Tochter Edda einer erfolgreichen künstlichen Besamung seiner Gattin zu verdanken haben.“

Für die beliebte Spalte „Pranger“ erfand Streicher rasch ein paar Leserbriefe und Telefonanrufe, die er bereits in dieser Nacht erhalten haben wollte und die im seltsamen Unisono die Köpfe unlauterer, unfähiger, korrupter und sonstwie unnützer Persönlichkeiten des jetzigen Regimes forderten: Sie waren allesamt private Feinde Streichers. Nun lief die Druckerpresse und spuckte das letzte Elaborat eines Schmutzblatts aus, das selbst Himmler nicht gutheißen mochte. Morgen früh würde es in Nürnberg und anderen Städten des Reiches kostenlos unter die Passanten verteilt werden. Natürlich wusste Streicher um die Explosivität und auch darum, dass nicht die Köpfe der Genannten locker saßen, sondern sein eigener in einem unverhofften raschen Ruckzuck von der Schulter purzeln konnte. Deshalb gedachte er sich noch in dieser Nacht in eine einsame Gegend zu verdrücken.

Die Zeitungen lagen fertig gebündelt zum Abholen und Verteilen bereit, das Personal trollte sich nach Hause, *Kurt Sandmann*, Jahrgang 1890, Druckereileiter, hatte die Aufgabe, seinen Chef als letzten hinauszulassen und dann abzuschließen. Streicher schätzte ihn als stillen, unauffällig wirkenden Mitarbeiter und ließ ihn meist über seine infamen Aktionen gegen Juden weit im voraus wissen. Doch Sandmann war ein Wunder des Dritten Reiches, nämlich Halbjude oder Halbarier, je nach Blickpunkt, und hatte es verstanden, dieses zu verbergen. Julius Streicher kam nicht mehr dazu, es zu erfahren, denn Sandmann schlug ihm im Vorbeigehen einen schweren Hammer auf den Kopf. Der schien hin zu sein, samt Besitzer. Schnurstracks öffnete Herr Sandmann die alte eichene Werkzeugtruhe nebenan, eine bäuerliche aus dem vorigen Jahrhundert, von der er wusste, dass sie jahrelang nicht aufgeklappt worden war. Sie wurde nun Streichers vorletzte Ruhestätte. Ein paar metallene Kisten voller nicht mehr benutzter Lettern und einige Bleiblöcke, die den Deckel niederhielten, bildeten den einzigen Grabschmuck.

Fassen wir den Rest der Geschichte kurz: Nur Göring vermisste Julius Streicher in den nächsten Tagen, Wochen und Monaten, um ihm den Strick zu drehen oder einen Vorzugsplatz unter dem Fallbeil zu verschaffen. Da keine Leiche gefunden wurde, kam Sandmann mit der Genugtuung davon, eine gute und vor allem nützliche Tat begangen zu haben. Irgendwann einmal gab's in Streichers Betrieb das große Aufräumen und den Fund einer gut erhaltenen Mumie. Mit seinem Tod war Streicher das erste Opfer des neuen Regimes...

Buchenwald. Auch an diesem Abend gedachte sie, wie stets zwischen 21 und 23 Uhr, sich einen der gutaussehenden, körperlich nicht zu sehr heruntergekommenen Häftlinge zu Gemüte zu führen. Ein Wärter war bereits unterwegs, ihn herzubringen. Es würde ihn gewiss erbauen, des Führers Rede mitanzuhören. *Ilse Koch*, Jahrgang 1906, Ehefrau des KL-Kommandanten Karl und eine Dauernymphomanin erster Garnitur, starrte gedankenverloren auf und durch den Schirm der Stehlampe, dessen Bespannung aus Menschenhaut bestand; so jedenfalls sagten es die Häftlinge, die mit ihr in nähere Bekantschaft geraten waren.

„Sie liebt besonders tätowierte Haut hierzu."

Wie dem auch sein mochte oder war: Für die typische Lagertätowierung sorgte Frau Koch persönlich, in eigener Handschrift mit einer Peitsche, die jeden Häftling, der das Unglück hatte, ihre geile Aufmerksamkeit zu erregen, über den Körper fahren konnte. Da diese Peitsche wegen der Reitlust der Besitzerin meist von oben kam, wirkte sie besonders nachhaltig und verhalf zu den genannten Tätowierungen. Hitlers Schergen im Lager, nicht zimperlich und allerlei Auswüchse gewohnt, gingen diese allerdings allmählich zu weit, und nachdem ihre Beschwerden beim Kommandanten auf taube Ohren stießen, steckten sich an diesem Abend einige zusammen, um über weitere Maßnahmen, Ilse Koch loszuwerden, nachzudenken.

Ihnen voraus war eine Gruppe entschlossener Häftlinge, die wenig zu verlieren hatten und vielsagende Tätowierungen trugen und nun die lautstarke Übertragung der Rede aus München zu geheimer Konspiration nutzten. Einer von ihnen war der Unglückliche, den die Koch nun herzitierte.

Lüsternen Blicks fixierte sie ihn: nicht übel, schien gar potent zu sein; alle Männer hier, natürlich, m u s s t e n ja sexuell unterernährt sein.

„Hier, bedienen Sie sich nicht zu bescheiden."

Sie hatte ihren Spitzenwein aufgetischt, ein paar Knabbereien bereitgestellt und erschien jedem Beobachter als eine ganz normale, ein wenig untergeachtete Zeitgenossin.

„Spricht er nicht wunderbar," kommentierte sie versonnen, „so richtig weltmännisch, unser Führer?"

„Nein, gar nicht," antwortete ihr Besucher, „es sind profane, an den Realitäten vorbeigehende, dummdreiste und kindliche politisch äußerst blöde Redensarten."

Diese Hochsprache verstand Ilse Koch nicht auf den ersten Ton, natürlich aber deren negative Tendenz.

„Warum sind Sie hier, Herr Arrestant?"

„Ich habe vor 1933 ein paar Artikel und Aufsätze über den Nationalsozialismus verfasst, die ein hochstehender Denunziant kürzlich aus dem Archiv grub und unserem Ortsgruppenleiter, ein ganz dämlicher Obernazi übrigens, übergab, der sie an die Gestapo weiterleitete."

„Sind Sie verheiratet?“

„Ja, seit einem Jahr.“

„Wären Sie gern einmal mit Ihrer Frau zusammen?“

„In Freiheit, ja.“

„Die bekommen Sie bis Kriegsende nicht mehr. Wie wollen Sie das aushalten!“

„Wie wir den Führer hier just hören, ist der Endsieg ja bald vorhanden. Dann gibt’s gewiss eine Amnestie – großzügig wie unser Führer sein soll.“

„Zum Wohl!“ – „Zum Wohl!“

Während sie tranken und eine Szene der Harmonie lieferten, verstummte der Führer im Radio urplötzlich und unverständlich.

„Wer unseren Führer schmäht“, sagte Ilse Koch, „wird seine gerechte Strafe erleiden und muss eben hier einsitzen.“

„Dann sollten Sie sich vorsehen, Frau Koch.“

Der Alkohol und die Erwartung des zu Erwartenden begannen ihr derbbrutales Gesicht zu optimieren. Sie wusste auch aus Erfahrung, dass verschüchterte und verbiesterte Häftlinge zu keinerlei erotischen Konspirationen und Bewegungen zu treiben waren. Fragend und gar nicht missbilligend, schaute sie ihr Gegenüber an.

„Erklären Sie das, Mann!“

„Es ist ganz einfach, Frau Koch. Wenn der Führer erfährt, was Sie und Ihr Mann hier treiben, die Korruption und all die sinnlosen Schikanen und Grausamkeiten, dann geht’s Ihnen und Ihrem Mann so rasch an den Wickel, dass Sie’s kaum begreifen, wenn Ihr Kopp plötzlich ab ist.“

Sie konnte das natürlich nicht zugeben.

„Wenn Hitler mal nicht mehr ist“, fuhr er fort, „bricht sowieso das ganze System zusammen. Dann ist auch Schluss mit den KLs und dem ganzen unmenschlichen Gedöns hier.“

Soeben erfuhren beide aus dem Radio, dass diese Situation eingetreten war. Ehe Frau Koch ihren Schrecken beherrschen konnte, entstand im Lager ein Höllenlärm, eine Höllenfreude sogar, wenn so etwas überhaupt möglich ist, Freudengeschrei, gebrüllte Kommandos, Schüsse plötzlich, Schmerzensschreie, der Tumult kam näher.

Frau Kochs Besucher trat vor die Tür und sah alle seine Leidensgenossen in einem dichten dunklen Knäuel mit einigen Aufsehern verwickelt, schon wurde er selbst beiseite geschubst und ein paar Männer drangen in das Haus der Kochs. Als sie wieder herauskamen, war Ilse Koch die zweite Tote des neuen Regimes geworden, erwürgt und schandbar gestorben wie sie gelebt hatte – „Jeder das Ihre!"

Sachsenhausen. Beispielhaft und stellvertretend für alle anderen Konzentrationslager (KL) sei hier noch ein Vorgang weniger mörderischen Charakters geschildert. *Martin Niemöller*, Jahrgang 1892, Pfarrer, war ein Mann, dem nur der Tod das aufsässige Mundwerk stopfen konnte. Darum eben saß er hier in Sachsenhausen ein, nachdem er auf Befehl Hitlers am 1. Juli 1937 verhaftet und dann am 2. März 1938 von einem Sondergericht „wegen staatsfeindlicher Umtriebe" zu sieben Monaten Festungshaft und 2.000 RM Geldstrafe verurteilt worden war. Das mochte rechtlich noch angehen, aber Hitler genügte das nicht, so dass er bei seiner Entlassung erneut verhaftet und ohne Urteil in Sachsenhausen eingesperrt wurde, „auf unbestimmte Dauer". Dort ging es ihm nicht schlecht, er galt nicht als Verbrecher und genoss einige Vergünstigungen.

So auch an diesem Abend des 8. November, als er mit dem Lagerkommandanten *Rudolf Hoeß*, Jahrgang 1900, gemütlich beisammensaß und sich diese „historische" Führerrede anhören durfte – ein Privileg übrigens!

„So müssten Sie und alle Ihre Kollegen auch predigen", sagte Hoeß, „dann würden die Kirchen wieder stark gefüllt sein."

„Aber Gott bliebe weiterhin draußen", konterte Niemöller.

Hoeß war kein Täter, nur Verwalter im Auftrag Himmlers und hielt es für unnötig, normale Häftlinge in Angst und Schrecken zu versetzen. Er hatte sich auch Niemöllers Mahnung zu Herzen genommen, behutsam zu sein und vorsorglich an ein etwaiges Ende Hitlers und seines Regimes zu denken:

„Schließlich ist Krieg, eine Bombe kann ihm auf die Mütze fallen und Attentäter soll es auch geben. Nach dem Ende des Dritten Reiches wird es ganz gewiss zu privaten Abrechnungen und irrealen Bestrafungen kommen. Sorgen Sie schon heute vor, Herr Kommandant!"

Da setzte Hitlers Radiorede aus und betroffen schauten sich die beiden Männer an.

„Sollte Gott bereits reagiert haben?", spekulierte Pasor Niemöller hoffnungsvoll.

„An den Führer kommt niemand heran", sagte Hoeß, „er wird von seiner Leibwache perfekt von allen Gefahren abgeschirmt."

Wenige Minuten später musste er diese Ansicht korrigieren.

„Jetzt wird Göring Reichskanzler", sagte er.

„Himmler wird ihn wegputzen", sagte Niemöller, „mit seiner schwarzen und silbernen SS."

„Der? Dass ich nicht lache. Der ist ein Würstchen, ich kenne ihn persönlich, der ist nur stark mit einem Stärkeren über sich."

Auch hier nun, in Sachsenhausen, vollführten die Häftlinge Freudensprünge, aber sie hatten niemanden zum Ermorden. Sie strömten heran und fragten ihren Kommandanten, ob sie morgen freigelassen würden.

„Morgen noch nicht, Leute. Ich warte Befehle ab, muss alles seine Ordnung haben, nicht wahr, ihr Männer?"

Das sahen sie selbstverständlich ein.

„Einige von ihnen werden sich noch wundern", sagte Hoeß zu Niemöller, „und auch die Wachmannschaften: Für viele wird es heißen ‚Ab an die Front!'."

Dann füllte er ein Papier aus und überreichte es seinem „Gast": die Entlassung.

„Lassen Sie sich morgen Ihre Klamotten geben und fahren Sie nach Hause. Auf Nimmerwiedersehen, Herr Pastor."

Berlin. Hier zuzuschlagen wäre für Heinrich Himmler d e r Fang gewesen. Aber wer einem jungen Burschen wie Georg Elser nicht auf die Schliche kommt, braucht sich nicht einzubilden, dieses bei hochqualifizierten deutschen Militärs zu schaffen. Das Oberhaupt der konspirativen Versammlung hier ist der Gestapo Heydrichs natürlich schon länger verdächtig: *Ludwig Beck*, Jahrgang 1880, Generaloberst a. D. Er hat sich 1938 als Prophet betätigt und prompt unrecht behalten: Seine Voraussage, Hitlers Aggression gegen die Tschechoslowakei werde einen Krieg ausbrechen lassen, erfüllte sich nicht. Dennoch reichte er seinen Abschied als Chef des Generalstabes ein und da es Rücktritte in Hitlers Reich nicht gibt, einigte man sich auf eine Verabschiedung „aus gesundheitlichen Gründen“.

Becks Bohren bei den deutschen Armeeführern, geschlossen zurückzutreten, war ohne Erfolg, niemand von ihnen war mutig genug, sich selbst und den Posten zu riskieren. Und mit Becks Rücktritt war Hitler den letzten Mahner los – mit Generälen, die nicht spurten, war kein Krieg zu führen. Was Beck über die nächste Krise, Polen, dachte und sagte war belanglos geworden, niemand hörte mehr auf ihn.

So wäre er in seiner Berliner Wohnung vereinsamt, hätte er es nicht immer wieder grandios verstanden, passende Gesprächs- und Diskussionspartner, meist Soldaten, an sich zu ziehen und mit ihnen die aktuelle Lage zu besprechen. Hätte Himmler mithören können oder wäre ein Verräter mit von der Partie gewesen – es wäre schon jetzt aus gewesen! Über den Ausgang des Krieges machte sich Beck keine Illusionen:

„Er wird im Großen und Ganzen wie 1914/1918 verlaufen: Deutschland wird viele Einzelsiege erringen, aber die letzte Schlacht verlieren. Aus den drei Hauptgegnern jetzt werden es Aberdutzende werden, einschließlich Nordamerika, und wieder werden totale Übermacht und das Material über Mut und Opferbereitschaft triumphieren. Man beachte das jetzige Verhalten der beiden westlichen Alliierten: Sie greifen uns in unserer prekärsten Lage, auf dem Höhepunkt des Polenfeldzugs, nicht an, sondern graben sich gemächlich ein. Warum? Sie haben Zeit, werfen ihre Rüstungsmaschinerie an und lassen sich in aller Ruhe von den USA versorgen, ohne dass unsere Kriegsmarine dagegen Maßgebliches tun kann. Wir müssen, verdammt nochmal, etwas tun!“

Alle Anwesenden machten den Eindruck des Nichtstuns.

„Wenn Hitler nicht abserviert wird“, fuhr Beck fort, „ehe der Feldzug im Westen angeht, wird die Eskalation des Krieges nicht zu verhindern sein.“

Starke Worte, gewiss, sie machten auch starken Eindruck; sie waren selbstmörderische Äußerungen, gewiss, ebenso gewiss aber wollte hier niemand Selbstmörder sein; doch defätistische Ansichten und Defätisten gab’s hier. Dieser Versammlung aus Nichtstuern, Nichtselbstmördern und eben Defätisten gehörten folgende Herrschaften an, hier in alphabetischer Reihenfolge aufgelistet und bekannt gemacht:

Walther von Brauchitsch, Jahrgang 1881, Oberbefehlshaber des Heeres;

Hans von Dohnanyi, Jahrgang 1902, Mitglied von Canaris‘ Abwehr;

Carl Friedrich Goerdeler, Jahrgang 1884, Reichskommissar für die Preisüberwachung, ehemaliger Oberbürgermeister von Leipzig;

Heinz Guderian, Jahrgang 1888, General der Panzertruppen;

Franz Halder, Jahrgang 1884, Generalstabschef des Heeres;

Julius Leber, Jahrgang 1891, SPD-Mitglied;

Friedrich Olbricht, Jahrgang 1888, Kommandeur der 24. Infanteriedivision;

Hans Oster, Jahrgang 1888, Chef der Zentralabteilung in Canaris‘ Abwehr und

Henning von Tresckow, Jahrgang 1901, Generalstabsoffizier.

Nach dem, was hier nun besprochen wurde, kamen ziemlich sicher mehrere hundert Jahre Zuchthaus zusammen. Schon für den Begriff „abservieren“ in Bezug auf den Führer gab es Meinungsverschiedenheiten: ein Staatsstreich mit Absetzung? Kaltstellung oder Kaltmachung?

„Nur wenn dieser Kerl tot ist", sagte von Tresckow, „wird der Nationalsozialismus untergehen, denn er lebt nur mit seiner Person und nicht mit einem Nachfolger."

„Tot genügt hier nicht", sagte Oster, „sein Leichnam muss für immer und unauffindbar verschwinden, sonst wird sein Grab ein Wallfahrtsort."

„Wer soll denn eigentlich politischen Mord machen?", fragte Goerdeler bedenklich, „dafür findet sich doch in Deutschland niemand."

„Wer weiß, wer weiß es schon", antwortete Leber.

Die beiden Zivilisten der Versammlung waren naturgemäß für eine rechtlich einwandfreie Lösung. Beck kam zum Kern der Sache:

„Kurzfristig geht es darum, den Westfeldzug nicht stattfinden zu lassen. Was sagen unsere beiden Hauptverantwortlichen denn zu diesem Thema?"

Brauchitsch blickte auf seinen Stabschef und ließ diesem das Wort:

„Adolf Hitler", begann Halder bedächtig, „hatte sogleich nach dem Polenfeldzug vor, über Frankreich herzufallen. Vielleicht hätten wir's tun sollen, dann wären wir jetzt schon fertig damit, jetzt, wo wir wissen, dass das Wetter es zugelassen hätte. Aber vermutlich wäre es schiefgegangen..."

„Hätte das einer von Ihnen gewünscht?", fragte Guderian.

Niemand natürlich.

„...und der Krieg wäre bereits zu Ende."

Als Niederlage!

„Vielleicht", sagte Goerdeler, „ist eine Niederlage nach einem kurzen Krieg besser als ein Sieg nach einem langen."

Was Opfer und Zerstörungen angeht, stimmte das, aber Generäle können mit derartigen Überlegungen nichts anfangen. Guderian, ein derber Draufgänger und der große Held des Polenfeldzugs, schüttelte unwillig den Kopf.

„Wenn wir uns aus diesem verdammten Krieg noch zu annehmbaren Bedingungen herauswinden wollen“, sagte er, „müssen wir, wie momentan, gerade gesiegt haben oder sonstwie durch Stärke imponieren.“

Beck als echter Stratege war nicht zufrieden, er wollte wissen, ob die Armee in der Lage sei, jetzt oder im zeitigen Frühjahr Frankreich zu schlagen.

„Generaloberst von Rundstedt“, antwortete Brauchitsch, „der Chef der Heeresgruppe Süd im Polenkrieg, teilt mir mit, dass sein Chef des Stabes Generalleutnant von Manstein...“

„Den kenne ich“, warf Beck ein, „der war mein Vertreter.“

„...an einem Plan arbeite, der den bisherigen Plan in der Weise modifiziert, dass nicht mehr wie bisher die Hauptmacht auf den rechten Flügel geworfen wird, sondern dass die Hauptmasse der Panzer durch die Ardennen vorzustoßen habe, was der Gegner ganz zweifellos und vollkommen sicher nicht erwartet, aber bei guten Bodenverhältnissen möglich sein sollte.“

Er blickte Guderian an.

„Werde mich schlau machen“, sagte dieser, „möchte aber jetzt schon behaupten, dass wir es schaffen können.“

„Manstein schlägt auch vor“, fuhr Brauchitsch fort, „ein paar Tage nach dem Angriff des rechten Flügels, der die Gegner in Flandern bannen soll, in einem schnellen Panzerkeil bis zum Kanal durchzustoßen und die Gegner in einem riesigen Dreieck, dessen eine Seite das Wasser bildet, einzukesseln und zu vernichten.“

Man schwieg beeindruckt.

„Dieser Plan soll Hitler vorgelegt werden“, sagte Halder, „und bis er von allen Seiten begutachtet und vielleicht sogar verworfen ist, vergeht viel Zeit und damit haben wir den gewünschten Aufschub des Feldzugs.“

„Wenn ihr“, fügte Brauchitsch hinzu und betonte das Ihr, „bis dahin den Führer beseitigt habt – desto besser.“

Es war inzwischen auch hier 21 Uhr 20 geworden und in München detonierte die Bombe, aber hier hatte niemand Hitlers

Rede hören wollen und das Radio war abgeschaltet. Ohne es zu wissen, echauffierten sich diese Herren hier um Nichts und Wiedernichts. Es war klar, dass Beck mit seinen Mordabsichten keine Begeisterung hervorrief: Deutsche Soldaten sind keine Attentäter, deutsche Zivilisten höherer Bildung ebenfalls nicht...

21 Uhr 45, das Telefon klingelte, Beck nahm ab. Als er mit „Danke gnädige Frau“ wieder auflegte, war er aschfahl im Gesicht, denn sein sonst reges Gehirn musste Unverhofftes ans Herz weitergeleitet haben, ein Infarkt stand an, er setzte sich in den Sessel und trank schnell je einen Schluck Sekt und Wein; diese normalisierten sofort Herz und Hirn.

„Das war Ihre Frau“, sagte er zu Brauchitsch, „sie sagte, Hitler sei tot, ganz und gar mausetot.“

Ein Schweigen fiel ein, wie es im deutschen Hain niemals vorkam, Mucksmäuschenstille.

„Sie wusste noch nicht warum und wieso“, ergänzte Beck.

„Hauptsache dass“, sagte der bisher verschwiegene Dohnanyi.

„So braucht sich jetzt niemand von uns die Hände zu beschmutzen“, sagte Olbricht.

Brauchitsch erhob sich und winkte seinem Stabschef. Bevor sie den Raum verließen, klingelte das Telefon und Halders IA meldete, dass Göring den Generaloberst und ihn, - wir kennen Termin und Ort schon -, zur Audienz befahl.

„Göring, ach ja“, murmelte es im Raum, „der ist ja nun der Chef und Boss und Führer in einem.“

Der IA wusste auch bereits die Todesursache:

„Zerschmetterung des Brustkorbs durch ein auf ihn stürzendes Deckenteil infolge einer starken Explosion.“

Also ein Attentat! Brauchitsch und Halder blieben noch ein paar Minuten, um an den fälligen Mutmaßungen teilzunehmen:

„Welche Kreise sind dafür verantwortlich?“

Weder die militärischen noch die zivilen Herren wussten eine Antwort. Sosehr sie alle ihre Hirne nach einer Person oder Organisation durchforschten, der eine solche Tat zuzutrauen war, es fiel ihnen nichts und niemand ein.

„Auf jeden Fall“, sagte Beck anerkennend und händereibend, „war’s ein Meisterwerk erster Güte. Wenn man bedenkt, von wievielen Menschen Hitler umgeben und bewacht wird, bei solch einer Veranstaltung.“

Dann versuchten sie sich an einer Prognose der kommenden Entwicklung.

„Göring ist der große Unbekannte. Ihm ist zuzutrauen, dass alles noch viel arger wird als unter diesem Hitler.“

„Dann muss auch er weg.“

„Er war gegen den Krieg“, sagte Beck, „weil er Ribbentrops Versicherungen, England würde nicht eingreifen, keinen Glauben schenkte.“

Über Görings moralische Qualitäten machte man sich keine Illusionen, zu negativ wog seine Beteiligung an den Vorgängen um die Kristallnacht von 1938. Aber er war seit Kriegsbeginn der einzige legitime Nachfolger Hitlers und wohl auch die einzige Persönlichkeit mit genügend Macht hinter sich, die sowohl vom Volk als auch von der Armee und, sehr wichtig, vom Ausland respektiert werden würde; der letzte Aspekt wird sich als Irrtum erweisen. Mit diesem Attentat, das erkannte diese Gesellschaft hier an, war ihr die Initiative entwunden, es blieb nur noch übrig, sich zu einigen, dass die Beendigung des Krieges und die Herbeiführung eines akzeptablen Friedens die einzigen Bedingungen waren, mit einer neuen Regierung zusammenzuarbeiten.

„Sollten wir Frankreich nicht erst niederwerfen?“, fragte Guderian hoffnungsvoll.

Ja, seine Panzerherde warteten wie ungeduldige Pferde im Winterstall! Aber seine Frage stand nicht zur Diskussion.

„Jede neue Regierung, die diesen fatalen Krieg fortführt, wird bekämpft.“

Dabei blieb’s und die Männer trennten sich...

Werfen wir, ehe wir uns nun endlich dem Hauptprotagonisten zuwenden, ein paar Blicke über die Grenzzäune und Wachtürme des Dritten Reiches.

Moskau. Er war schwergewichtiger als er auf offiziellen Fotos und bei öffentlichen Auftritten aussah, darum trieb es ihn abends früh zu Bett; gutes Essen und scharfes Trinken taten das Übrige. Fleiß war nicht seine Tugend, das Lesen der Berichte von NKWD und GPU schon eher, da konnte er hübsch überlegen, wer in nächster Zeit in Ungnade zu fallen habe und zu liquidieren sei.

Jossif Wissarionowitsch Dschugaschwili, genannt *Stalin*, Jahrgang 1879, Diktator, lag derart lesend im Bett, als ihm sein Diener Besuch meldete, „äußerst dringenden Besuch". Es war jetzt soeben 0 Uhr 15 am 9. November. Stalin grollte instinktiv, da aber in Mitteleuropa Krieg herrschte, war mit schlimmsten Nachrichten zu rechnen, und da war's besser, sie würden ihm sofort statt am nächsten Morgen serviert.

„Wer ist's?"

„Der Vorsitzende des Rates der Volkskommissare."

Oh weh, der konnte keine gute Nachricht bringen!

Wjatscheslaw Michailowitsch Skrjabin, genannt *Molotow*, Jahrgang 1890, Außenminister, trat entschlossen ein. Sein Gesicht strahlte, so dass Stalin sich der Hoffnung hingab, die Meldung sei unbedeutend, gar privat, so dass er den Minister ordentlich herunterputzen könnte.

„Was gibt's?", knurrte er.

„Gitlerr kapuut", antwortete Molotow, „Hitler ist tot. Ein Attentat. Vor cirka 45 Minuten, 21 Uhr 20 mitteleuropäischer Zeit."

Stalin äugte ihn durchbohrend an; ein furchteinflößender Blick.

„Und was freut Sie daran?"

„Ich denke", antwortete Molotow, „wir alle sollten uns freuen."

„Er ist oder war unser Bundesgenosse."

„Ein getreuer?“

Molotow hatte nie verhehlt, was er von Hitler hielt, trotz der vorteilhaften Verträge, die man mit ihm abgeschlossen hatte. Die gestellte Frage mochte auch Stalin nicht beantworten. Klar, dass der Nazis Hass auf den Bolschewismus nie abgeklungen war, Verträge hin, Abmachungen her, und eines Tages zu offener Aggression ausbrechen könnte. Aber Hitler brauchte Ruhe in seinem Osten, der sozusagen seinen Rücken darstellte, wenn er gegen die Westmächte antrat. Vorläufig hatte Stalin volles Vertrauen auf Deutschland gesetzt, zumal auch er Ruhe brauchte, um seine Expansionspläne durchzusetzen: Es galt, die Baltischen Staaten einzusacken und Finnland das hübsche und strategisch wichtige Karelien zu entreißen. Das ging am besten, wenn diese Moralprediger des Westens beschäftigt waren.

Stalin diskutierte nun mit seinem Außenminister die neue Lage in Deutschland, ob dieses den Krieg weiterführen, einen Verhandlungsfrieden suchen oder kapitulieren würde. Sie kamen überein, dass Frankreich und England mit der Rückenstärkung der USA nur einer vollständigen Unterwerfung Deutschlands zustimmen würden, was einer „Bedingungslosen Kapitulation“ gleichkäme, und dass Deutschland hier nicht mitmachen und lieber bis zum Endsieg oder Untergang kämpfen würde.

„Das ist ihre Mentalität“, sagte Stalin.

Molotow stimmte zu; sie wussten’s nicht anders. Damit war auch ihre Hauptüberlegung, nämlich die Aktionen gegen das Baltikum und gegen Finnland beschleunigen oder nicht, entschieden: alles wie geplant angehen lassen. Das wurde der kapitalste Fehler Stalins!

„Wird’s Beisetzungsfeierlichkeiten geben?“, fragte Stalin, „dann müssen Sie hin.“

„Der Führer soll mal den Wunsch geäußert haben, im Fall des Todes schlicht und ohne Pomp begraben zu werden, in Linz oder so ähnlich.“

„Das wird wohl geschehen“, sagte Stalin, „aber Totenfeiern nach brauner Art und Weise wird’s ganz gewiss geben.“

Er wollte nun allein bleiben und dachte darüber nach, ein wie gefährliches Dasein heutzutage doch Diktatoren zu führen haben...

London. Müde bettete *Neville Chamberlain*, Jahrgang 1869, Premierminister, sein altertümliches, grau gewordenes Haupt an die Rückenlehne und schloss die Augen. Die letzten Monate seit Hitlers Einmarsch in die Tschechoslowakei haben seiner Gesundheit sehr arg zugesetzt und seinen Lebenswillen negativ beeinflusst. Auch seine eigenen Landsleute setzten ihm zu, im Unterhaus nämlich, wo er sich fragen lassen musste, warum man Polen so schnöde im Stich gelassen habe, warum deutsche Kreuzer kreuzten ohne versenkt zu werden und warum man in Frankreich schliefe statt angreife.

„Die Deutschen feiern diesen Kapitänleutnant Günther Prien und unsere Navy ist hilflos."

Das alles ließ Chamberlain ziemlich kalt, denn am meisten wurmte ihn, dass er nicht als „Friedensapostel" in die Geschichte eingehen würde: Weil Hitler ihn trotz der Versprechen von München 1938 verraten hatte, als sie selbst, Frankreich und Großbritannienen, die Tschechoslowakei verrieten.

„Peace for our time!" – „Friede für unsere Zeit!"

Hätte er, Chamberlain, je einen schöneren, wirkungsvolleren Ausruf tun können? Nun war doch Krieg geworden. Wir werden siegen, da war sich Chamberlain sicher, aber werde ich den Sieg noch erleben?

„Hitler spricht im Radio", sagte seine Frau, „ich glaube aus München. Willst du ihn hören?"

Neville winkte ab: Nie wieder diese rasselnde Stimme! Ein Friedensangebot nach dem anderen, ohne dass eines konkret wird – mit diesem Mann wird man keinen Frieden machen können. Chamberlain weiß, dass es in Deutschland einen Widerstand gibt, von offenbar ehrenhaften Männern, dass diese aber alle in untergeordneten Funktionen arbeiten. Ebenso offenbar sei, dass die Männer höherer Stellen, also die Befehlshaber der

Wehrmacht, für eine Opposition gegen das Regime nicht zu motivieren seien. Soeben überlegte Chamberlain, was zu tun sei, wenn die Deutschen tatsächlich einmal ihren Führer loswürden, in die Wüste schickten oder per Attentat in die Hölle, da verkündete seine Frau, dass letzteres geschehen sei. Wenig später kamen Anrufe von Ministern, Sekretären, Oberhaus- und Unterhausmitgliedern und sehr viele Anfragen, ob eine Kabinettsitzung stattfände oder nicht. Erst morgen zur gewohnten Zeit, ließ der Premier ausrichten. Dann ging er zu Bett, machte sich unerreichbar, denn er brauchte Zeit zum Nachdenken über das Hauptthema der kommenden Tage: Wie hart sollte man gegen ein Deutschland auftreten, das eventuell gewillt war, den Krieg zu beenden?

Chartwell. *Winston Spencer Churchill*, Jahrgang 1874, Erster Lord der Admiralität, ließ es sich im Gegensatz zu seinem Regierungschef nicht entgehen, eine Hitlerrede anzuhören.

„Nur wer seinen Feind kennt, kann ihn wirksam bekämpfen."

Die heutige Suade aus München ödete ihn aber so an, dass beinahe seine Zigarre ausging, was ihn noch mehr erboste.

„Kannten wir den Termin dieser Veranstaltung?", fragte er seinen Adjutanten.

„Ja, sie ist kein Geheimnis und findet jedes Jahr statt."

„Und warum haben wir nicht ein paar unserer famosen Bomber rübergeschickt!"

Mehr Ausruf als Frage, für die Anwesenden nicht wert zur Beantwortung. Großbritanniens Erster Lord gab sich seit Tagen ungnädig, verständlich wegen der Lage und der peinlichbohrenden Fragen, denen er sich im Unterhaus stellen musste. Sein Hauptkummer war, dass nicht er sondern der senile Mister Chamberlain die Regierung Seiner Majestät führte. Als Chef der Marine hatte er nicht das Recht, sich in die Operationen von Heer und Luftwaffe einzumischen, er konnte nur mahnen und drängen, das Stillsitzen in Frankreich endlich zu beenden und die Deutschen anzugreifen.

Als die Übertragung aus München ausfiel, wurde das Radio abgestellt, wenige Minuten später aber wussten alle Mithörer in England von Hitlers Tod, der Churchill und seinen Besuchern per Telefon gemeldet werden musste. Wir haben ja im Verlauf unserer Abhandlung viele Reaktionen erlebt, Churchills war die originellste:

„Wir sollten sofort morgen früh mit den Franzosen die Offensive starten!“

Alle Anwesenden glaubten zu wissen, dass die alliierten Kräfte hierzu nicht ausreichen würden, und schüttelten ihre militärstrategischen Köpfe.

„Dann überrennen wir sie in einem Rutsch bis Berlin“, fügte Churchill hinzu.

Nun, Churchills Überschwang war schon aus dem vorigen Krieg sattsam bekannt, einige ruhmlose Unternehmungen gingen damals auf sein Konto; man durfte ihn nicht immer ernst nehmen, obwohl sein Vorschlag dieses Mal nicht schlecht war. Er war gleich Feuer und Flamme und gedachte, das Kabinett zusammenrufen zu lassen, fand aber keine Gegenliebe, so dass er es hier mit einer Diskussion bewenden ließ. Einige Männer der Runde wussten über die Situation im Dritten Reich Hitlers Bescheid und dass Göring der Nachfolger sein müsste, wenn es keine Stellungskämpfe unter den Funktionären geben würde. Einer warf ein, dass Göring sich im August sehr für die Erhaltung des Friedens stark gemacht habe...

„Sie wollen doch nicht andeuten, dass man mit diesem Kerl verhandeln sollte, wenn er es uns anträgt?“, fragte Churchill aufgebracht.

Keine Antwort. Churchill wusste um eine starke Gruppe in England, die jederzeit für einen Frieden zu haben war, wenn er mit den Mindestansprüchen an Ehre und Würde vereinbar wäre.

„Die Nazis müssen mit Stumpf und Stiel ausgerottet werden“, sagte er zornig, „und das geht nur über ihre völlige militärische Niederlage.“

Keine Antwort. Churchills alter, noch immer reger Fuchs- und Politikerinstinkt sagte ihm, dass er hier, in Gesellschaft seiner Admirale und Seeoffiziere, wenig Lobby für seine Ansichten besaß, und beschloss zu schweigen...

Paris. Jenseits des nun verminten Kanals besaß Churchill einen Gesinnungsgenossen, den außerhalb Frankreichs kaum jemand kannte: *Charles de Gaulle*, Jahrgang 1890, Oberst. Sein unruhiger, aufsässiger und trotzköpfiger Geist, seine Vorstellungen moderner Kriegführung und seine Eingaben außerhalb des Dienstweges machten ihn allerorten unbeliebt. Wie oft hatte er dem Kriegsminister und den Befehlshabern der Armee klarzumachen versucht, dass die Deutschen anzugreifen seien, je eher desto besser.

„Sie sollen sich an der Maginotlinie zuerst die Köpfe einrennen, dann werden wir sie zu Paaren jagen, dass sie Blasen an den Füßen bekommen."

Ignoranz, Dummheit und Überheblichkeit – nichts anderes nach Ansicht de Gaulles und sehr zu missbilligen. Er hatte es aufgegeben, sich karrierehemmend zu gebärden, bis – ja, bis er d i e Meldung des Abends erhielt! Wie Churchill war er der Ansicht, dass Trauer und Verwirrung der Deutschen „über den Tod ihres geliebten Führers" sogleich und konsequent ausgenutzt werden müssten: morgen, übermorgen, „spätestens am dritten Tag müssen unsere Armeen und die unserer Freunde losmarschieren".

„In drei Wochen sind wir in Berlin und können nach Polen weitermarschieren, um dieses Land von den Deutschen zu befreien."

Er wusste gar nicht, ob diese seine Vorschläge überhaupt „oben" ankamen. Natürlich geschah nichts. Ganz Frankreich war zutiefst gegen den Krieg und damit, wenn er denn sein musste, defensiv eingestellt. Die von de Gaulle aufgezeigte Chance wurde vertan.

Washington. Als *Franklin Delano Roosevelt*, Jahrgang 1882, Präsident, die Nachricht vom Tod Hitlers erhielt, war es später Nachmittag des 8. November. Seit dem Kriegsausbruch in Europa hielten ihn nur noch zwei Vorstellungen aufrecht, seine nicht mehr latente heimtückische Krankheit durchzustehen: Entweder als Friedensstifter oder als Sieger dieses Konflikts in die Weltgeschichte einzugehen; eine Figur wie sein Vorgänger Woodrow Wilson gedachte er keinesfalls zu werden. Dass Deutschland, sollte es sich allen Vorschlägen abgeneigt zeigen, unter Aufbietung aller Kräfte gehindert werden müsse, die europäischen Demokratien zu unterwerfen, stand absolut fest – und wenn es die Kriegsteilnahme Amerikas kosten sollte! Aber wenn sich dieses Opfer vermeiden ließ? Roosevelt befahl für den nächsten Tag Sumner Welles zu sich. Diesen Diplomaten hatte er bereits vor einiger Zeit ausersehen, in Europa alle kriegführenden Regierungen rasch aufzusuchen, um die Möglichkeiten und Bedingungen zur Beilegung des Krieges auszuloten.

„Wenn erst der Kampf in Frankreich losgeht“, argumentierte der Präsident ganz richtig sehend, „dann ist es zu spät, um sich von hier aus einzumischen.“

Also erhielt Sumner Welles Order, unverzüglich nach Übersee aufzubrechen.

„Machen Sie vor allem der neuen deutschen Führung klar, dass sich Amerika außerstande sieht, dem Untergang Großbritanniens tatenlos zuzuschauen und warnen Sie die Herren besonders vor einer Ausweitung des U-Bootkrieges.“

Die Amerikaner hatten einiges über Hermann Göring gehört: dass er zeitweise in Opposition zu Hitler gestanden und sich um die Verhinderung des Krieges bemüht gemacht hatte; nicht aber, dass sich diese Verhinderung nur auf einen Krieg gegen die Westmächte bezog, auch wussten sie nichts über seine Mitwirkung am vorjährigen Judenpogrom. So erschien er sogar dem äußerst empfindlichen Roosevelt als möglicher Partner für Waffenstillstands- und Friedensverhandlungen.

„Sie können“, sagte er Welles, „uns als Vermittler ins Spiel bringen, sagen Sie ihnen, dass Amerika nichts gegen die Deutschen habe, wenn sie sich vom Nationalsozialismus trennen. Wir würden selbst einen Fortbestand der NSDAP akzeptieren, wenn sie als eine ganz normale Partei wie jede andere in ein demokratisches System eingebunden würde.“

Fürwahr ein großes Angebot, es bewies Roosevelts persönliches Bestreben, die Entwicklung in Europa nicht ohne Einflussnahme der USA verlaufen zu lassen. Man muss bedenken, dass die wahren Gründe für den Kriegsausbruch mit Polen nicht bekannt waren und dass sich die Polen wegen ihrer Halsstarrigkeit bei den angebotenen Verhandlungen über den Korridor und Danzig auch im Westen einige Sympathien verscherzt hatten. Leider kam, wir wollen es vorwegnehmen, das Angebot gar nicht zur Diskussion, weil – Mister Welles zu spät auftrat; da war es überflüssig geworden.

Rom. *Benito Mussolini*, Jahrgang 1883, Ministerpräsident, brach erschüttert zusammen. Da er nicht nur Ministerpräsident sondern auch Diktator war, wie sein Kollege Hitler, traf ihn dessen Ende besonders hart. Sein martialisches Gehabe, das er in der Öffentlichkeit vorführte, war nichts als Bluff; Ehefrau Rachele wusste am besten um seinen zartempfindlichen Charakter, der Enttäuschungen und Niederlagen kaum verkraftete, Siege aber ins Unermessliche aufbauschte. Graf Ciano, der Außenminister, versuchte seinen Chef aufzurichten und verstand gar nicht dessen Zusammenbruch. Von Liebe zu Hitler war doch nie die Rede gewesen! Aber Ciano begriff nicht, was ein Diktator d e n k e n musste, wenn er einen Kollegen von böser Buben Hand hingemordet sah: dass auch in seinem Herrschaftsbereich ein ebenso böser Bube seiner warten konnte.

Nach einer Viertelstunde war der Schwächeanfall überwunden und die Folgen des Attentats für Italien konnten besprochen werden. Ciano war stets gegen eine allzu enge Bindung Italiens ans Deutsche Reich gewesen, ebenso wie er Mussolinis Albanisches Abenteuer verurteilte. Aus dem würde man sich aber gewiss herauswinden können. Es kam nun darauf an, was Deutschland tun würde. Beide wussten, dass ein Angriff auf Frankreich unmittelbar bevorstehen konnte, den Italien als „nichtkriegführendes“ Land abzuwarten hätte. Hitler hatte von einem Eingreifen Italiens dringend abgeraten, es sei denn, „wir geraten in Schwierigkeiten“ – was Hitler natürlich nur als Eventualfall meinte und ausschloss. Mussolini aber war von vornherein entschlossen gewesen, beim Gnadenstoß gegen Frankreich mit von der Partie zu sein; zwecks von Italien längst angestrebter Grenzkorrekturen im Raum um Nizza. Wenn die Deutschen nun den Krieg nicht weiterführten, würde es dazu allerdings nicht kommen.

Dann beschäftigte sich Mussolini mit den zu erwartenden Beisetzungsfeierlichkeiten. Da er Görings Eitelkeit ebenso kannte wie seine eigene, konnte er sich partout nicht vorstellen, dass gar keine stattfinden könnten.

„Vielleicht verscharren sie ihn irgendwo“, warf Ciano ein.

„Die Deutschen sind gründlich“, sagte Mussolini, „werden’s auch hierbei sein...“

Die Metamorphose des H. G.

Metamorphose bedeutet laut aller Lexika „Verwandlung, Umgestaltung“. Also etwa: vom Engerling zum Maikäfer; vom Ei zum Vogel; von der Kaulquappe zur Kröte; vom hässlichen Entlein, (gibt es gar nicht!), zum stolzen Schwan; vom klebrigen Frosch zum properen Prinzen, vom Gott zum Schwan und von der braven Braut zur Xanthippe – eine Auswahl nur. Eine weitere interessante Variante werden wir jetzt kennenlernen.

Hermann Göring, Jahrgang 1893, Ministerpräsident, zweiter Mann im Dritten Reich, auch Vierjahresplanbeauftragter und Reichsjägermeister, (hier können nicht alle seine Titel aufgeführt werden), in diesem Kapitel unserer Abhandlung kurz H. G. genannt, konnte dem Herrn Lob, Preis und Dank sagen, ließ dieses aber durch *Emmy Sonnemann*, Jahrgang 1893, Staatsschauspielerin a. D. und Ehefrau Hs., in Szene setzen:

„Danket dem Herrn, denn er ist freundlich..."

Warum diese netten Worte? Nun, H. G. ist ein alter Kämpfer vom frühen 9. November 1923 und hätte heute in München eigentlich dabei sein müssen. Doch öden ihn diese Feierlichkeiten im Kreis meist rabaukenhafter alter Kameraden seit Jahren an, und so hatte er sich bei seinem Führer „mit Arbeitsüberlastung betreff den Westfeldzug" entschuldigt. Da er normalerweise ganz dicht beim Führer hätte sitzen müssen, säße er nun, wie Emmy richtig folgerte, j e t z t bei ihm, ganz dicht, in der Hölle vermutlich. Kann da eine Ehefrau nicht dankbar sein und gottesfürchtig werden!

Weil H. G. eine Hauptperson unserer Geschichte sein wird, scheint ein Blick auf seinen Werdegang unerlässlich. Sein Vater, dessen Name noch heute eine Straße in Windhoek und Swakopmund trägt, war der von Bismarck ernannte erste Reichskommissar für die Kolonie Deutsch-Südwestafrika, heute Namibia. Nach einer militärischen Ausbildung in der Kadettenanstalt zu Karlsruhe wurde H. G. zunächst 1912 Leutnant der Infanterie, dann wurde er zur Fliegertruppe abkommandiert. Im Weltkrieg war er zuletzt Chef des populären Jagdgeschwaders Richthofen und beendete den Krieg mit 22 Abschüssen. Dafür erhielt er vom Kaiser den Orden Pour le Mérite. Damit wob sich jene Aura des Kriegshelden um ihn, die ihn bis heute nicht verlassen hat. Sein fliegerisches Können nutzte H. G. nach dem Krieg in Dänemark und Schweden zur Kunst- und Verkehrsfliegerei, und bei dieser Tätigkeit lernte er seine erste Frau und große Liebe kennen: Karin von Kantzow, geborene Fock. Beide setzten sich über alle Konventionen und die Scheidung hinweg und heirateten 1922 in München. Dort, in der Stadt, wo sich der Umsturz nach 1918 am wildesten gebärdete, krebste auch Hitlers NSDAP mehr schlecht als recht herum und brauchte Persönlichkeiten von Rang und Namen.

Zum Beispiel H. G., ruhmreich und mit probaten Verbindungen zu Adel und Industrie. Hitler bot G. die Kommandantur der parteieigenen Sturmabteilung (SA) an, die soldatisches Dasein nebst Kameradentum, Abenteuer und – vielleicht – Aufstieg verhieß. Das erste Abenteuer stand schon am 9. November 1923 ins Haus, als Hitler seinen Putschversuch mit dem so genannten Marsch auf die Feldherrnhalle einleitete; wir kennen die Sache ja schon. G. wurde schwer verwundet, entkam aber über Österreich nach Italien, wo er den bereits im Sattel sitzenden „Duce" Mussolini kennenlernte. Schließlich ging er mit seiner Frau nach Schweden, wo er schwer laborierte und morphiumsüchtig wurde, da die Schusswunde nicht endgültig heilen wollte.

Im Verfolg einer Generalamnestie kehrte er 1927 nach Deutschland zurück und trat erneut der NSDAP bei, (Adolf Hitler hatte für den Putsch fünf Jahre bekommen, aber nur neun Monate abgesessen.) Als G. wieder in Deutschland auftauchte, war die NSDAP im Kommen, mit Höhen und Tiefen zwar, aber unaufhaltsam. Schon 1928 war G. Reichstagsabgeordneter und hatte damit vorerst wirtschaftlich ausgesorgt. Mit dem NSDAP-Wahlsieg vom 31. Juli 1932 wurde er gar Reichstagspräsident. Hitlers Machtantritt vom 30. Januar 1933 verschaffte G. dann einen steilen Aufstieg, zu seinem Leidwesen in einen Krieg hinein, den er nicht wollte, aber mittragen musste. Seine letzte Beförderung lautete auf die Führernachfolge – diese trat jetzt nach Adolf Hitlers Tod in Kraft.

In den Jahren von 1933 bis zum Kriegsbeginn hatte G. überall äußerst brutal, kompromisslos und egoistisch seinen Willen durchgesetzt, wie alle höheren Nazibonzen dies tun mussten, wollten sie überleben; Leichen säumten seinen Weg. Habgier und Prunksucht ließen ihn zum Raffer, Stehler, Hehler und Plünderer werden, Korruption war im Nazireich die alltäglichste Sache der Welt, wer arm blieb unter den Bonzen, hatte versagt.

In der Schorfheide bei Berlin baute sich H. G. ein Schloss, das er nach seiner inzwischen verstorbenen großen Liebe „Karinhall" nannte und das, wie er selbst, natürlich nicht unbeweibt bleiben konnte: Emmy Sonnemann, wir kennen sie schon, wurde in einer fürstlich nachempfundenen Hochzeit am 20. April 1935 geehelicht und heimgeführt. Da der Führer nichts derartiges aufzuweisen hatte, durfte Emmy die Rolle der Firstlady des Dritten Reiches übernehmen.

H. Gs. erstaunlichste Leistung bisher war, sich im Ansehen seiner Person im guten deutschen Volk ungeheuer, beinahe unheimlich populär gemacht zu haben – ein Indiz wohl für seine in ihren tiefsten Tiefen anständige Seele. „Der dicke Hermann", „Lamettaträger Nummer eins", „Reichsordensträger" und so weiter, dichtete Volkes Mund über ihn. Doch wehe dem, der ihn zum Feind hatte! Prunk und Pomp liebte G. auch in der Kleidung, vom alten Germanen über einen echten Grünrock zum gutsitzenden, den Bauch nicht kaschierenden Schwarzen bis zur Uniform eines Generalfeldmarschalls des Dritten Reiches.

Letzterer Titel musste nicht der letzte sein: Der Führer hatte durchblicken lassen, dass es nach siegreichem Feldzug gegen den Erzfeind Frankreich zwar weitere neue Marschälle geben würde, er aber, H. G., dann den neuzuschaffenden Titel „Reichsmarschall" zuerkannt bekommen würde. Da würde wohl nichts mehr draus...

Hitlers Abgang wurde der Anlass zu H. Gs. Metamorphose, deren Gedeihen und Vollendung hier nun dargelegt werden soll. Zunächst saßen Emmy und H. stumm und konsterniert da und begriffen den Schnittpunkt ihres Lebens nicht sogleich. Er war gerade dabei gewesen, seinen neuen Anzug à la „Hermann der Cherusker" anzuprobieren.

„Du müsstest doch ein paar Kilo abnehmen, Hermann", sagte Emmy.

„Das kann ich bei dir nicht", antwortete er, „das kann ich nur bei dem Fraß, den es in der Reichskanzlei gibt."

„Ja, der Führer hat eine schlanke Figur, nicht wahr."

Diese wurde soeben ein wenig zerquetscht und eine Viertelstunde später wussten es die Görings.

„Der Führer ist tot – es lebe der Führer!“

„Du bist fies, Emmy.“

Die jetzt echte Firstlady und ihr Firstman schauten sich an und dachten dasselbe, Emmy sagte es jetzt geradeheraus und unverblümt:

„Ob Himmler und die anderen Konsorten deine Nachfolge anerkennen werden?“

„Das werden wir bald haben“, antwortete H. sofort.

Er tat das, was wir schon kennengelernt haben, nämlich seinen Duzfreund Bruno Loerzer anzurufen und diesen zu ermächtigen, Luftwaffeneinheiten nach Berlin zusammenzuziehen und das Regierungsviertel, besonders die Reichskanzlei, zu zernieren:

„Wer den Weisungen der Truppe nicht Folge leistet, wird erschossen.“

Das war Originalton H. G., der Emmy gar nicht gefiel.

„Versprich mir“, bat sie, „den Krieg zu beenden. Auch um unserer Tochter willen.“

Daran hatte H. G. noch gar nicht gedacht; eine Vision eröffnete sich ihm: Sollte er als Kriegs- oder Friedensfürst in die deutsche und europäische Geschichte eingehen und damit unsterblich werden, samt Emmy und Edda? Karinhall als Wallfahrtsort späterer Geschlechter! Ein mächtiger Granitblock als Grabstein:

„Hier ruht der Mann, der den Zweiten Krieg nicht zum Weltkrieg werden ließ.“

Nicht schlecht, damit war auch die Kleiderfrage gelöst: zivil. H. küsste seine Emmy herzlich und marschierte in die Garderobe ab, den Telefonaten entkam er aber nicht, er absolvierte sie im Stehen, während seine Frau Hand an ihn und seine Garderobe legte. Den schwarzen Gestreiften, den er als Reichstagspräsident trug? Oder den echten Nadelstreifen Marke „Neville Chamberlain“, den er bei Treffen mit hochrangigen Industriebossen, denen er Beine machte, zu tragen pflegte?

„Den nimm“, sagte Emmy, „er macht dich schlanker.“

Somit war die äußerliche Metamorphose abgeschlossen. H. G. sah nicht so imposant aus wie das Volk ihn gewohnt war, aber deutlich sympathischer und jenen Hauch Solidität und Aufrichtigkeit ausstrahlend, ohne die kein Politiker Karriere machen kann. Eine flache Pistole verschwand in der Jackeninnentasche.

„Für Himmler, Heydrich, Goebbels und andere Schlingels, falls sie unerlaubte Ambitionen haben sollten," sagte er anzüglich.

Leibwache, Fahrer und Auto warteten bereits an der Auffahrt. Emmy bemerkte, dass das Parteiabzeichen auf dem Tisch liegengeblieben war und dass H. auf jeglichen Ordensschmuck verzichtet hatte. Zwar hieß es, er habe geschworen, des noch lebenden Kaisers höchsten Orden nie ablegen zu wollen, weder bei ehelichen Pflichten noch bei normalem Bettaufenthalt, auch auf der goldenen Toilette nicht, aber das war wohl Feindpropaganda und außerdem höchst geschmacklos formuliert. Jetzt jedenfalls trug er auch den Pour le Mérite nicht. Emmy winkte auf der Treppe, die Kavalkade setzte sich in Bewegung, voran Leibwächter auf schweren BMWs, dann ebensolche im Mercedes, dann Gs. Wagen, schließlich wieder Motorradfahrer. Mitternacht war vorüber, wegen der Verdunkelung lagen Häuser und Straßen Berlins finster und schweigend da.

„Das wird bald anders werden", sagte G. zu sich selbst.

Er war fest entschlossen, Emmys Wunsch zu erfüllen. Schad war's schon, dachte er, seine famose Luftwaffe gegen Frankreich und England nicht einsetzen zu können, und gar Guderians Panzer! Was wohl die Heinis von Heer und Marine, Brauchitsch, Halder und Raeder, von seinem Plan, Frieden zu machen, halten werden?

„Es wird ein harter Kampf werden, Hermann, bleib wacker!"

Da tauchte die Neue Reichskanzlei auf, „eingekesselt von meiner Luftwaffe", alle SS-Wachen fort. Die Neuen präsentierten das Gewehr und ließen passieren. Die riesigen Räume waren G. wegen der langen Fußmärsche schon immer ein Graus gewesen. Hier der Kabinettssaal, morgen wohl der Schauplatz harter, vielleicht blutiger Auseinandersetzungen. G. ging in Hitlers Arbeitszimmer, betrachtete den riesigen Schreibtisch und dachte darüber nach, welch eine Verschwendung der Führer und sein Architekt Albert Speer hier doch getrieben hatten, nun besonders krass bemerkbar, wo Krieg war und Hitler sich am liebsten außerhalb der Reichskanzlei aufgehalten hatte. G. beschloss, hier nicht zu übernachten, sondern sich in seine luxuriöse Berliner Wohnung zurückzuziehen. Dort traf er sich mit Loerzer, der Vollzug der erhaltenen Befehle meldete und für den nächsten Tag neue bekam.

H. Gs. innere Metamorphose vollzog sich in dieser Nacht, so dass alle Menschen, mit denen er am morgigen Tag zusammentraf, ihn kaum wiederzuerkennen vermochten. Morgen würde Hitlers Drittes Reich seinen Todesstoß bekommen und nach noch nicht einmal sieben Jahren zusammenbrechen...

Ein Lauffeuer eilt durch Deutschland

Wir haben bisher fast nur Menschen getroffen, die sich aus Hitlers Tod wenig oder gar nichts gemacht haben oder den Eindruck dieser Gleichgültigkeit zu erwecken suchten. Doch in dieser Nacht von Mittwoch auf Donnerstag schien in Deutschland alles außer Rand und Band zu sein, aus unterschiedlichen Gründen natürlich. Trauer verschiedenen Grades zu zeigen war noch opportun, ihr Gegenteil regte sich ebenfalls, wenn auch deutlich gemäßigter. Die Partei hatte immer behauptet, ihre Anhänger seien in Deutschland in der Überzahl gegenüber den Muffels, Nörglern und Meckerern; niemand hat wirklich Erhebungen hierüber gemacht. Freude äußert sich meistens lauter als Trauer, heute war es umgekehrt, da sich Hysterie der Trauer beimischte. Wie im Fall Renate Burgsmüller aus Jena, die wie eine der Hölle entwichene Furie auf die Straße preschte und hundertmal „Der Führer ist tot“ kreischte, bis sie ihm aus purer Erschöpfung nachfolgte. Derartige Personen gab es so zahlreich und in jeder Ortschaft und Straße, dass sich die sensationelle Nachricht in Windeseile, wie ein Lauffeuer eben, durch das Reich ausbreitete; nicht jedermann besaß ein Radio oder hatte eines eingeschaltet.

Während der Berliner Sender fortan über das Attentat schwieg und jeden klassischen Trauermarsch, den er auf Schallplatte auftreiben konnte, in den Äther schickte, versammelten sich Menschengruppen auf Straßen, Plätzen und in ihren eigenen kleinen und großen Wohnungen. Vermischt mit Ortsgruppenleitern; Gestapoleuten und anderen Spitzeln, die auf reiche Beute hofften. Denn schon bemerkten sie eine Lockerung von Moral und Disziplin, was die Achtung vorm Führer und vor seinen Getreuen betraf.

„Kennen Sie den herrlichen Witz mit Hitler und Göring?"

Herr Meyer-Klettmann aus Fürth, als Luftikus bekannt, gab ihn auf die zahlreichen Verneinungen zum besten:

„Also, Hitler und Göring stehen auf dem Berliner Funkturm und betrachten wohlgefällig das unter ihnen sich ausbreitende Berlin. Da sagt Herr Göring zu Herrn Hitler: ‚Adolf, willste deinen Berlinern nicht mal ne Freude machen?' ‚Sehr gern, Hermann', antwortet Hitler, ‚sag was ich tun soll.' ‚Spring runter, Adolf.'"

Gelächter. Zwar nicht dem Witz angemessen, aber immerhin. Ortsgruppenleiter Karl Adam lachte nicht mit, notierte sich den Vorgang aber in seinem Gehirn, nicht ahnend, dass sowohl seine Funktion als auch jene Dienststelle, der er ihn melden wollte, morgigen Tags nicht mehr existierte. Vielen Typen seinesgleichen erging es ebenso. Doch muss gesagt werden, dass ehrliche Bestürzung und echte Niedergeschlagenheit in dieser Nacht am meisten geäußert wurden. Mochten auch viele Menschen gar keine Nazis sein, streng an Hitlers Vorstellungen gemessen, und mochten sie seinen Paladinen wie Gauleitern, SA- und SS-Größen wenig oder gar keine Sympathien entgegenbringen, Hitler achteten, verehrten oder liebten sie, da sie nicht wissen und glauben konnten, dass er selbst das Oberhaupt allen Übels war.

„Wenn das der Führer wüsste?"

Wie oft fiel diese Frage in den letzten Jahren, und die Fragesteller bemerkten das Doppelsinnige in ihr gar nicht: Wenn ihr Führer so allwissend war, wie seine Adepten ihn darstellten, musste er doch a l l e s wissen! Tränen wurden überaus zahlreich vergossen, Selbstmordabsichten erwägt, in Mordabsichten umgesetzt gegen Verdächtige, die jedoch alle ein Alibi vorweisen konnten: Ausländer, selten gewordene Juden, Zigeuner, ehemalige Gewerkschafter, aus KLs Entlassene und notorisch oppositionelle Intelektuelle. Bangen ging jedoch vor Hoffen, und zwar in beiden Lagern: Nazis bangten, dass es für sie ungünstige Veränderungen geben würde, Antinazis bangten, dass es sie nicht geben würde; dazwischen hockte die große Masse der Unentschlossenen und Mitläufer. War Hermann Göring zu trauen, würde er nicht von Himmlers Machtapparat abserviert werden, und zwar bald? Manches Parteiabzeichen wurde nachdenklich betrachtet und in Händen gewogen, wie Parteibücher auch, aber Entscheidungen über sie fielen noch nicht. Kaum jemand konnte sich vorstellen, einige Weitsichtige konnten es aber doch, dass das ganze nationalsozialistische System auf so wackeligen Fundamenten stand, dass es mit seinem Erbauer einstürzen müsste. Konrad Adenauer, ehemaliger Oberbürgermeister Kölns, vom Regime kaltgestellt, brachte es auf einen trefflichen, echt Kölnischen Nenner:

„Das erste Monument ist gestürzt, andere werden folgen...“

In Berlin versammelten sich noch in der Nacht viele Passanten rund um die Reichskanzlei, soweit sie herankommen konnten, in allen Phasen und Regungen privater persönlicher Stimmung und Ergriffenheit: weinend, schluchzend, stumm, flüsternd, betend, neugierig, sensationslüstern. Sogar einige Zeitungsleute waren anwesend, nachdem sie im Propagandaministerium nichts hatten erfahren können. So wandten sie sich an Umstehende, instinktiv ahnend, dass sie sich bereits mehr herausnehmen konnten als früher:

„Warum stehen Sie hier, junge Frau?“

„Um Hermann Göring, den neuen Führer, kommen zu sehen.“

„Man will doch wissen was passiert.“

Schutzpolizisten (Schupos) patrouillierten auf und ab und konnten die Frage, ob und wann des Führers Leichnam nach Berlin überführt würde, nicht beantworten. Auch nicht „Warum ist alles abgeriegelt, was machen die drei Panzerspähwagen dorthinten?“.

„Sie trauen uns Berlinern nicht“, meinte ein Zuschauer, „wo wir doch immer jede Menge Heilhitler gerufen haben.“

„Sie trauen sich selbst nicht“, sagte ein anderer.

Da erschien Görings Kavalkade, er selbst blieb natürlich in der Dunkelheit unerkennbar, aber seine Autonummer wurde von den Zeitungsleuten erkannt.

„Ob er wohl wie früher der Führer ans Fenster tritt?“

Tat er, jedoch klammheimlich hinter der Gardine verhoffend. Graf Helldorf, amtierender Polizeipräsident von Berlin, ließ telefonisch anfragen, ob er „die Volksmassen auseinander treiben“ solle. Nein, Göring hatte die bessere Idee.

„Lass doch“, sagte er zu Loerzer, „Voralarm geben. Dann müssen sie ja nach Hause gehen.“

Auch ein großer Teil der Münchner war auf den Beinen, um die Geschehnisse rund ums Bürgerbräu zu beobachten.

„Fasst die Mörder!“, riefen sie.

„Nieder mit den britischen Mördern!“

Die im weiten Umkreis dumpf zu vernehmende Explosion hatte die nächsten Anwohner so früh herangelockt, dass sie den Abtransport des Leichnams beobachten konnten, und ganz kundige erkannten am Auto, wohin es fahren würde. Im Nu war das Krankenhaus umlagert, die Menge sang Horst Wessels und das Deutschlandlied und verlangte Einlass. Die Direktion wandte sich an den Gauleiter, der nach Rücksprache mit dem Polizeichef entschied, dass man den Führer an einem günstigen Platz im Krankenhaus würdig aufbahren solle, so dass „die Leute ihm die letzte Ehre erweisen“ können. So lag er denn dort in vorletzter Ruhe, zugedeckt mit der Hakenkreuzfahne, über ihr und seiner eingedrückten Brust die Hände gefaltet, – „er war ja ein guter Katholik und glaubte an Gott" -, aber so wie man auf seinem Gesicht zu Lebzeiten nie eine Spur wirklicher Zufriedenheit und Entspannung hatte beobachten können, so hatte Gevatter Tod ihm diese Wohltat auch jetzt nicht geben können.

Ein paar nette, nicht frische Blumen, rasch aus Krankenzimmern zusammengerafft, lockerten die düstere Szenerie ein wenig auf, und sie vermehrten sich, obwohl niemand wusste, woher die Leute zu dieser Nachtzeit welche herbekommen konnten. Was in den Köpfen der Defilierenden vor sich ging, blieb natürlich ein Geheimnis, Tränen in Fluss und einzeln sagen nichts aus, ebenso wenig ergriffene, verschlossene und nichts andeutende Gesichter, gemurmelte und unhörbare Gebete und Nervenzusammenbrüche nicht:

„Mein Führer, mein Führer...!"

„Mein Gott, was soll aus Deutschland werden?"

„Gott strafe England!"

„Wer soll uns nun vor den Feinden schützen!"

„Dass mein Junge für dich fallen durfte..."

Um 1 Uhr trafen Gauleiter und Polizeipräsident ein und beendeten die Veranstaltung. Sie beschlossen, am Morgen eine Umbettung in einen „angemessenen" Sarg vorzunehmen und diesen ab 11 Uhr vor der Feldherrnhalle aufzustellen, „damit alle unsere braven Münchner Gelegenheit haben, vom ewig geliebten Führer Abschied zu nehmen", ehe die Berliner Anspruch auf ihn erhoben. Dazu wird es nicht kommen, wie in einem der nächsten Kapitel berichtet werden wird.

Unterdessen war die Kripo in Assistenz der Gestapo nicht untätig geblieben und hatte, wie schon erwähnt, Elsers Schaltuhr aus den Trümmern geborgen. Sachverständige erklärten die Explosion für so gewaltig, dass der dafür benötigte Sprengstoff „nie und nimmer von einer Person" hergeschafft werden konnte.

„Auch muss der Einbau in die Säule soviel Zeit gekostet und derartigen Lärm gemacht haben, dass es unmöglich scheint, dass man hier im Haus und im Betrieb nichts vernommen haben will, wie alle Leute behaupten."

Folglich gab es einige Verhaftungen von Mitarbeitern und Chefs. Unter Anleitung eines Sachverständigen für Weckuhren fertigte ein Polizeizeichner eine Zeichnung des infrage kommenden Modells an, die in den nächsten Ausgaben der Zeitungen ganz Deutschlands veröffentlicht wurde.

„Wer kennt diese Uhr? Wer hat sie bei anderen Leuten stehen gesehen? Wer hat sie an wen verkauft?"

Da es ein handelsübliches Modell war, wurde die Kripo mit Angaben regelrecht überschwemmt, keine war sachdienlich. An den Resten hatte man auch keine Fingerabdrücke finden können.

„Mein guter Junge", sagte eine Mutter in Hermaringen, „das hast du so fabelhaft gemacht, dass man dir ein Ritterkreuz aus des Führers Beständen umhängen sollte."

Ein Aufruf des Gauleiters, der sich der neuen Führung zu empfehlen gedachte, um Spenden für eine „Belohnung zur Ergreifung der Täter oder des Täters" auszuloben, brachte die Summe von mehr als 100.000 Mark ein.

„Du würdest sie nie bekommen", sagte Georg Elser lakonisch seiner Mutter, „weil du bereits eine Mittäterin bist."

Viele Liter Druckerschwärze beweinten in den nächsten Zeitungsausgaben den Tod des Führers: fette Buchstaben, Balken und Trauerränder. Noch hielt es jedermann für selbstverständlich, dass es gewaltigere und umfangreichere Trauerfeierlichkeiten geben würde als weiland für den „ollen Wilhelm", Kaiser Wilhelm I. Über den freilich hatte g a n z Europa getrauert und Länder in Übersee, von Tonga und Samoa bis in deutsche Kolonien Afrikas und Orte Amerikas. Gärtnereien stellten sich auf Massenumsatz an Gebinden, Gestecken und Kränzen ein, Reden wurden entworfen und einstudiert, Gebete auswendig gelernt und passende Lieder geprobt. Tausende Vorschläge für einen „Adolf-Hitler-Nationalgedenktag", mit schul- und arbeitsfrei natürlich, und für eine „Führer-Gedenkspende" (steuerlich absetzbar) füllten die Spalten der Blätter. Hartmut Blaskowitz aus Hameln schrieb dem „Völkischen Beobachter“ und anderen Redaktion je einen Brief „zwecks Weiterleitung an den Oberbefehlshaber der Luftwaffe“:

„...sollte unsere Luftwaffe jede Maschine zur Verfügung stellen, Stukas, Bomber, Jäger und Aufklärer, bis zum Rand mit Bomben beladen, um London, mit vielen Grüßen vom hehren Verblichenen, zur Strafe in Schutt und Asche zu legen. Damit Mördergesindel wie Chamberlain, Eden und Churchill weiß, dass es nicht ungestraft im Deutschen Reich sein Unwesen treiben darf...“

Hätte Originalton Dr. Joseph Goebbels sein können. Die größte Sorge des Volkes galt jedoch einer Fort- oder Nichtfortsetzung des Krieges. Goebbels‘ Propaganda hatte während des Polenfeldzuges und danach bereits am Mythos des großen Feldherrn Hitler gearbeitet, des unfehlbaren, allen seinen Militärs überlegenen, so dass der „kleine Mann“ die Erfolge nur einem zuschreiben konnte: dem Führer halt. Einem großen Sieg im Westen stand man zwar aufgeschlossen gegenüber, aber würde er so leicht fallen wie in Polen?

„Ich habe“, schrieb eine Frau aus Würzburg, „in Polen meinen Mann und den Ältesten verloren und hasste diesen Krieg seitdem, aber weil die Engländer unseren Führer ermordet haben, würde ich auch noch meinen Zweiten und mich selbst opfern und mit dem Küchenmesser in der Hand die Insel stürmen helfen.“

„Die Neuordnung Europas“, schrieb Herbert Groß, Studiendirektor und Lehrer für Geschichte, „ist durch des Führers Tod um Jahrzehnte zurückgeworfen. Machen wir uns auch ohne ihn daran, das angefangene Werk zu Ende zu führen.“

Hans Frank, Jahrgang 1900, Generalgouverneur, wollte sich in Erinnerung bringen und sich der neuen Führung andienen:

„Der Kampf gegen das internationale Judentum, den der Führer so erfolgreich und konsequent begonnen hat, darf durch seinen Tod nicht unterbrochen werden. Denn dann hätte das ganze Kopfabschlagen wie bei einer Hydra nichts genutzt..."

Er glaubte, wie viele andere Nazigrößen zweiter Garnitur auch, dass Göring ein kapitaler Judenhasser sei; sehr gefehlt: Göring fand es bisher nur opportun, in die Hitlerschen, Himmlerschen, Streicherschen, Rosenbergschen und Goebbelsschen Tenöre einzufallen und Juden ihrer Vermögen zu berauben.

„Wer Jude ist bestimme ich!" – Das w a r seine Devise.

Walter Frank, Jahrgang 1905, „Wächter der deutschen Geschichtsschreibung" und Autor der noch laufenden, auf neun Bände konzipierten „Forschungen zur Judenfrage", wollte ebenfalls die Gelegenheit nutzen, nicht in Vergessenheit zu geraten:

„Tun wir den Engländern Unrecht an, wenn wir uns auf sie als Attentäter konzentrieren? Wie sollten ihre Agenten denn die Bombe installiert haben! Blamieren wir uns nicht selbst zuzugeben, dass unsere famose Polizei und Gestapo nicht in der Lage waren, dieses zu verhindern? Und wer käme sonst infrage, welche Elemente leben noch immer unter uns, die es fertiggebracht hätten, wohl von verräterischen Individuen aus Kreisen der Militärs unterstützt? Da gibt's nur eine Antwort: Juden! Sie leben noch immer unter uns! Versteckt sogar von Mitmenschen, die ihre sogenannte Menschlichkeit über den Nationalsozialismus stellen..."

Das war scharfer Tobak und hätte von Julius Streicher stammen können. Die Fahndung nach diesem Subjekt lief ja bereits, nachdem Hermann Göring die ihm gewidmeten „letzten Zeilen" gelesen hatte. Alle Stellen, deren Planungen einige Zeit in Anspruch nehmen würden, machten sich für das Staatsbegräbnis und für die örtlichen Trauerfeierlichkeiten zum Sonntag, den 12. des Monats, bereit. Berlin würde seinen großen Tag haben, mit den Staatsbesuchen folgender Persönlichkeiten: Mussolini für Italien, Admiral Horthy für Ungarn, Präsident Hacha für die Slowakei, Molotow für die Sowjetunion, (nur Fantasten glaubten, dass Stalin kommen würde), der Vertreter des Tenno für

Japan, General Franco für Spanien; das waren wohl die wichtigsten Herrschaften.

„Wenn ich Brite wäre", sagte Graf Ciano zum Duce, „schickte ich an diesem Tag die größte Bomberflotte der Welt nach Berlin"

Wie enttäuscht sie alle noch heutigentags werden würden...

Aufmerksamen Beobachtern fiel auf, dass Frankreich im Zusammenhang mit den Ereignissen überhaupt nicht erwähnt wurde. Nahm man es nicht ernst? Würde es nicht sowieso demnächst unter deutschen Schlägen zusammenbrechen? Es war Großbritannien, dem man die Schuld am Krieg gab, das nach deutscher Ansicht den Nachbarn mitgeschleift hatte. In den letzten Jahren der Weimarer Republik hatte sich tatsächlich beiderseits des Rheins eine Korrektur der Beziehungen und allgemeinen Ansichten angebahnt, und da Hitler verbal mit Frankreich milder verfuhr als mit England, war dieses zum Staatsfeind Nummer eins aufgerückt. Nach dem Tod Hitlers ging auch in zwei anderen Nachbarstaaten Deutschlands eine Art von Aufatmen durchs Land: in Holland und Belgien. Wir werden hierüber noch mehr zu lesen bekommen, jetzt hat unser Blick ins morgendliche Berlin zu gehen...

Eine Kabinettssitzung in Berlin

Der entmutigend lange, riesengroße, imponierende und furchteinflößende Kabinettssaal der Neuen Reichskanzlei!

„Sie müssen", hatte Hitler bei den Planungen zu Speer gesagt und seine Minister gemeint, „wenn sie zu mir kommen, sich vor Ehrfurcht in die Hosen machen."

Ja, wenn er noch Ministersitzungen abhielte! Tat er aber nicht, denn einerseits sind Einzelpersonen leichter zur Schnecke zu machen als Gruppierungen, und andererseits konnte Hitler zivile Beratungen und Diskussionen zum Magenerbrechen nicht ausstehen. So gab's nur Audienzen und die fanden in kleineren Räumlichkeiten statt. Ausländischen Besuchern freilich, es waren immer nur befreundete, rutschten die sowieso schon furchtsamen Herzen bis in die Stiefelspitzen. Angeberei und Verschwendung überall, frei nach Diktatorenart.

Ehe Hermann Göring am Morgen dieses 9. November seinen neuen Dienst in der Reichskanzlei antrat, ließ er sich von seiner aus Karinhall nachgekommenen Emmy das Frühstück reichen. Er hatte nur drei Stunden geschlafen und ganz offensichtlich einen Arbeitstag wie nie vor sich. Würde er ihn durchstehen? Überhaupt überleben? Das erste Problem, noch beim Frühstück, wo Loerzer sehr souverän das Telefon bediente, erledigte er in althergebrachter Hitlerscher Weise.

„Was ist in Sachen Beisetzung des Führers geplant?“

Ließ der Gauleiter Münchens anfragen. Görings spontaner Einfall hierzu zeugte von seiner Schlagfertigkeit, der früher so berühmten und gefürchteten.

„Er ist auf dem Friedhof seiner Geburtsstadt beizusetzen“, befahl er kategorisch und so schnarrenden Tons, dass sein Partner am Ende der Leitung zusammenfuhr, „also in Braunau am Inn. Macht was ihr wollt, aber ein Staatsbegräbnis gibt's nicht jetzt im Krieg. Hier in Berlin findet auch nichts statt. Verstanden?“

Verstanden. Der Gauleiter war enttäuscht, ließ die Leiche freigeben und Adolf Hitlers Halbbruder und Halbschwester informieren, dass sie diese Beisetzung halt selbst organisieren müssten. Nach dem Gespräch flüsterte die patente Emmy ihrem Hermann ins Ohr:

„Solltest dich in deinem Tonfall mäßigen, Hermann. Bist ja schließlich Zivilist geworden.“

So kam es, dass Göring für alle, die heute mit ihm zu tun hatten, nicht wiederzuhören war. Um 8 Uhr fuhr er in der gestrigen Art zur Reichskanzlei, um vor der großen Sitzung noch mit Leuten, die er früher herbestellen ließ, Wichtigkeiten zu besprechen. Seine bedeutendsten Mitarbeiter aus der Luftwaffe waren alle anwesend: Jeschonnek, Udet, Milch, Kesselring und Sperrle. Sie hielten natürlich unverbrüchlich zu ihm und versicherten, dass SS und SA nirgendwo im Reich auffallende Bewegungen oder

Aktionen unternahmen und dass das Regierungsviertel „superfest“ in der Hand ausgesuchter Luftwaffeneinheiten sei. Göring vertraute ihnen an, dass sein großes Ziel die Liquidierung des Krieges sei und fragte nach ihrem Einverständnis. Wie eben nur Soldaten antworten können:

„Wenn es in Ehre und mit Ansehen geschehen kann, ja.“

Danach ordnete Göring an, dass alle Aufklärungsflüge über Holland und Belgien „ab sofort“ einzustellen seien und solche über Frankreich nur stattfinden dürften, wenn sie zu keinerlei Kampfhandlungen führten.

„Kommen feindliche Flugzeuge übers Reich, so sind sie nur zu bekämpfen, wenn sie aggressive Absichten haben.“

Dann gab Göring Kesselring den Auftrag, sich die Sitzordnung am Kabinettstisch anzusehen und dafür zu sorgen, dass hinter den Sesseln Himmlers, Goebbels‘, Ribbentrops und Rosenbergs je zwei „Schwerbewaffnete“ Posten fassten. Wir bemerken, vielleicht verwundert, mit welcher Konsequenz und Rationalität Göring hier agierte. Zwischendurch empfing er den Berliner Senderleiter und bestätigte diesem, dass er mit dem Propagandaministerium nichts mehr zu tun haben würde; Görings erstes öffentliches Auftreten im Rundfunk wurde für 15 Uhr festgelegt. Er gab Udet Anweisung, ihn deswegen aus „jeder Besprechung, welche auch immer“, um 14 Uhr herauszuholen.

„Dann habe ich eine Stunde Zeit für die Ausarbeitung meiner Rede.“

Um 9 Uhr 30 wurde ihm die Ankunft Erich Raeders und Brauchitsch‘ gemeldet, die natürlich alle ihre Stabschefs mitgebracht hatten. Mit diesen Männern wollte Göring unter allen Umständen vor der großen Sitzung sprechen. Der scharfäugige Seemann Raeder bemerkte als erster, dass Göring nicht sein Parteiabzeichen trug und in Uniform „eigentlich monumentaler“ aussehe. Auch Brauchitsch meinte innerlich, dass „gerade heute“ eine Uniform mehr hergemacht hätte, aber er durfte sich bald korrigieren. Göring führte sie durch den Kabinettssaal, damit sie an den Namensschildern erkennen konnten, mit wem zusammen sie hier gleich sitzen sollten, und ging dann mit ihnen in einen Nebenraum.

„Zwei Fragen", begann er, „muss ich Ihnen stellen, bevor die große Versammlung beginnt, und Sie müssen sofort antworten. Erstens: Akzeptieren Sie mich, nach dem Willen Hitlers, als dessen Nachfolger?"

Das taten sie spontan und uneingeschränkt.

„Ich behaupte nicht", sagte Göring, „dass ich dieses Amt für immer behalten werde oder möchte. Zweitens: Sind Sie einverstanden, dass dieser Krieg so schnell wie möglich liquidiert wird und Friedensverhandlungen angestrebt werden müssen?"

Sie antworteten wie Soldaten hier zu antworten haben:

„Wenn es in Ehre und mit Ansehen geschehen kann, ja."

„Ich danke Ihnen."

Göring gab jedem die Hand und sie setzten sich.

„Das wirft die Frage unserer allerersten Maßnahmen auf", begann er. „Herr Generaloberst, steht die Wehrmacht zu einem unmittelbaren Angriff auf Frankreich bereit oder nicht?"

Brauchitsch gab Halder das Wort.

„Nein, bereit nicht, wenn Sie meinen, ob ein Angriff innerhalb der nächsten vierzehn Tage möglich sei. Der Führer drängte zwar immer wieder, aber wir haben ihn abwimmeln können. Zwei Drittel der einzusetzenden Armee steht zwar, aber da wir an neuen Plänen arbeiten, bedeutet das nicht viel, es ist mehr zur Verteidigung zum Eventualfall."

„Dieser Eventualfall, Generaloberst", fragte Göring weiter, „glauben Sie, dass die Alliierten unsere jetzige Verwirrung ausnutzen und angreifen."

„Nein, keinesfalls sofort. Sie sind nicht bereit dazu und es mag ihnen leid tun, diese Chance nun auch verpassen zu müssen."

„So sollten wir jetzt beschließen und ich bitte Sie, meinem Vorschlag zuzustimmen, dass wir uns betont friedlich verhalten und auch keine Erkundungsvorstöße unternehmen. Sollte der Gegner dieses versuchen, ist er zurückzuweisen. Sind Sie einverstanden?"

Ja, sie waren's, das klappte ja wie am Schnürchen.

„Die Luftwaffe hat bereits den Befehl zum Kurztreten", sagte Göring, „bleibt noch die Kriegsmarine."

„Ich habe mir erlaubt", sagte Raeder rasch, „gleichbedeutende Anweisungen für die draußen befindlichen U-Boote und Überwasserschiffe zu erteilen. Besonders die Graf Spee ist ja draußen. Alle haben bestätigt."

Göring schluckte ein wenig über diese Eigenmächtigkeit, fand sie aber prima. Dann teilte er den Herren mit, dass er in seiner heutigen Rundfunkrede „an Deutschland und die Welt" den beiden Alliierten einen Waffenstillstand anbieten werde.

„Was meinen Sie, werden sie annehmen?"

Alle glaubten, dass dieses geschehen würde.

„Sie werden sich nicht entziehen können, aber etwaige Friedensbedingungen wohl zu hoch für uns ansetzen."

„Über das, was wir akzeptieren können und wollen, möchte ich mit Ihnen heute Abend bei mir zu Hause diskutieren. Sind Sie einverstanden, dass ich Sie, Herr Admiral und Herr Generaloberst, der Versammlung gleich als meine unmittelbaren Vertreter vorstelle, solange wir nicht eine andere Form gefunden haben?"

Sie stimmten bei. Und Göring wünschte noch, dass beide Stabschefs nicht teilnehmen sollten, sie hätten nun die Aufgabe, das soeben Beschlossene an die Einheiten im Westen weiterzugeben. Es war 10 Uhr 45 geworden.

„Nun denn, meine Herren", sagte Göring munter, „wir wollen gute Gastgeber sein und unsere Besucher nicht warten lassen."

Während der letzten Stunde hatte die Reichskanzlei einen Andrang erlebt wie niemals zu Hitlers Zeiten. Wir wissen ja bereits, dass Hitler nie „alle auf einmal" antanzen ließ, die Minister, Reichs- und Gauleiter, Reichsführer, Staatsräte, SA- und SS-Anführer höherer Ränge. Göring rief und alle, alle kamen. Die Zuschauer vor der Reichskanzlei konnten ihr Staunen gar nicht unterdrücken:

„Soviel Goldfasane gibt's in Berlin?"

„Sollten die nicht auch an der Front sein!"

„Schaut euch die Bäuche an, die leben nicht auf Marken."

„Da ist der blöde Rosenberg, diese Niete."

„Ribbentrop, der blasierte Sektverkäufer."

„Achtung Himmler kommt!"

„Da, der Admiral Canaris, der sieht wenigstens intelligent und solide aus."

„Der kleine Doktor mit dem Pferdefuß."

Die Berliner Schnauze tobte sich voll, ganz und sehr originell in altbekannter Art und Weise aus.

„Jetzt, wo der Führer tot ist, kriechen sie aus den Löchern."

„Wenn das Mr. Chamberlain wüsste, jetzt eine Bombe drauf."

Um 10 Uhr 30 warteten folgende Persönlichkeiten im Umkreis des Kabinettssaales und taten sich am kalten Büfett und an den Getränken gütlich. Einer war unter ihnen, der das Genossene nicht mehr vollständig verdauen würde. Hier sind sie nun aufgezählt, der Gerechtigkeit halber wieder nach dem Alphabet, die nicht kursiv gedruckten Namen sollen aussagen, dass sie hier unbedeutend bleiben und nichts mit dem Verlauf des Tages und der nächsten Wochen zu tun haben werden..

Sekretär Martin Bormann, Jahrgang 1900, Stabsleiter des Führerstellvertreters Rudolf Hess in Angelegenheiten der Partei.

Wilhelm Canaris, (uns bereits bekannt);

Richard Walter Darré, Jahrgang 1895, Minister für Ernährung und Landwirtschaft;

Julius Dorpmüller, Jahrgang 1869, Verkehrsminister;

Wilhelm Frick, Jahrgang 1877, Innenminister;

Walther Funk, Jahrgang 1890, Wirtschaftsminister;

Joseph Goebbels, (uns bereits bekannt);

Franz Gürtner, Jahrgang 1881, Justizminister;

Rudolf Heß, Jahrgang 1894, Führerstellvertreter in allen Parteiangelegenheiten;

Heinrich Himmler, (uns bereits bekannt);

Hans Heinrich Lammers, Jahrgang 1879, Chef der Reichskanzlei;

Otto Meißner, Jahrgang 1880, Chef der Präsidialkanzlei;

Joachim von Ribbentrop, Jahrgang 1893, Außenminister;

Alfred Rosenberg, Jahrgang 1893, unbedeutender Leiter des Außenpolitischen Amtes der Partei;

Bernhard Rust, Jahrgang 1883, Minister für Wissenschaft und Erziehung;

Spitzenbankier *Hjalmar Horace Greely Schacht*, Jahrgang 1877, Reichsbankpräsident;

Baldur von Schirach, Jahrgang 1907, Reichsjugendführer;

Ludwig Johann Graf Schwerin von Krosigk, Jahrgang 1887, Finanzminister;

Fritz Todt, Jahrgang 1891, Rüstungsminister und

Ernst Freiherr von Weizsäcker, Jahrgang 1882, Ribbentrops Staatssekretär.

Mit Ausnahme der Herren Bormann, Lammers, Meißner, Schacht und von Schirach nahmen sie alle an der Sitzung teil. Hitler hatte stets die Gewohnheit, seine Besucher warten zu lassen und dann, nach ihm angemessener Zeitspanne, den Raum zu betreten. Göring machte es umgekehrt. Er stand, flankiert von Raeder und Brauchitsch, am Kopfende des Tisches, dort wo er auch mit ihnen Platz nehmen wollte, und auf ein Zeichen Meißners traten die Gäste ein. Eine illustre Gesellschaft fürwahr, ein Querschnitt durch die Führungsriege einer Diktatur. Da gab's gestandene Herren alter Schule wie Schacht, von Weizsäcker und Schwerin von Krosigk; Emporkömmlinge wie Himmler, Ribbentrop und Rosenberg; Eiferer und Schmeichler wie Goebbels und Heß; farblose Bürokraten wie Rust, Darré, Funk und Gürtner. Bormann drängte sich mit hinein, fand aber seinen Namen an keiner Stelle und wusste damit, dass er *persona non grata* war. Meißner, ein Fossil noch aus Hindenburgs Aera, hatte sie wohl informiert, dass Handschlag mit dem neuen Machthaber unerwünscht war. Ein Blick auf das Empfangskomitee, das ja aus den Vertretern der drei Wehrmachtsteile bestand, lehrte die

Eintretenden, dass das Militär momentan das Sagen haben würde. Die von der Stimmung her aggressivsten Besucher, wie Himmler und Goebbels, hätten gewiss über die Konstellation „Zivilist zwischen zwei Uniformierten“ geschmunzelt, wenn ihnen nicht, wie allen, das Herz schon in die Vorkammer der Hose gerutscht wäre – diese Sitzung hier und heute, diese Witterung lag regelrecht in der Luft des Raumes, würde dem tristen 9. November angemessen sein! Manche Schicksale würden hier wohl bald besiegelt werden...

Es ist interessant, Gesichtsausdruck, Mienenspiel und Gruß der wichtigsten Eintretenden zu beschreiben. Himmler: Sein von Geburt wenigsagendes Gesicht war blass und von Hoffnung, Furcht und Machthunger gezeichnet, sein Gruß stumm mit knappem Hitlergruß per abgewinkeltem Arm. Heß: In Parteiuniform schlank und adrett aussehend, das hohläugige Gesicht von reichlichem Tränenfluss der letzten 24 Stunden gezeichnet, schmetterte er mit lang gestrecktem Arm sein Heilhitler in den Saal. Ribbentrop: Seine Mimik, eine Mischung aus Arroganz und Trotz, verriet seine inneren Gedanken, nämlich dass hier seine Karriere als Staatsmann beendet würde, und entsprechend knapp fiel der Gruß aus. Canaris: Als geborener Geheimdienstler ließ er sich nichts ansehen und als Soldat konnte sein Gruß nur kurz und knapp ausfallen, der militärische natürlich, doch ließ sein ganzes Benehmen ahnen, dass er viele der Anwesenden als geistige Krüppel ansah und beurteilte. Goebbels: Hinter der Maske des Loyalen, durch gemessenes Hin- und Hergrüßen angedeutet, verbargen sich Angst um Zukunft und Leben, den Hitlergruß untermalte er mit einer höflich-knappen Verbeugung gegen Göring. Rosenberg: Er sah schon jetzt aus wie ein Angeklagter vor unerbittlichem Tribunal, eine ganz unnötige Darbietung, denn niemand wollte ihm an den Wickel. „Die härteste Strafe für solche Typen“, dachte Göring im Stillen, „ist, sie ganz und gar unbeachtet zu lassen.“ Sein Hitlergruß mit schnurgerade gestrecktem Arm war der längste des Tages. Frick: Der Innenminister war, jeder wusste es, ein alter Kämpe und Wegbereiter

Hitlers, streng, verschlossen, humorlos, rücksichtslos, sein Gesicht konnte gar nicht anders aussehen als diesen Eigenschaften entsprechend, und jetzt kam Verachtung „für diese ganze Sippschaft“ hinzu; ohne merkbaren Gruß.

Die anderen Herren traten selbstsicher, höflich und gemessen und in der Überzeugung ein, dass nichts schlimmer werden konnte als es bereits war. Der Vorsitzende Hermann Göring setzte sich, alle folgten seinem Beispiel. Einige Herren, wir haben sie bereits aufgezählt, fühlten sich im Rücken unwohl: Es waren jene, hinter denen Göring je zwei „Schwerbewaffnete“ hatte postieren lassen. Himmler als historisch Versierter wusste, dass frühere Herrscher so taten, um Schuldigen schnurstracks die Köpfe abschlagen zu lassen – per horizontalem Damoklesschwert sozusagen.

Göring, der ja auch dank der gleichnamigen Industriewerke ein Wirtschaftsführer war, eröffnete die Sitzung nach Art dieser Leute: ein paar Sekunden stumm die Gefolgschaft offen und positiv musternd, damit die erste Befangenheit sich legen konnte. Er bemerkte an einigen Ärmeln das damals übliche schwarze Trauerband und überlegte, ob es nicht doch besser wäre, ein paar Worte des Gedenkens an das gestrige Ableben zu sagen. Nein! Erwartungsvolle Blicke der Teilnehmer und Stenotypisten, nur die Wachsoldaten stierten geradeaus, dann ging’s los.

„Meine Herren“, Göring sprach im Sitzen, sein Sessel, der ja Hitlers Sitzgelegenheit war, überragte die anderen um zehn Zentimeter, „ich eröffne hiermit die erste Kabinettssitzung der neuen Reichsführung, deren Präsidium aus mir, Großadmiral Dr. h. c. Erich Raeder und Generaloberst Walter von Brauchitsch besteht. Sitzungen des Reichskabinetts werden in Zukunft wieder (mit Betonung) eine ständige Einrichtung der Regierung sein.“

Gut angebrachte Pausen gehören ins Repertoire jedes guten Redners; Hitler war Meister darin, freilich um seinem Publikum Gelegenheit zum Klatschen zu geben. Mit derartigen Eitelkeiten wollte Göring nichts mehr zu tun haben.

„Zunächst muss ich Ihnen, meine Herren, ehe wir zur Tagesordnung übergehen, offiziell den Tod Adolf Hitlers (nicht „des Führers“, sic!) mitteilen. Infolge eines Attentats bisher unbekannter Täter erlag er im Münchner Bürgerbräukeller um 21 Uhr 22 am gestrigen 8. November 1939 seinen schweren Verletzungen. Sein Leichnam ist zur Zeit in einem Münchner Krankenhaus aufgebahrt. Das Präsidium hat angeordnet, dass in Kriegszeiten weder ein Staatsbegräbnis noch umfangreiche und kostspielige Trauerfeierlichkeiten vorgenommen werden dürfen und dass seine Beisetzung in seinem Heimatort Braunau nach dortigem Brauch stattzufinden habe. Jedes Mitglied der Reichsregierung hat sich der Teilnahme an der Beisetzung zu entsagen.“

Da er hiermit eine Zumutung aussprach, machte er eine Pause. Heß‘ Kopf war auf die Tischplatte gesunken, Goebbels‘ „zwingender“ Blick traf Göring „mitten ins Gesicht“.

„Nach diesem ersten Punkt unserer heutigen Tagesordnung gehen wir nun zum Geschäftlichen über...“

„Keinen Nachruf für unseren Führer...?“

Goebbels sprang auf und reckte seine kleine Gestalt in die Höhe.

„...keinen Dank an ihn, keine Gedenkminute für ihn?“

Er fuchtelte wie bei einer seiner Parteikundgebungen von früher, als er noch n u r Gauleiter von Berlin war.

„Ja“, sprang Heß auf und schnellte seinen Arm in die Luft, „ein Siegheil für unseren Führer! Hitler ist Sieg – Hitler ist Deutschland – Hitler ist Zukunft! Heil ihm!“

Er sank erschöpft zurück und vergrub seinen Kopf in die auf die Tischplatte verschränkten Arme; Schluchzen und Körperzittern. Goebbels war stehen geblieben und ließ seinen Blick auf Göring haften, Rosenberg weinte still vor sich hin, Himmler saß wie erstarrt, die anderen blieben beherrscht. Göring war ganz Spielernatur und dachte nicht an irgendwelche Maßnahmen, demonstrativ gönnte er sich einen Schluck Selters.

„Also gehen wir zum Geschäftlichen über“, sagte er und sein Blick zwang Goebbels in den Sessel zurück, „da wir hier nicht den ganzen Tag verbringen können. Um 15 Uhr werde ich über den Berliner Sender zur Nation sprechen."

Er blätterte in den Papieren.

„Die ersten Maßnahmen der Regierung betreffen eine Umbesetzung und vor allem die Verkleinerung des Kabinetts und die Verminderung von Ministerien – unnützer Ministerien."

Jetzt wurde die Lage ernst, sehr ernst sogar, das spürte jeder. Die Versammlung hatte inzwischen begonnen, sich ein Bild des „neuen Hermann Göring" zu machen. Ein positives, wenn sie gerecht urteilen wollte; er war nicht wiederzuerkennen – ein Erfolg der von Frau Emmy initiierten Metamorphose. Keine schnarrende Stimme mehr, die gebellten Befehle dahin, ein richtiger Demokrat Weimarer Konvenienz. Den natürlich Leute wie Goebbels, Ribbentrop und Himmler nicht ausstehen konnten. Na, man würde ja sehen, wohin das führte, noch war nicht dieses Tages Abend angebrochen. Da Göring sich jetzt dem kritischen Punkt seiner neuen Mission näherte belegte er seine Stimme mit Ruhe und Sorglosigkeit:

„Die neue Regierung ist nicht nur zu einem rigorosen Sparkurs verpflichtet, da die Finanzen des Reiches miserabel stehen, (behauptete er einfach aus der Vermutung heraus), sondern für die anstehenden Aufgaben eines herbeizuführenden Friedens ist eine neue Reputation notwendig – die alte Regierung hat sich zu sehr mit kriminellen Elementen belastet..."

Da war die erste massive Kritik heraus! Es war ein Affront erster Güte.

„...als dass wir hoffen könnten, mit ihnen in irgendwelche Verhandlungen mit den Kriegsgegnern eintreten zu können."

„Der Führer hat den Krieg für notwendig befunden", rief Ribbentrop erbost und so im Gesicht gefärbt, als hätte er zuviel Sekt seiner Schwiegereltern getrunken, „und wir sind verpflichtet, ihn siegreich zu Ende zu führen."

„Herr von Ribbentrop", sagte Göring, „auch in Audienzen mit Hitler haben Sie nur gesprochen, wenn Sie gefragt wurden. Bleiben wir doch bei Ihrer Methode."

Gemurmel, Andeutung von Murren, Füßescharren, Heß' Schluckauf. „Wie redet man einen zu Verhaftenden an?", überlegte Göring, „mit ‚Herr' gar?"

„Heinrich Himmler", sagte er nun kurz, „Sie sind verhaftet!"

Himmler fuhr hoch, was ganz passend war, denn sogleich nahmen die hinter ihm stehenden Luftwaffensoldaten ihn zwischen sich und eine halbe Minute später hatte er in ihrer Begleitung den Saal verlassen. Während Göring ganz geschickt die Auswirkungen dieses Gewaltakts verklingen ließ, machen *wir* einen Vorgriff in die Geschichte: Niemand der Anwesenden sah Himmler je wieder! Er wurde gleichen Tags in die Haftanstalt Brandenburg abtransportiert und entkam dort bereits in der ersten Nacht. Er blieb vermisst und tauchte nie wieder auf, weder aus der Havel noch sonstwo. Außer seiner Frau und seinen Hühnern weinte ihm niemand nach...

„Wir brauchen ihn nicht mehr", erklärte Göring kurz, „denn SS und alle ihre Einrichtungen, die Gestapo, der SD und die gesamten Konzentrationslager mit ihren Nebenbetrieben sind hiermit aufgelöst; politische Häftlinge werden sofort entlassen, die kriminellen in andere Anstalten verlegt. Auch die SA ist aufgelöst."

Göring sprach gemessen und langsam, denn hier mussten die Stenografen unbedingt wörtlich mitkommen.

„Aufgelöst wird ferner das Propagandaministerium mit allen seinen Ablegern und Befugnissen. Herr Doktor Goebbels, Sie werden jetzt heimgeleitet und unter Hausarrest gestellt. Es ist Ihnen das Betreten der Gebäude des Ministeriums und der Empfang Ihrer ehemaligen Mitarbeiter zu Hause untersagt, ebenso jede politische, gar agitatorische Betätigung."

Eine Minute später verließ Goebbels unter Bewachung den Saal.

„Herr von Ribbentrop, das Außenministerium bleibt natürlich erhalten, aber Sie sind entlassen und auch für Sie gelten die eben gemachten Verordnungen. Die Regierung warnt Sie vor einer Nichtbeachtung."

Eine Minute später verließ Ribbentrop unter Bewachung den Saal.

„Herr Heß, Ihre Funktion, Ihr Amt und Ihre Institution sind aufgelöst. Sie können ohne Auflagen nach Hause gehen.“

Eine Minute später verließ Rudolf Heß den Saal.

„Herr Frick, für Sie gilt das Gleiche. Das Betreten des Innenministeriums ist Ihnen jedoch untersagt.“

Eine Minute später verließ Frick den Saal.

„Herr Rosenberg, Sie können wie Herr Heß nach Hause gehen.“

Er ging mit rotumrandeten Augen und war das letzte Opfer der Rationalisierung.

„Herr von Weizsäcker“, sagte Göring, „übernehmen Sie bitte die provisorische Leitung des Außenamtes.“

Damit war die Sitzung beendet. Es wurde eine neue für morgen 10 Uhr anberaumt, um nach der aktuellen Lage beraten zu können.

„Ich bitte Sie“, sagte Göring, „mit den Plänen der Regierung, den Krieg unter erträglichen Bedingungen zu beenden, einverstanden zu sein. Wer dies nicht ist, sollte morgen fernbleiben, er hat nichts zu befürchten.“

Verabschiedung. Göring vereinbarte noch ein Zusammentreffen „nach meiner Rede“ am Nachmittag mit Raeder, Brauchitsch und Canaris. Dann ging man ans vorbereitete Eintopfessen und Göring zog sich zurück, seine Ansprache auszuarbeiten.

Die Reichskanzlei summte wie ein aufgeschrecktes Bienenvolk. Mit Entsetzen sah man die beiden Abführungen und das Davonhuschen der anderen Entlassenen.

„Da werden Nägel mit Köpfen gemacht.“

„Das ist bei jeder Revolution üblich.“

Was es früher vor der Reichskanzlei nicht gegeben hat, nämlich das „Herumlungern“ von Presseleuten, fand nun statt, so dass Lammers sich genötigt sah, den Reportern die Neuigkeiten mitzuteilen. Im übrigen verwies er sie auf die für 15 Uhr angekündigte Rede Görings:

„Er hat mir gesagt, dass er alle notwendigen Mitteilungen machen werde.“

Lammers und Meißner sorgten dafür, dass sich die Reichskanzlei allmählich leerte, als auch Göring sie verließ, um rechtzeitig beim Sender einzutreffen. Während in dieser historischen Kabinettssitzung eigentlich nur eine Person das Sagen gehabt hatte, ging es in London, nach wesentlich älterer Tradition, höher her...

Eine Unterhaussitzung, Teil eins

„Oder weiß der Erste Lord der Admiralität mehr als wir?“

Neville Chamberlain fühlte sich in seinem Element, nämlich inmitten einer Schlacht, auch Redeschlacht genannt. Das Unterhaus tobte nach dieser mehr rethorischen Frage. Denn der Premierminister hatte gerade im Namen der königlichen Regierung alle Schuld abgewiesen, dass Großbritannien in irgendeiner Weise am Attentat auf Adolf Hitler beteiligt sei.

„Das haben wir nicht nötig, es ist nicht unser Stil.“

Hört-hört-Rufe.

„Wir sind uns des Sieges so sicher“, sagte Chamberlain ruhig, „dass wir offenen Visiers kämpfen können.“

Hört-hört-Rufe.

„Er hätte schon vor dem 1. September umgelegt werden sollen!“, rief Churchill, „dann existierte Polen noch.“

Dann kam Chamberlains oben angeführte Frage. Die wollte Churchill nicht auf sich sitzen lassen.

„Wie sollte ich?“, antwortete er, „ich bin Seiner Majestät oberster Matrose und kein Geheimdienstler.“

Gelächter. Dieser parlamentarische Streit entzündete sich am Bericht des Außenministers über die Vorgänge in Deutschland, dass es, zum Beispiel, ganz offensichtlich weder Panik noch Umsturz gebe und dass Hermann Göring die Macht an sich gerissen habe.

„Der ist nicht besser als Hitler!“, rief Churchill dazwischen, „nur dicker.“

Doch das Gelächter konnte Churchill nicht darüber hinwegtäuschen, dass seine Sache nicht gut stand. Diese war: Kampf gegen Deutschland mit aller Konsequenz bis zum völligen Sieg, bis zur Kapitulation. Fatalerweise hatte er in den letzten Wochen vor Kriegsausbruch immer „Hitlerdeutschland“ gesagt und sich damit festgelegt. Nun wollten sie ihn hier festnageln.

„Warum hat uns der Erste Seelord nicht gesagt“, fragte Chamberlain in bitterem Ton, „dass unser Abwehrdienst die Anweisung der deutschen Admiralität an die Über- und Unterwassereinheiten mitgeschrieben hat?“

„Sie ist der Regierung ja bereits bekannt“, antwortete Churchill.

„Welche Anweisung, welche Anweisung?“

Rufe in der Runde.

„Aber das Unterhaus muss sie auch kennen“, mahnte Chamberlain.

Und er erklärte sie, worauf Aufatmen sich ausbreitete und Churchill Missbilligung einstecken musste.

„Ich erinnere den Abgeordneten Churchill daran“, fuhr Chamberlain beharrlich in der Art eines echten Routiniers fort, „dass wir vor dem 1. September mit Mister Göring Gespräche geführt haben, die der Erhaltung des Friedens dienten...“

„Der dann doch gebrochen wurde!“

„...aber ergebnislos verliefen. Die Ursachen hierfür lassen sich wohl nur in der Person Hitlers suchen.“

„Da dieser nun tot sei“, so argumentierte Chamberlain, „und sogar von den Deutschen selbst umgebracht, müsste Großbritannien verrückt sein und unverantwortlich handeln, wenn es nicht die kleinste Chance zur Beendigung des Krieges entschlossen und tatkräftig nutze“.

„Sehr richtig.“

„Im übrigen“, sagte Chamberlain, „sind die Franzosen unserer Meinung.“

Der Außenminister berichtete über die ersten Kontakte in dieser Sache und, als Sensation, von einem Kabel Präsident Roosevelts, der Mäßigung und Vernunft empfahl. Doch Churchill gab noch nicht nach und entwickelte ein strategisches Konzept, das nach seiner Ansicht genial sei.

„Dass Frankreich zustimmt, mögen wir verstehen, hat es doch den Feind unmittelbar an der Gurgel. Was übrigens auch ein Versäumnis unserer Regierung ist, weil sie wohl zu feige war, den Deutschen in den Rücken zu fallen, als sie noch in Polen beschäftigt waren. Wir sollten das nachholen. Jetzt alles rübergeworfen, den Verbündeten an die Kandare nehmen und ab über Rhein und Westwall, jetzt, wo sie der Tod ihres allmächtigen Führers unsicher gemacht hat...“

„Sind sie es, Sir, woher wissen Sie dies?“

„...und sie noch nicht alle Streitkräfte, von Polen her, im Westen versammelt und gruppiert haben. Alle Flugzeuge zusammenkratzen und rüber, die Navy kann in die Deutsche Bucht gehen und ihre Küste zusammenschießen. Wenn wir sie jetzt nicht schlagen, und das mit verhältnismäßig geringen Verlusten, werden wir, wie Sie alle wissen, meine ehrenwerten Herren, es erst in Jahren voll Blut und Tränen vollbringen können. Entscheiden Sie jetzt, aber bitte unbedingt richtig.“

Es war eine gute, aber sinnlose Rede. Ehe der Premier erwidern konnte, reichte man ihm einen Zettel. Er hatte schon einmal, es war gar nicht lange her, einen geschwenkt und wiederholte dieses nun:

„Soeben meldet unser Geheimdienst, dass sich die deutschen Truppen jetzt tatsächlich von den Grenzen Belgiens und Hollands zurückziehen.“

Applaus, teilweise sogar im Stehen. Wieder wollte Chamberlain zur Erwiderung Churchills ansetzen, wieder wurde er gehindert, wieder durch eine Meldung:

„Hier steht, dass der Berliner Rundfunk für 15 Uhr eine Ansprache Mr. Görings ankündigt, ‚An das deutsche Volk und an Europa‘.“

Das gab jetzt den Ausschlag, dass Chamberlain mit seiner Forderung zur Vertagung der Abstimmung auf den Nachmittag durchkam.

„Lassen Sie uns speisen und zuhören, meine Herren."

Eine Rede an Deutsche und Europäer

Hermann Görings erste große Rede schien deutlich mehr Aufmerksamkeit zu erregen und zu wecken als alle Hitlerschen Wortklaubereien bisher. Sie war angekündigt und sollte in aller Welt zu hören sein, und auch Hitler- und Deutschengegner mussten schon aus Gründen der Information die Ohren spitzen. Göring hatte sich noch einmal mit Canaris, der in Zukunft die Rolle des persönlichen Beraters übernehmen sollte, über einige wichtige diplomatische Formulierungen und Floskeln abgestimmt: die Anrede? „Volksgenossen" – nein; „meine lieben Deutschen" – nein; „Deutsche Männer und Frauen" – nein. Gedenksätze für Hitler? Drohungen an die oder den Attentäter? Zweimal nein. Die Wahrheit über die Regierungsneubildung? Ja. Nur ein Waffenstillstandsangebot oder schon mehr Entgegenkommen zeigen? Ersteres.

„Soll ich darauf hinweisen, dass die Truppen bereits von den Grenzen Hollands und Belgiens zurückgenommen wurden?"

„Nein", antwortete Canaris bestimmt, „dann geben wir ja zu, sie dort zwecks Überfall postiert zu haben."

Sehr richtig! In den Räumen des Rundfunks herrschte eine locker-entspannte Atmosphäre, seitdem die Goebbelssche Hand nicht mehr spürbar war. Görings Jovialität war bekannt und nun hatte sich bereits herumgesprochen, wie er seine Macht zu demonstrieren gedachte.

„Wie dürfen wir Sie ansprechen?", fragte ein junger Ansager, „und wie sollen wir Sie gleich ankündigen?"

Göring wühlte gedanklich in all seinen Titeln, zu denen seit Adolf Hitlers Tod „Reichskanzler" und „Reichspräsident" hinzugekommen waren, die Hitler ja in Personalunion geführt hatte. Reichspräsident – das klang so nach dem seligen Hindenburg.

Reichskanzler – in Erinnerung an Bismarck zwar akzeptabel, so direkt nach Hitler aber gar nicht. „Regierungspräsident"? Ist auch nichts, die gibt's ja in jedem Regierungsbezirk.

„Präsident", sagte Canaris, „einfach nur so."

Ja, das war's. 14 Uhr 50, das Abdudeln von Trauermärschen war schon am Vormittag eingestellt worden, jetzt hielt Mozarts Musik die Hörer bis 15 Uhr hin. Die Rundfunkleute bewiesen Fingerspitzengefühl, indem sie schon bei der letzten Ankündigung das Wort „Großdeutschland" fortließen und schlicht sagten:

„Und jetzt spricht der Präsident des Deutschen Reiches."

Das bewirkte Aufhorchen in aller Welt...

„Machen Sie bitte nicht zu lange Pausen", bat der Sendeleiter, „und kein Lampenfieber."

Er hatte dieses aber doch wie ein Schauspieleleve beim ersten Auftritt und machte mehr Pausen als von den Senderleuten angenommen, aber er hielt sich wacker:

„Deutsche! In bedeutender und schicksalhafter Stunde bin ich beauftragt worden, heute das Wort an Sie zu richten. Ich weiß, dass Sie danach fiebern, von offizieller Seite über die neuesten Ereignisse in unserem Vaterland unterrichtet zu werden, zumal sich bereits Gerüchte ausgebreitet haben oder bewusst ausgebreitet worden sind. Sie können beruhigt und sicher sein, dass die Staatsgeschäfte, sowohl die zivilen als auch die militärischen, gut verwaltet und ausgeübt werden. Zuerst darf ich Ihnen allen im Namen der neuen Reichsregierung danken, dass Sie Ruhe und Vernunft bewahrt haben, denn ich weiß, dass vielen von Ihnen das vielleicht in der Erregung schwergefallen sein mag. Doch das Leben geht weiter, unser aller und das der Nation."

Kurze Pause. Nach erstem kurzen Zittern in der Stimme hatte Göring sich gefangen, und der Sendeleiter signalisierte Zufriedenheit.

„Deutsche! Ich habe die Pflicht, Ihnen den Tod Adolf Hitlers mitzuteilen, der gestern Abend im Verlauf der alljährlichen großen Gedenkfeier zur Wiederkehr des 9. November 1923 seinen Verletzungen infolge der Detonation einer Bombe erlegen ist. Diese Bombe ist von Attentätern gelegt worden, vielleicht auch von einem Einzeltäter, aber obwohl die Untersuchungen laufen, ist über sie oder ihn noch nichts bekannt. Alle bisherigen Verlautbarungen hierüber sind nicht amtlich und nichts als Gerüchte und Spekulationen, glauben Sie ihnen nicht. Die neue Reichsregierung wendet sich vor allem und nachdrücklich gegen Bezichtigungen gewisser Kreise, dass dieses Attentat von Agenten unserer Kriegsgegner, besonders Großbritanniens wird genannt, inszeniert worden sei."

Pause zum Aufatmen für alle.

„Die Reichsregierung hat heute angeordnet, dass wegen der Kriegs- und Haushaltslage kein öffentliches und Staatsbegräbnis stattzufinden hat. Adolf Hitler ist seit gestern Nacht in einem Münchner Krankenhaus aufgebahrt, sein Leichnam wird morgen, am 10. November, nach Braunau am Inn überführt und auf dem dortigen Friedhof beigesetzt. Deutsche, Adolf Hitler hat mich zu Beginn des Krieges als seinen Nachfolger nominiert, darum spreche ich jetzt zu Ihnen. Aber ich bin nicht die Regierung, nur ihr Mitglied und Vorsitzender, und als solcher habe ich Sie nun über diese zu informieren. Es hat Veränderungen gegeben, vor allem eine Verkleinerung der Mannschaft und es wird weitere Veränderungen geben, wenn die Zeit dazu gekommen ist."

Die Spannung stieg, Befürchtungen stiegen mit ihr.

„Das Kabinett des Reiches besteht aus einem Präsidium, dem die Oberbefehlshaber von Heer, Marine und Luftwaffe angehören, und einer Anzahl von Fachministern. Alle wichtigen und alle bewährten Ministerien bleiben natürlich erhalten, das Propagandaministerium ist jedoch aufgelöst, sein Leiter verabschiedet. Aufgelöst wurden auch die Ämter Heß und Rosenberg, ihre Leiter ebenfalls verabschiedet. Ihrer Ämter enthoben wurden die Minister Frick und Ribbentrop, ihre Staatssekretäre übernehmen provisorisch die Leitung."

Dann zählte Göring jene Minister auf, die in ihren Ämtern verblieben.

„Der Reichsführer SS Heinrich Himmler", fuhr Göring fort, „ist in Haft genommen worden und wird zu gegebener Zeit einem fairen Prozess entgegensehen. SS, SD, Gestapo, alle ihr untergeordneten Organisation, SA und alle ihre politischen und anderen Abteilungen sind aufgelöst. Die Gauleitungen verlieren ihre Funktionen, jeder Gauleiter ist abgesetzt, ihre Aufgaben übernehmen wieder die Regierungspräsidenten wie vor 1933."

Wie gut für Görings Nerven, dass er die durch das Reich geisternden Aufschreie nicht vernehmen konnte. Sie waren, ganz klar, verschieden motiviert...

„Liebe Deutsche, ich komme nun zu einem Thema, das mir und dem Präsidium tief in der Kehle sitzt: die Einrichtung der Konzentrationslager. Ich möchte hier über Schuld oder Nichtschuld nicht reden, ich verkünde aber, dass sie ab heute aufgelöst sind. Alle politischen Gefangenen werden freigelassen und können ab heute zu ihren Familien und Anverwandten zurückkehren. Die Bedrängung der Juden im Reich ist beendet, ich versichere diesen unseren Mitbürgern, dass sie nichts mehr zu befürchten und, sofern sie sich verborgen haben, sie wieder an die Öffentlichkeit treten können. Jede Diskriminierung durch die Bevölkerung wird streng geahndet werden."

Dieser Abschnitt seiner Metamorphose machte Göring besonders stolz, mit Recht wohl, nicht wahr? Hierfür gab ihm Emmy zu Hause einen besonderen heißen Kuss. Die zuhörende Judenschaft, also jene Gruppe, die Hitler verächtlich und fälschlich das „Internationale Judentum" nannte, blickte sich verwundert an – wenn man das so ausdrücken kann: „War dieses alles nicht zu schön um wahr zu sein!" Göring war nun warm geworden und wurde entgegen Canaris' ursprünglichem Rat vertraulicher und beinahe landesväterlich.

„Liebe deutsche Männer und Frauen! Ich komme nun zum Thema, das uns alle seit drei Monaten bedrückt – der Krieg. Ohne auf eine Schuldfrage einzugehen möchte ich feststellen, dass wir alle ihn nicht wollten, fast alle nicht, und dass wir alle, fast alle, nicht wissen, warum eigentlich er geführt wird. Ging es um Danzig und den Korridor oder um mehr? Ich muss Ihnen gestehen, dass selbst ich, als damals zweiter Mann des Staates und verantwortlich für eine Waffengattung, es am verhängnisvollen 1. September dieses Jahres nicht wusste."

Dieses Eingeständnis, ob ganz aufrichtig oder nicht, verdiente eine kleine Pause.

„Wir sind ein desinformiertes Volk", fuhr Göring fest fort, „und damit dieses nicht so bleibt, verfügt die neue Regierung ab sofort eine allgemeine Medienfreiheit. Redakteure, Dichter, Schriftsteller, Radioleute, Musiker und Künstler: Schafft wieder wie ihr wollt und verantworten mögt vor eurem Gewissen!"

Alle Angesprochenen jubelten, einige begannen schnurstracks zu schaffen; neu.

„Soldaten! In den besetzten Gebieten, an der Westfront, in der Heimat und auf hoher See! Ihr habt eure Pflicht getan und euer Leben eingesetzt für eine Sache, die euch gerecht vorkam. Ihr werdet es weiterhin tun, wenn es sein muss und wenn es euch befohlen wird. Aber muss es sein? Wird die neue Reichsregierung es euch befehlen?"

An dieser Stelle, die der Engländer „break-even-point" nennt, der deutsche Volksmund derber „Knackpunkt", an dieser Stelle der Ansprache also setzte nun doch das weltweite Aufhorchen und Atemanhalten ein. Selbst Sir Winston, im Klub speisend, hielt die Gabel auf halbem Weg zum Mund an.

„Bürger und Bürgerinnen Deutschlands, Europas, Frankreichs und Großbritanniens! Dieser Krieg m u s s beendet werden! Im Namen der Reichsregierung unterbreite ich hiermit ein Waffenstillstandsangebot, das sofort in Kraft treten kann und Friedensverhandlungen nach sich ziehen sollte. Wir meinen es vollkommen ernst!"

Eine Assistentin kam und wischte Göring den Schweiß von der Stirn, er nahm ein Schlückchen Selters.

„Wir meinen es wirklich ernst. Als Vorleistung hat die Regierung angeordnet, dass sämtliche offensive Operationen an der Westfront, zu Land und in der Luft, zu unterbleiben haben, die Unterseeboote der Kriegsmarine sind zur Heimfahrt angewiesen, den Überwasserkräften ist anbefohlen, keine Aufgriffe und Versenkungen mehr vorzunehmen. Damit hat Deutschland das ihm Mögliche getan. Es erwartet im Interesse des Weltfriedens Vernunft und Realismus von seinen Kriegsgegnern."

Göring ergriff das letzte Blatt und holte noch einmal tief Luft.

„Meine lieben deutschen Mitbürger! Ich möchte zum Ende kommen und Ihnen allen die Möglichkeit zur Besinnung und Einkehr geben. Ich danke Ihnen, auch im Namen der amtierenden Regierung, fürs Zuhören und wünsche uns allen baldigen Frieden!"

Über den weltweiten Applaus gab es natürlich keine Nachrichten, aber der hier im Funkhaus ausbrechende mochte eine kleinere Vorstufe des Applausorkans sein, der um den Erdfall fegte. Als er und auch Görings Aufregung sich gelegt hatten, trat der Sendeleiter vor und sagte nur „Danke, Herr Präsident"; seine Mitarbeiter taten's ihm nach. Die Stimmung war historisch und rührend zugleich, Altmeister Goethe hätte „Und ihr seid dabei gewesen" gesagt. Der Redner erhob sich und hatte das übermächtige Verlangen, für ein paar Stunden Politik und Weltgeschichte zu entsagen und heimzukommen; das Auto brachte ihn fort, schon sammelten sich Menschenmengen vor der nicht mehr so rigoros abgesperrten Reichskanzlei. Emmy empfing ihn in ihrer überwältigenden, walkürenhaften Art und Weise...

Hermann Göring hätte sich noch mehr emporgehoben gefühlt, hätte er Einblick in den nun folgenden zweiten Teil der Londoner Unterhaussitzung nehmen können. Neville Chamberlain, der in den Gemächern des Premierministers gemeinsam mit seiner Frau und dem Dolmetscher Görings Ansprache verfolgt hatte, kollabierte beinahe vor Begeisterung. Und dann, als er wieder das Parlamentsgebäude aufsuchen wollte, verstellten ihm jubelnde Menschenmassen von Downingstreet No. 10 an den Weg, tanzten vor seinem Wagen und riefen immerzu ein Wort: „Peace – Peace!“

„Dass ich dieses noch erleben darf!“

Er war sicher, dass es keinem Menschen, selbst dem britischsten aller Briten, nämlich dem frechen Churchill nicht, gelingen würde, den sich anbahnenden Friedensprozess aufzuhalten. Nur einer wäre dazu in der Lage gewesen, und der war tot.

„Verbietet die Religion uns nicht“, sagte sich Chamberlain, „Freude und Genugtuung über den Tod eines Menschen zu haben? Haben wir das Recht, gar glücklich darüber zu sein?“

Die Antwort gaben die Menschen auf der Straße. Dort tobte die Begeisterung wie nach einem Fußballsieg Großbritanniens über Deutschland...

Eine Unterhaussitzung, Teil zwei

„Der König nimmt teil!“

Ja, heute jagte eine Sensation die andere. Die Gelassenheit britischer Unterhausabgeordneter ist bekannt, ebenso weiß jeder, zu welcher Raserei diese Spezies des Homo sapiens fähig sein kann.

„Die Deutschen machen wieder mal die Welt verrückt.“

Nicht nur Georg VI. wurde mit Ovationen im Stehen begrüßt, sondern auch sein Premier, der noch einmal all seine Redekraft und sein unterkühltes Charisma zu Gehör gab oder zur Schau stellte, die er für jenes Anliegen, das er „eine sehr gute Sache“ nannte, notwendig hielt: auf Deutschlands Angebot einzugehen. Zuvor teilte der Außenminister offiziell Görings Text mit, für alle Abgeordneten, die nicht Gelegenheit hatten zuzuhören. Es konnte kein Zweifel bestehen, dass Seiner Majestät Regierung heute ermächtigt würde, Deutschland eine positive Antwort zu erteilen, zumal ja auch die Franzosen spontan reagiert hatten.

Aber der Erste Lord der Admiralität hatte auch noch persönliche Gründe, Einwände und „schwere Bedenken“ vorzubringen, obwohl ihm klar war, dass er h e u t e verloren hatte: Sollte er in der Folgezeit recht behalten, was er durchaus nicht wünschte, weil es Fortführung des Krieges bedeutete, aber sollte es tatsächlich so kommen, dann war Mr. Chamberlain erledigt und kein Weg ginge daran vorbei, ihn, Winston Spencer Churchill, zum Premierminister zu machen!

„The Leader has died“, begann er theatralisch, beide Daumen in die Taschen seiner Weste geklemmt und unendlich überlegen-arrogant dreinblickend, „aber seine Idee lebt fort, der Hitlerismus genannt wird...“

„Hört – hört!“

„...mag auch das Kind einen anderen Namen bekommen haben. ‚Mit Herzen, Mund und Händen‘ hat das deutsche Volk an seinem Führer gehangen – glauben meine ehrenwerten Herrschaften hier, dass sich das alles in ein paar Stunden geändert und in Nichts aufgelöst hat?“

„Durchaus – warum nicht, Sir!“

„Ich sage ‚Nein!‘ und behaupte, sie haben Angst, dass wir ihnen jetzt auf den Hals kommen könnten; sie wollen Zeit gewinnen. Aber ich will meine Forderung von heute Morgen nicht wiederholen, es wirklich zu tun, da ich über die Uneinsichtigkeit der Mehrheit dieses Hauses informiert bin und weil ich Zeitverschwendung hasse...“

„Aha – soso!“

„...und ich baue darauf, dass die Regierung solche gerechten Friedensbedingungen stellt, dass die Deutschen mit Vergnügen weiterkämpfen werden...“

„Zynismus – Sarkasmus!“

„...und ich möchte darauf verweisen, dass wir den Deutschen schon einmal die Forderung stellten, nämlich zum 3. September, sich aus Polen zurückzuziehen und dass dann Frieden sein könne. Glaubt dieses Haus, dass sie es jetzt tun, jetzt wo sie Dreiviertel des Landes besitzen und sich dort bequem eingerichtet haben?“

„Abwarten – wir werden sehen.“

„Nun denn, machen wir also diese Kriegspause."

So wurde die Regierung ermächtigt, im Einvernehmen mit dem Alliierten, den Waffenstillstand „ab sofort" zu verkünden. Churchill spürte die Isolation, zeigte aber keine entsprechenden Reaktionen. In eigener Machtvollkommenheit und unter der Einbildung, die er „mein Instinkt" nannte, hatte er angeordnet, auch während des Waffenstillstands die Jagd auf die deutschen „Taschenschlachtschiffe" Graf Spee, Admiral Scheer und Lützow, - genauer war die Admiralität nicht informiert -, fortzusetzen, sie aufzuspüren und nicht aus den Augen zu lassen.

„Wenn's dann wieder losgeht, haben wir sie."

Die Schweren Kreuzer *Cumberland* und *Exeter* und die Leichten Kreuzer *Ajax* und *Achilles* waren bereits in Marsch gesetzt.

„Die paar U-Boote", sagte Churchill, „die sie draußen haben, lasst sie fahren, sie werden sich an die Befehle halten und keine Versenkungen vornehmen."

Im Großen und Ganzen war er mit dem Verlauf des Tages und der Sitzungen sehr zufrieden, er hatte sich gut in Szene gesetzt und wohl, wie er hoffte, der Zukunft vorgearbeitet. Den morbiden Chamberlain zu ersetzen, war das große Ziel, das nur mit einer Fortsetzung des Krieges erreicht werden konnte. Einen „Kriegspremier" Churchill würde das Volk haben wollen, gewiss doch, aber für einen „Friedenspremier" war er untauglich. Und wenn der Frieden „hereinbräche"? Nun denn, das Schreiben von Memoiren war auch eine angenehme Beschäftigung, alt genug dazu war er ja geworden...

Waffenstillstand

„Waffenstillstand!", rief der Funker verbotswidrig übers ganze Schiff, noch bevor er seinem Kapitän den Funkspruch überreicht hatte, „Waffenstillstand für die Dauer von vier Wochen."

Hans Langsdorff las es zweimal und den Zusatz „Heimkehr freigestellt". Er wusste natürlich nicht, dass die Engländer mitlasen. Von Politik verstand, von den Vorgängen zu Hause wusste er nichts, heimwärts funken mochte er nicht, denn sein Radar, -

eines der ersten deutschen Modelle -, meldete Schiffe in mittlerer Nähe. Verschiedenen Rauchfahnen, die auch von Handelsschiffen stammen mochten, waren sie in den letzten Tagen ausgewichen. Sonst war das Leben in diesen kühlen Meeresbreiten sehr langweilig gewesen. Langsdorff traute den Briten nicht und entschied weder auf Heimkehr noch Hierbleiben und erteilte der nicht fern stehenden Altmark den Befehl, den Hafen von Montevideo anzulaufen, die alliierten Gefangenen von Bord zu geben, Verpflegung und wenn nötig Treibstoff aufzunehmen und vor Ablauf der Internierungsfrist wieder Richtung Heimat auszulaufen. Es fand noch eine Treibstoff- und Verpflegungsübernahme von der Altmark zur Graf Spee statt, dann zog der „Versorger" im leichten Dunst nördlich davon.

Vorweggenommen: Seine Mission gelang, kam natürlich zu Ohren Churchills, der diese Heimfahrt als Ablenkungsmanöver vom Kriegsschiff betrachtete und mit seinen Beratern entschied, den Frachter laufen zu lassen und sich auf die Graf Spee zu konzentrieren, „die ganz sicher weiter östlich, nach Afrika hinüber", den Rückweg nach Deutschland nehmen würde.

„Na", fügte er hinzu, „ihr Kapitän ist einer von der alten Schule, er hat alle von den versenkten Schiffen gemachten vielen Gefangenen, einschließlich der Offiziere, im neutralen Montevideo freigelassen. Alle Achtung."

Zwei Tage nach dem Abgang der Altmark, also am 11., nahm auch die Graf Spee Fahrt auf und erreichte bereits in der Nacht zum 14. ihr Ziel. Verlassen wir sie jedoch bis dahin...

Mit dem Ende von Görings Rede stürzte sich ganz Frankreich in einen solchen Taumel von Begeisterung, dass des Landes finstere Elemente leichtes Spiel hatten: nämlich soviel Einbrüche, Klauereien und Taschendiebstähle auszuführen wie sonst im ganzen Jahr nicht. Wehe der Regierung, die es gewagt hätte, das Waffenstillstandsangebot abzulehnen – sie wäre niedergemacht und ihre Mitglieder wären einzeln der Guilliotine anheim gelegt worden. Um 18 Uhr, dem Beginn des Waffenstillstands, heulten

Sirenen minutenlang und voller Inbrunst, raketengleiche mächtige Feuerwerkskörper krachten, Verdunkelungsvorschriften wurden ignoriert, niemand hörte auf die Ansprache des Ministerpräsidenten.

„Die Deutschen kommen – nicht!"

„Es gibt kein 1914 wieder!"

„Vive la France – vive la Allemagne – vive la Göring!"

Deutschenfreund und Dichter *Romain Rolland*, Jahrgang 1866, Nobelpreisträger und Schriftsteller, meldete sich um 20 Uhr im Pariser Rundfunk zu Wort und mahnte die Verantwortlichen Frankreichs und Großbritanniens, die Friedensbedingungen nicht zu hoch zu schrauben, sie gar als Erpressung zu nutzen:

„Jeder tolerante, wissende und ehrliche Franzose weiß, dass die Deutschen keine böseren Menschen sind als alle anderen auf dieser Welt auch. Sie sind einem Verführer aufgesessen, ein Vorgang, der jede andere Nation treffen kann..."

Das musste zwar erst noch begriffen werden, aber für Spitzfindigkeiten von Intelektuellen und Politikern hatte das Volk jetzt nichts übrig.

„Mein Jüngster steht im Elsass an der Front, nun wird nicht mehr geschossen."

„Meinen Mann haben die Deutschen gefangengenommen, er kehrt ganz sicher bald nach Hause zurück."

Das waren die aktuellen Sorgen. An der Frontlinie von Belgien bis zur Schweiz wurde spontan und lebhaft geschossen, als sei Silvester ausgebrochen, der Gebrauch von Leuchtkugeln sollte eigentlich im Zeitalter des Funks nicht mehr üblich sein. Bei Breisach, das wir schon besucht haben, fanden im Dunkel der Nacht Verbrüderungen statt, ohne dass irgendein Kommandeur sie zu unterbinden gewagt hätte. Fanatiker und Hasser gab's auf beiden Seiten, meist in Personalunion mit Schleifern und Schindern, die nun alle Augen zudrücken mussten, wollten sie nicht im Schutz der Dunkelheit „Kompaniekeile" bekommen.

Ernst Jünger, Jahrgang 1895, berühmter Schriftsteller und Kompanieführer, französischen Lesern wohlbekannt, sprach mit herübergekommenen Franzosen über die Ursache des Krieges und erfuhr, „dass wir nur den Tommies zuliebe in den Krieg eingetreten sind. Was geht uns dieses blöde Danzig an, das die Friedensstifter von 1919 in diese verzwickte Lage gebracht haben!“

Ein Ergebnis der Verbrüderungen war, dass alle sich versprachen, „nie und nimmer jemals wieder aufeinander zu schießen, wer auch befehlen möge“ – Utopien im Ernstfall!

Francisco Bahamonde Franco, Jahrgang 1892, Diktator, kniff indigniert ein Auge zu und befahl seinem Adjutanten, die Nachricht von diesem Waffenstillstand auf ihre Richtigkeit zu überprüfen; er mochte sie einfach nicht glauben. Nicht dass er ein Kriegstreiber sein wollte, so kurz nach der Beendigung des Krieges im eigenen Land, aber er war unwillig, dass sich seine oberste politische Spekulation in einen ewigen Traum verwandeln könnte – dadurch nämlich, dass Deutschland Großbritannien n i c h t schlagen würde. Er hatte dieses den Deutschen unter Hitler durchaus zugetraut, beeindruckt vom Polenfeldzug und den „riesigen, ja gigantischen Rüstungen“, die ihm Admiral Canaris im Auftrag Hitlers hatte melden lassen.

„Wenn Frankreich niedergeworfen ist“, hatte Hitler bestellen lassen, „packen wir England von drei Seiten, wir springen auf die Insel, die Italiener nehmen den Mittelmeerraum und Ihre Soldaten, Generalissimus, besetzen Gibraltar.“

Ein fantastischer Plan und wärmstens von Franco befürwortet und auch wohl ausgeführt, wenn England zu Dreivierteln am Boden läge; vorher nicht, denn diese Nation ist zäh wie ein Stehaufmännchen. Nun, da Franco nicht am Gelingen der Friedensverhandlungen zweifelte, legte er seinen „Spanischen Traum“ zu seinen geistigen Akten. Was ihn außerdem bekümmerte, war der Umstand, dass ein neues Deutschland, wie er fest vermutete, aus der Phalanx der europäischen Diktaturen ausscheiden würde. Da blieb nur noch der getreue Duce.

Dieser war außer sich und tobte wie Minotaurus höchstpersönlich, so dass der Faschistische Großrat, vor dem dieses geschah, um den Fortbestand seines Kreislaufs fürchtete. Zwar war auch in Italien bemerkt worden, dass bisher aus Deutschland kein „böses Wort“ über den Führer gefallen war – aber eben auch kein „gutes“! Kein Gedenksatz in Görings Rede, das Abschieben der Beerdigung nach Braunau, die Auflösung der wichtigsten Hitlerschen Organisationen – da dämmerte doch wohl der Abend des Nationalsozialismus.

„Göring ist nicht der Mann, der sich oben halten wird“, sagte Ciano, „er ist viel zu sehr ein notorischer Angeber.“

„Wir können Deutschland in Zukunft“, sagte Mussolini, „als Partner für gemeinsame Unternehmungen abschreiben. Italien muss sich seine Größe aus eigener Kraft schaffen.“

Lassen wir diese Herren schaffen und wenden wir uns wieder dem Zentrum Europas zu.

Auch Hermann Göring geriet, nach der Wartezeit zwischen dem Ende seiner Rede und der Bekanntgabe des alliierten Einverständnisses zum Waffenstillstand, so bedenklich aus dem Häuschen, dass Emmy sich dem Witwenstand nahe fühlte. Dennoch musste sein Jubel sie anstecken. Vor dem Haus ging’s hoch her, denn die Berliner kannten im Jubel keine Mäßigung, brannten Feuerwerkskörper ab, (woher hatten sie die denn?), sangen „Heil dir im Siegerkranz“ und „Das ist die Berliner Luft Luft Luft...“ und „So ein Tag so wunderschön wie heute...“ und tanzten sich die n o c h bezugscheinpflichtigen Schuhe durch.

Auch die Berliner Spitzbuben machten es ihren Kollegen aus Paris nach, die vielen plötzlich leerstehenden Wohnungen und Häuser ein wenig auszurauben. Verdunkelung wurde nicht mehr beachtet, niemand glaubte, dass sie je wieder benötigt würde.

„Danke Hermann, dass mein Sohn nicht mehr eingezogen werden muss!“

„Lass unsere Väter und Söhne bald wieder nach Hause!“

„Hau den Hitleristen eins vor die Birne!“

Die Größe der Lawine, die loszutreten war, hatte Göring sich nicht vorstellen können, nun sorgte er sich um Ruhe und Ordnung – ein echt deutsches Anliegen. Er war klug genug zu erkennen, dass sich hinter dem überall aufbrausenden Jubel noch anderes, Finsteres verbarg; wir werden hierauf noch zurückkommen. Wer Volkes Gunst entgegennimmt, mag stets bedenken, dass diese selten dauerhaft ist.

„Du hast schon abgenommen, Hermann“, sagte Emmy, als Göring sich nach der Ruhepause erneut ankleidete, „eine Woche noch und du bist so schlank wie auf den Fotos mit Karin.“

In der anschließenden Konferenz mit von Weizsäcker, Canaris, Brauchitsch, Halder und Raeder äußerte Göring seine Besorgnis über die Lage Polens. Zuerst aber diskutierten sie den technischen Ablauf einer eventuellen Demobilisierung und – sehr wichtig – wann und wo die Friedensverhandlungen stattfinden sollten: Schweiz, Schweden, Niederlande?

„Niederlande. Sie liegen allen Beteiligten günstig und sind allen gegenüber absolut neutral.“

Der Staatssekretär wurde beauftragt, die Verbindungen zum Königshaus und zur Regierung Hollands herzustellen.

„Wer soll verhandeln?“

Die Wahl fiel nach langer Debatte auf Canaris (schlitzohrig genug), von Weizsäcker (versiert genug) und Konrad Adenauer (beides, dazu couragiert genug). Dann ging Göring direkt zur Sache:

„Zu was sind wir bereit? Was wird man uns abverlangen?“

Die Einstellung dieser Männer war klar und eindeutig, obwohl es den Militärs naturgemäß schwerfallen musste, unter Opfern erobertes Gebiet wieder herausrücken zu müssen.

„Wir werden nicht viel Spielraum bekommen“, sagte Canaris, „da gewisse Kreise der Gegner darauf spekulieren werden, mit überharten Bedingungen die Verhandlungen zu Fall zu bringen, um den Krieg weiterführen zu können.“

„Wenn das geschieht“, sagte Göring, „können wir uns alle die Kugel geben.“

Dann forderte er den Oberbefehlshaber des Heeres auf, die Aussichten darzulegen, die bei einer Fortführung des Krieges zu dessen Gewinnung bestünden.

„Gar keine“, sagte der Generaloberst knapp und erläuterte: „Es wird enden wie 1918. Das deutsche Volk hat nie begriffen, dass sein Heer 1918 geschlagen war und von einem Dolchstoß als Ursache der Niederlage nicht die Rede sein kann. Gegen die ganze Welt können wir niemals gewinnen. So würde es wohl laufen, wenn man uns keinen Frieden machen will: Wir schlagen und besetzen Frankreich, ich zweifle nicht am Gelingen und halte es auch für möglich, dass ein Sprung auf die britische Insel und ihre Eroberung gelingen kann. Damit bekäme der Krieg eine Ruhepause, Großbritannien wird nie kapitulieren und alles daransetzen, seine Dominien zu aktivieren und die USA gegen uns aufzubringen. Der Führer – Verzeihung – Adolf Hitler hat stets verächtlich von den Vereinigten Staaten, ihrer Kriegsbereitschaft, Kampffähigkeit und ihrer Rüstungskapazität, wenn sie mal wollen und müssen, gesprochen und nie auf die Angaben des Generalstabs und auch die des Kollegen Canaris vertraut. Schon der Kaiser und seine Leute sind 1917 und 1918 einem Irrglauben darüber erlegen. Nach einer Kriegspause, die nicht uns sondern den eifrig rüstenden Gegnern vorarbeitet, würde eine ungeheure Offensive zu Wasser, zu Land und vor allem in der Luft über uns hereinbrechen. Unsere Abteilung ‚Fremde Heere‘ unter General Reinhard Gehlen ermittelt zur Zeit, dass Großbritannien dabei ist, eine ungeheure Flotte viermotoriger Bomber zu bauen, die etwa ab 1942 in ersten Einheiten einsatzbereit sein würde. Haben wir denen etwas entgegenzusetzen, Herr Präsident?“

Göring als Luftwaffenchef wusste: nichts. Er schwieg wohlweislich.

„Und wenn wir fünf Millionen Soldaten zur Verteidigung einer ‚Festung Europa‘ aufstellten könnten“, fuhr von Brauchitsch fort, „so kämen die Gegner eines Tages mit zehn oder fünfzehn Millionen herüber, um Europa zurückzuerobern."

„Bliebe noch ein Unsicherheitsfaktor", fügte Halder hinzu, „der heißt Russland."

„Ribbentrop", ergänzte von Weizsäcker, „teilte mir in der Euphorie seiner Reise in die Sowjetunion mit, dass Hitler gesagt habe, diese Partnerschaft wäre nur eine auf Zeit, ‚man müsse diesen östlichen Koloss erledigen, wenn man im Westen fertiggeworden sei'."

„Kann Stalin nicht genauso denken?", fragte Göring.

Sie entschieden natürlich, dass der Krieg sofort beendet werden m ü s s e.

„Damit sind wir bei meiner Sorge", sagte Göring, „das polnische Problem."

Bekanntlich war das Land unter Deutschland und der Sowjetunion aufgeteilt und mit Truppen besetzt worden.

„Dass wir unseren besetzten Teil räumen und zurückgeben müssen", meinte Göring, „sollte selbstverständlich sein..."

Alle nickten zustimmend.

„...aber was wird Stalin tun? Wird man nicht uns verantwortlich machen, dass es überhaupt zu dieser Teilung gekommen ist?"

Das bliebe abzuwarten. So war Punkt 1 erledigt: Die Wiederherstellung Polens inklusive Wiedergutmachung.

„Ich denke", sagte von Weizsäcker, „dass im Verlauf der Verhandlungen der Korridor und Danzig als rein deutsche Stadt herausspringen wird."

Der 2. Punkt betraf die Tschechoslowakei. Man war sich klar, dass ihre Annektierung ein reiner Willkürakt war und dass auch dieser Staat wiedererrichtet werden müsse.

„Ich denke auch hier", sagte von Weizsäcker, „dass das Sudetenland beim Reich bleiben muss, da es in regulären Verhandlungen abgetreten wurde."

„Österreich sollten wir es freistellen", sagte Göring, „ob der Anschluss bestehen bleibt."

„Dieses darf gar kein Thema der Friedensverhandlungen sein", meinte Raeder.

Man war sich klar, dass es Verhandlungen mit Hängen und Würgen, Krallenzeigen und Zähnefletschen werden würden.

Ein weiteres Thema war das künftige Vorgehen in inneren Angelegenheiten. Noch war nicht klar, dass es ein Leichtes sein würde, die militärischen Fragen wie Rückzug, Unterbringung und Demilitarisierung zu lösen und sehr schwierig, mit den zivilen und halbmilitärischen fertigzuwerden, als da waren: die durch die Auflösung der genannten Organisationen freiwerdenden Männer unterzubringen, sie, von denen viele außerhalb der Legalität gearbeitet hatten, ins bürgerliche Normaldasein zurückzuführen. Zum Beispiel: war es rechtens, die nach der Auflösung des Reichstages nach Hause geschickten Abgeordneten so mirnichtsdirnichts im Stich zu lassen?

„Ja", sagte von Weizsäcker, „sie sind alle keine wie in einer Demokratie frei gewählten Abgeordneten und haben ihre Diäten nur fürs Jasagen bekommen."

Noch ein Beispiel: Sollen alle jene SS-Männer straffrei ausgehen, die sich als KL-Wächter beteiligt haben?

„Da wäre zu unterscheiden", schlug Canaris vor, „zwischen jenen, die diesen abscheulichen Dienst korrekt versehen haben und den anderen, die ihre Stellung für Quälereien und unnötige Grausamkeiten missbrauchten."

„Ich denke", sagte der praktische Raeder, „die freigelassenen Häftlinge werden uns die schlimmsten Fälle zur Kenntnis bringen, so dass sie verfolgt werden können."

„Bedenken wir auch", sagte Göring zornig, wie er immer wurde, wenn es um den ehemaligen Reichsführer-SS ging, „dass dieser Himmler ganze Kompanien der Schupo in eigener Machtvollkommenheit zu SS-Einheiten ‚erhob', ob die Männer wollten oder nicht. Wer will hier schuldsprechen?"

Man einigte sich, dass bekannt werdende Verbrechen untersucht werden müssten. Entschädigungen? Auch an polnische Zwangsarbeiter, die gerade jetzt rekrutiert wurden?

„Zurückstellen und nach Kassenlage des Reiches prüfen.“

Nichts bekommen sollten Männer, die nur durch Protektion und Parteimitgliedschaft in höhere und mittlere Stellen gerückt waren, vor allem die Gauleiter, Statthalter, ihre zahlreichen Stellvertreter und viele Bürgermeister der Städte.

„Sie sollen gefälligst in zivile Berufe zurückkehren.“

Zwei Oberbürgermeisterstellen wurden sogleich per Dekret neu – und alt – besetzt: Konrad Adenauer für Köln und Carl Goerdeler für Leipzig. Dass man keine „Entnazifizierung“ einführen könne, war allen bewusst, sie müssten sich ihr gar selbst unterwerfen und welche Urteile sollte man für „einfache Mitgliedschaft in der NSDAP“, „legale Beraubung jüdischen Eigentums“, „fanatische Rechtsprechung à la Roland Freisler“ und „öffentliches Anspucken von Juden“ verhängen? Vielleicht würde eine große Welle der Reue, von In-sich-gehen und Gewissenserleichterung durchs Volk laufen.

„Nun“, sagte Canaris bitter, „der größte Teil der Menschheit setzt sich aus Opportunisten und Angleichern zusammen; vielleicht existierte die Menschheit sonst gar nicht mehr. Ich glaube mehr an eine riesige Anpassungswelle.“

Wie weise dahergeredet, richtig prophetisch! Man machte Feierabend. Welch ein Tag dieser 9. November 1939? Ein echter Tag der Geschichte! Am Abend traf ein Kabel der holländischen Regierung ein, die im Namen ihrer Königin und des holländischen Volkes die deutsche Reichsregierung zu Friedensverhandlungen nach Den Haag einlud.

Für unsere beiden Helden Mutter und Georg Elser verlief der Tag unter widersprüchlichen Gefühlen und Empfindungen. Hermaringen teilte sich wie ganz Deutschland in zwei Lager: Jubel und Trauer. Niemand in dieser Stadt ahnte, den Führermörder hier zu beherbergen, und als Frau Elser einkaufen ging, musste sie über diese haarsträubende Äußerungen vernehmen:

„Das muss ein Bursche gewesen sein, alle Achtung."

„Mein Mann überlegte auch seit Wochen, wie man Hitler abnippeln kann, musste aber zuviele Überstunden ableisten, um dazu zu kommen."

„Wie konnte dieser Verbrecher das tun! Weiß er nicht, wieviele Hausfrauen den Führer angebetet haben?"

„Wenn ich den erwische, den zerreiß' ich in Fetzen."

Da war's schwierig für ein Plappermaul, sich nicht zu betätigen. Frau Elser aber hoffte auf bessere Zeiten und tolerantere Ansichten, vielleicht ein paar Wochen nur noch und sie konnte hinaustreten und verkünden:

„Seht her, der Attentäter, mein Sohn...!"

Schicksale und Empfindungen

Bereits am dritten Tag nach dem Tod Hitlers, - morgen, am Sonntag, sollte er beigesetzt werden -, ein Samstag also, war die Demontage des Dritten Reiches unübersehbar; mit soviel Normalität ist noch nie ein Reich abgetreten. Dass es einige Suizide unter dem Motto „Ohne ihn kann ich nicht leben", „wenn doch alles für die Katz' gewesen ist" und „so will ich wenigstens im Tod mit ihm vereint sein" soll nicht verschwiegen werden. Gemessen an den Opfern, die jeder weitere Tag der KL-Betreibung gebracht hätte, sollten wir den Selbstmördern keine Träne nachweinen. Auch die Frage

„Mein Gott, was soll aus Deutschland werden?"

mag unbeantwortet bleiben. Die Auflösung der SA brachte keine Schwierigkeiten, denn nach dem Nackenschlag vom Sommer 1934 war diese Organisation wenig bedeutend geblieben, harte Kämpen waren in die SS übergewechselt, die meisten Mitglieder waren nur nebenberuflich dabei. Die Hauptmasse der Ortgruppenleiter, noch vor wenigen Tagen in der Nachbarschaft gefürchtete Minidiktatoren, sagte einfach „Macht euren Dreck alleine" und gab sich möglichst unauffällig einem Beruf hin, froh, nun nicht wie ihre früheren Opfer, die Juden, gehatzt zu werden. Bevölkerung und NSDAP waren in manchen, meist kleineren Orten eine Kumpanei eingegangen, die es nun erschwerte, sich gegenseitig Augen auszukratzen. Gab es Widerstand? Oh ja, sehr originellen sogar.

Adolf Wagner, Jahrgang 1890, Kumpan Hitlers seit 1923, gedachte nicht, seinen Sessel als Reichsverteidigungskommissar der Wehrkreise VII und XIII freiwillig zu räumen.

„Ich folge nur einem Führerbefehl", sagte er trotzig, „könnt mich ja rauswerfen."

Das tat niemand. Man ließ ihn sitzen und schloss die Toilette ab, so dass ihm nur drei Möglichkeiten blieben: Entweder in die Hose oder direkt unter den Schreibtisch zu kacken oder das heimatliche Klo aufzusuchen. Im letzteren Fall galt seine Stellung als aufgegeben...

Revolutionen und der Widerstand gegen sie gehen durch den Magen, bleibt der Nachschub aus, bemerkt man schnell die Wertlosigkeit von Ideologien. Das musste *Josef Bürckel*, Jahrgang 1894, nebenbei Reichsstatthalter und Deportator österreichischer Juden, am eigenen Bauch erfahren. Er trat aus Protest gegen Hitlers Ermordung in Hungerstreik, „solange, bis die Täter gefasst und abgeurteilt sind". Da man sein Büro benötigte, fuhr man ihn auf seinem Schreibtischstuhl in einen Archivraum, wo er wahrlich genug zu lesen hatte. Als man sich seiner vier Wochen später erinnerte, hatte er ausgelesen – er hatte sich selbst zu Tode gehungert.

Doch wenden wir uns erfreulicheren Beispielen menschlicher Anpassungsfähigkeit zu. Charles Darwins berühmter Satz „Die Geeignetsten überleben – Survivel of the fittest" bestätigte sich bei Schneidermeisterin Agnes Mistel in überzeugender Weise: Sie sammelte Hakenkreuzfahnen ein, nutzte dann später den netten roten Stoff zu allerlei Drapierungen und Nützlichkeiten, jetzt sofort aber das Schwarz des Hakenkreuzes, fein säuberlich abgetrennt, zur Herstellung von Trauerarmbinden und Bändchen am

Revers. Etliche davon wurden am Sonntag getragen – ein noch lebender Adolf hätte wirklich über soviel Tüchtigkeit stolz sein können. Auch der Einzelhandel, damals noch durch viel mehr Betriebe vertreten als heutzutage, bewies eine erstaunliche Anpassungsfähigkeit. Die Bäckergeschäfte: Des Ermordeten gleichnamige Brötchen, Törtchen, Zwiebacks und Plätzchen gab's flugs nicht mehr; die Metzgergeschäfte: Sie hatten von Hitlers Appetit nie recht profitieren können, denn Vegetarier kennen Appetit gar nicht erst kennen; aber nun die Buchhändler: Zwei Dauerbestseller hatte das Dritte Reich, nämlich „Mein Kampf" und die Bibel, beide ähneln sich darin, dass sie viel gekauft und wenig gelesen werden, und ihr Vertrieb vertauschte sich nun: Noch vor wenigen Tagen wurde Mein Kampf über und die Bibel unter der Theke verkauft, nun war's umgekehrt. Rosenbergs Machwerk verschwand ganz aus den Fenstern, wurde nützlicher Bestimmung zugeführt, nämlich verheizt.

Mit den Buchhändlern sind wir bei der Kultur angelangt, ein ernsthaftes Thema, denn der Verlauf der Weltgeschichte zeigt ja, dass sie alles andere menschliche Machwerk wie Staaten, Eroberungen derselben, Religionen, Liebesabenteuer und gar Mumien überlebt und sogar Auferstehungen schafft. Davon sang nun *Emil Nolde*, geborener *Emil Hansen*, Jahrgang 1867, Maler, also Kulturschaffender, ein fröhlich-wacker Liedchen im fernen Schleswig-Holstein. Für ihn bedeutete der Untergang des Dritten Reiches einen Neuanfang: Zum 60. Geburtstag 1927 war er noch weithin gefeiert worden und da ihm einige Aspekte der Nationalsozialisten ganz gut gefielen, diente er sich diesen mit dem Eintritt in die NSDAP an. Doch die Nazis mochten seine „entartete" Kunst nicht, sperrten ihn aus, beschlagnahmten seine Ölbilder und Radierungen und erteilten ein Malverbot. Und jetzt die Wende. Über 70 war er nun, hatte das ganze braune Gesocks überlebt und seine Bilder würden hinausgehen in alle Welt – „Oh sancta justitia!"

Winifred Wagner, Jahrgang 1897, Schwiegertochter, war eine der ersten Persönlichkeiten des öffentlichen Lebens, die von einem Zeitungsreporter nach pressefreiheitlichen Methoden interviewt wurde. Sie grollte. Sie grollte Hitler. Dabei galt gerade sie als jene Frau gesetzteren Datums, zu der Hitler verspätete mütterliche Gefühle gehabt haben sollte. Das war nun aus und sie grollte ihm:

„Am 25. August dieses Jahres hat er mich besucht und von einer friedvollen Zukunft gesprochen, in der ‚unsere' Musik (die Richard Wagners natürlich) in einem Maße gedeihen würde, dass die Welt die Ohren aufreißen müsste. Eine Woche später war Krieg, eines blöden Kaffs wie Danzig wegen, voll von Pollacken und wegen eines Landwegs, den man als Seeweg längst besaß. Ich verstehe so etwas ganz und gar nicht..."

Wilhelm Furtwängler, Jahrgang 1886, Generalmusikdirektor, führte an diesem Tag zwei bedeutende Telefongespräche: Das erste in die Schweiz an einen Bekannten, den er beauftragte, in London Sir Thomas Beecham anzurufen und ihn zu fragen, ob er bereit wäre, Furtwänglers alte Sekretärin, eine Jüdin, die er lange hatte bei sich halten können, wieder an ihn abzutreten. Das zweite Gespräch ging an *Richard Strauss*, Jahrgang 1864, Komponist.

„Wir haben es geschafft, Meister."

Dieses „geschafft" sollte aussagen, dass es sich gelohnt habe, auszuharren und nicht vorschnell zu emigrieren.

„Völker lieben ihre Emigranten nicht."

Beide, Furtwängler wie Strauss, waren bei Hitler gut angesehen und niemand legte ihrem Schaffen Hindernisse in den Weg. Doch das Regime war amoralisch und bestand in seinen wesentlichen Elementen aus Kulturbanausen, denen zu dienen eine Schande war. Beide hätten Gelegenheit gehabt, zu emigrieren, hätten es bereits 1933 tun sollen und wären im Ausland mit offenen Armen empfangen worden. Aber Strauss war bereits 75, zudem sehr heimatverbunden und ein solch gelassener Typ, dass ihn die Schuftigkeiten und niederen Gefilde der Menschheit nicht mehr aus der Ruhe bringen konnten. Kein anderer Künstler hat das Verhalten des Regimes besser in Kurzfassung beschrieben als er:

„Ich halte die antijüdischen Kampagnen Streichers und Goebbels‘ als eine Schmach für die deutsche Ehre, als die niedrigste Art der Kriegführung talentloser, fauler Mittelmäßigkeit gegen eine höhere Begabung."

Furtwängler hielt die Sorge um den Bestand des Orchesters in Deutschland, er wähnte es ohne ihn dem Verlust oder der Mittelmäßigkeit preisgegeben; es lohnte auch ein gefahrvolles Bleiben und zeitweises Ducken.

„Joa", antwortete Strauss, „dera Nazzis san nun hinüber."

„Wir geben Sonntag die Neunte", sagte Furtwängler, „wollen Sie nicht herüberkommen?"

Wollte er, fühlte sich aber nicht wohl.

„Dann kommen Sie nach Wien zu unserem Auftreten dort", schlug Furtwängler vor, „vielleicht eine Woche später, und dann zurück nach Berlin, wo Sie Ihre Werke dirigieren können."

Das wurde abgemacht. Furtwängler hatte noch die technischen Einzelheiten des morgigen außerordentlichen Konzerts zu arrangieren, wie die Übertragung durch den Berliner Sender und das Plakate- und Kartendrucken. Orchester- und Chorproben waren nicht nötig, denn die Philharmoniker und ihre Chöre beherrschten Standardwerke aus dem FF.

Wer an diesem Samstag und Sonntag die Möglichkeit hatte, in Deutschland unterwegs zu sein, - und erstaunlich viele Menschen hatten sie, wie wir noch erfahren werden -, dem fielen Veränderungen in der Landschaft auf: Die in den Jahren nach der schönen Olympiade, 1937 und 1938, errichteten Hinweisschilder an vielen Ortseinfahrten, wie „Wir sind hier judenfrei", „Juden hier unerwünscht", „Juden nur Durchfahrt gestattet" und ähnlich schmählichen Inhalts, waren in einer Art Nacht- und Nebelaktion abmontiert worden. Und mit der gleichen Eilfertigkeit, mit der 1933 die Stadtverwaltungen aus „Haupt-, Bahnhof- und Kaiser-Wilhelm-Straße" „Adolf-Hitler-Straße" gemacht hatten, kehrten sie nun alles wieder um.

„Wir sind ja preußisch-sparsam", sagte ein Oberstadtdirektor einem Reporter, „und hatten die ursprünglichen Schilder nicht fortgeworfen."

Görings Zusage der Pressefreiheit war wie ein elektrischer Funke durch das Reich gelaufen. Von der letzten Ausgabe des Stürmer haben wir schon gesprochen, ein ruhmloses Ende fanden nun auch der „Völkische Beobachter" und Goebbels' „Angriff". Die SS war dabeigewesen, ein Zeitungsimperium aufzubauen; nun war's aus damit. Aber nicht so *Alfred Hugenberg*, Jahrgang 1865, Zeitungszar und ehemaliger Steigbügelhalter Hitlers. Die NSDAP hatte ihn in den letzten Jahren nach und nach entmachtet und ihm eine Zeitung nach der anderen, einen Verlag hier, den anderen dort, abgeluchst. Doch sein Vermögen war unermesslich geblieben, und sogleich nach Görings Ansprache witterte er Morgenluft und er machte sich auf, sein Eigentum wieder zugesprochen zu bekommen. Niemand mochte diesen alten, verdrehten und schrullig-bösen Knacker leiden, doch er war Wolf und Fuchs in einem und hatte Erfolg – lassen wir ihn jedoch allein in seiner Raffgier...

Mehr Originalität bewies ein Briefmarken- und Ordenhändler in Berlin mit seinem Ladenschild „Kaufe Parteiabzeichen". Er kaufte auch andere braune Embleme, aber die Parteiabzeichen waren am meisten unterm Volk und kosteten am wenigsten: für ein normales gab er jetzt 50 Pfennig, für ein silbernes zwei Mark, für ein goldenes, das nicht alle Tage hereinkommen würde, fünf Mark. Nicht dass dieser clevere Mann soweit vorausschaute, dass er schon an die 50er-, 60er- oder gar 70er-Jahre dachte, das wäre kaufmännische Prophetie gewesen, aber ganz richtig kalkulierte er, dass die Nazis „im Eimer" waren, selbst wenn ein Friede nicht zustande käme. Aber träte er wie erhofft ein, würde sich, nach Konsolidierung, eine Menge Ausländer als

Touristen oder Geschäftsleute nach Deutschland, speziell Berlin in Bewegung setzen und Jagd auf Utensilien eines untergegangenen Reiches machen. Seine Kalkulation ging mit verblüffender unerwarteter Genauigkeit auf und er verkaufte seine inzwischen gehamsterten Parteiabzeichen mit horrendem Gewinn, meist an Amerikaner: in der obigen Reihenfolge für 2, 5 und 50 Dollar.

Verlassen wir diesen braven Nachkriegsgewinnler und wenden wir uns des Reiches größtem Kriegsgewinnler zu. Nicht dass er mitgeholfen hätte, diesen Krieg anzuzetteln! Das tun Waffenhersteller und -händler nie und Hitler hätte niemals zugelassen, dass Zivilisten, und waren's auch die mächtigsten Industriebosse, ihm in seine Pläne und Angelegenheiten dreinredeten; sie hatten zu parieren, sonst nichts! Unsere Rede ist von *Gustav Krupp von Bohlen und Halbach*, Jahrgang 1870, Rüstungsmagnat und Ehepartner der Kanonennamensgeberin Berta Krupp (Dicke Berta), nebst *Alfried Krupp von Bohlen und Halbach*, Jahrgang 1907, Sohn des vorigen und bereits in den Stiefeln, um die Leitung der weltberühmten Kruppwerke von selbigem demnächst zu übernehmen. Beide Herren taten es sich an diesem Abend in der prächtigen Villa Hügel zu Essen gütlich, aßen und tranken überdurchschnittlich gut und reichlich und waren doch finsteren Mutes und voll fröhlicher Gedanken gleichzeitig. Geschäftsleute nämlich tragen ja bekanntlich zwei Herzen in sich, die durchaus in gegensätzlichen Rhythmen schlagen können: das eine zugunsten der Firma, das andere fürs Privatleben – das ergibt eine Stimmung von Philan- und Misantropie!

„Er, Hitler, hat durch viele Ministerien, vor allem das Rüstungsministerium, die Organisation Todt und das Wehrmachtsbeschaffungsamt", sagte der Junior misslich und empört, „riesige Aufträge mit uns abgeschlossen. Kann er da so einfach raus?"

„Erstens", sagte der Senior, „kannst du Toten selten an den Wickel gehen und zweitens wird sich die neue Regierung unter Göring keinen Deut um unsere Verträge kümmern. Vergiss sie!"

„Also wieder nur Kochtöpfe, Pinkelpötte und Heizungskörper bauen."

„Und Eisenbahnschienen, Brücken, Kräne."

Der Senior war weiser als der Junior, verständlich; der Krieg von 1914/1918 war ihm noch ziemlich zupassgekommen, denn das Hinterland der Front, die Heimat also, war noch nicht luftbedroht und man konnte in Ruhe produzieren.

„Wenn der jetzige Krieg", belehrte er, „noch ein paar Jahre andauert, wird es britische und vielleicht auch amerikanische Luftangriffe geben, die die Welt noch nicht erlebt hat und unsere Werke hier in Essen und anderswo im Reich werden bevorzugte Ziele sein."

Das sah der forsche Junior ein.

„Betriebe wie unsere", sagte Senior, „werden immer irgendetwas fertigen von A wie Autos bis Z wie Zeppeline. Außerdem sterben Kriege nie aus und wer die besten Panzer, Kanonen, Granaten und Flugzeuge baut, wird stets liefern dürfen."

Nun, das war ja recht tröstlich...

Admiral Canaris nutzte die späten Abendstunden nicht nur, seinen treuen Dackel auszuführen, sondern auch, um sich auf seine zwei großen kommenden Aufgaben vorzubereiten: die Liquidierung der KLs im Reich und in Polen mit all den umfangreichen Nebenarbeiten und seine Mission als Unterhändler. Dafür waren Mitarbeiter notwendig, das Präsidium hatte ihm für die Auswahl freie Hand gegeben. Die Abwicklung der Lager, überlegte der Admiral, bei der man auf Widerstand stoßen könnte, benötige wohl Männer herzhaften, unerschrockenen Zupackens, möglichst uniformierte. Am liebsten hätte er die Leitung Ludwig Beck übertragen, aber dessen Gesundheitszustand ließ zu wünschen übrig. Doch wie wär's mit Heinz Guderian, dessen Panzer vermutlich doch nicht mehr gebraucht würden? Dazu *Erich Hoepner*, Jahrgang 1886, hoher Divisionskommandeur und ebenfalls Fachmann der Panzerwaffe. Das wurde telefonisch abgemacht, auch sie sollten sich ihre Mitarbeiter aus der Wehrmacht rekrutieren.

Der letzte Anruf, kurz vor Mitternacht, kam von Göring:

„Er hat tatsächlich als Fernziel des ganzen Krieges einen Feldzug gegen die Sowjetunion vorgehabt. Um Lebensraum für unser Volk zu erobern."

Göring sprach sehr empört und berichtete dem Admiral, dass er soeben den telefonischen Bericht Otto Dietrichs erhalten und von diesem bestätigt bekommen habe, dass sich Hitlers „letzte Worte" auf „den Osten" bezogen.

„Ich glaube", fuhr er fort, „sein Tod ist ein Glücksfall für Deutschland und die ganze Welt, ‚Schwein gehabt' sollten wir sagen."

„Solche Enthüllungen", sagte Canaris, „sollten wir in absehbarer Zeit unserem Volk bekannt machen. Ich hoffe sowieso, dass sich demnächst Leute melden werden, die mehr Einblick in Entwicklungen und Randerscheinungen haben als wir heutzutage."

„Da liegen Sie richtig, Herr Admiral", sagte Göring, „der Programmdirektor des Rundfunks rief mich an und teilte mit, dass sich ein gewisser Alfred Naujocks gemeldet habe – kennen Sie den Mann, Admiral?"

„Einer ist einer von Heydrichs Männern," antwortete Canaris, „die am 31. August im Grenzbereich zu Polen irgendeinen Unfug angestellt haben sollen."

„Scheint so, ganz richtig. Er möchte also im Rundfunk über seinen Einsatz beim polnischen Überfall auf den Gleiwitzer Sender, kurz vor Kriegsbeginn, einen Augenzeugenbericht abgeben. Der Radiomann wollte wissen, ob ich, ob wir Bedenken haben. Ich habe gesagt, keine. Sind Sie einverstanden?"

„Ja, wir wollen doch die Freiheit des Wortes verwirklichen."

„Wo ist eigentlich dieser Heydrich abgeblieben? Sie kennen ihn doch ganz gut."

„Soviel ich weiß", antwortete Canaris, „hat er sich ins Privatleben zurückgezogen."

„Wir sollten solche Kreaturen im Auge behalten“, sagte Göring.
„Meine Männer machen das schon.“

So dämmerte allmählich der erste Sonntag seit dem Umschwung herauf. An der Westfront wurde es ein recht gemütlicher, so ein richtiges Wochenende mit nur „pro forma-Dienst“, Ausschlafen, Briefeschreiben und Besuche von hüben und drüben. Wie gut sich doch eigentlich alle Soldaten untereinander verstehen, wenn Schießbefehle nicht existieren! Unteroffiziere und Feldwebel beider Seiten machten mit, die meisten Offiziere kochten jedoch innerlich, weil sie glaubten, die einmal verlorene Autorität nicht wiederzugewinnen. An diesem Sonntag wollen wir der Politik und Weltgeschichte entsagen und uns privaten, bürgerlichen Begebenheiten zuwenden – auch sie können es in sich haben...

Ein Sonntag in Deutschland

„Oh Trieb zum Bösen! Warum bist du geschaffen, den Erdkreis mit Bosheit zu erfüllen? – Das steht im Buch Jesus Sirach, siebenunddreißig drei.“

Die Gläubigen in Münsters Kirche St. Lambertus spitzten die Ohren. Mancher übliche Kirchenschlaf fiel aus, es schien sich dieses Mal zu lohnen zuzuhören. Soeben die Kanzel bestiegen und diese Worte hinausgeschmettert hatte *Clemens August Graf von Galen*, Jahrgang 1878, Bischof. Entgegen seinen Vorgesetzten, die sich mit Hitler ganz gut arrangiert hatten, machte er gar keinen Hehl aus seiner Verachtung des Nationalsozialismus – neuerdings! 1933 schwor er den Treueid auf die Verfassung des Reiches, 1936 beglückwünschte er Hitler zum Einmarsch in das entmilitarisierte Rheinland und gebärdete sich bei Beginn des Krieges nationalistisch, indem er die Diözesanen zur „Verteidigung des Vaterlandes“ aufrief. Freilich wusste auch er nichts über die wahren Ursachen des Krieges. Über Verbindungen aus dem katholischen Polen erfuhr er von den Plänen dort, Intelligenz, Geistlichkeit und Juden auszurotten oder in Gettos und

Vernichtungslagern zusammenzufassen. Hierüber und hiergegen zu predigen hatte er sich Anfang der Woche vorgenommen, Hitler sollte nicht geschont werden, aber dann musste er umdisponieren, weil es ihm misshagte, Tote zu schmähen. Darum das oben angeführte Thema der Predigt, das er allgemein aber deutlich hielt, so dass sich jeder seinen Teil denken konnte.

Noch hatte sich die Öffentlichkeit jeder bösen Töne gegen Hitler enthalten – wollte sie warten, bis der Hades ihn verschlungen hatte? Deutschlands Geistliche jedenfalls schienen gesonnen, mit versteckten Andeutungen den Anfang zu machen, wussten sie doch genau, dass unter ihren Schäflein genug waren, die Hitler liebten, von der Ekstase bis zur Innigkeit, und diese gedachten sie nun noch nicht zu verprellen; wo sie doch immerhin den Weg in die Kirche gefunden hatten. *Konrad Graf von Preysing*, Jahrgang 1880, Bischof, gedachte am heutigen Sonntag in Berlin mit „Die Psalmen 49, 14-15“ ein Zeichen zu setzen:

„Das ist das Unglück derer, die so zuversichtlich sind, und der Ausgang derer, die sich in großen Worten gefallen. Schafen gleich sinken sie zur Unterwelt, der Tod weidet sie; geraden Weges fahren sie zu Grabe. Ihre Gestalt zerfällt.“

Die Gemeinde quittierte durch Hüsteln, Füßescharren und Schweigen. Man muss schon sagen: Noch vorigen Sonntag hätt's den Kopf kosten können. Im Großen und Ganzen war eine mächtige Kehrtwendung der deutschen Kleriker zu bemerken. Sollte man es für möglich halten, dass einer aus der Reihe tanzte? Wenden wir uns zur Beantwortung dieser Frage gen Süden...

Die Stadt Braunau am Inn war jedem Pimpf bekannt, da Hitlers Lebenslauf, den sie auswendig zu lernen hatten, so begann: „Unser Führer wurde am 20. April 1889 zu Braunau am Inn geboren...“ Ab 1933 hatte die Stadt Nutzen davon, der sich aber wegen Hitlers Zurückhaltung in Sachen seiner Vergangenheit in Grenzen hielt. Sie war auch zu weiterem Dornröschenschlaf vorgesehen, denn Hitler dachte hauptsächlich an Linz, wenn er von seinem letzten Ruheplatz sprach. Hätte Göring nicht das uns bekannte Machtwort gesprochen, so wäre wohl der Krieg Braunau contra Linz ausgebrochen.

„Eine solche Prominenz hier zu beerdigen – diese Chance kommt nicht wieder!"

Darüber waren sich der Bürgermeister und seine Mannen einig. Als es zu entscheiden galt, Samstag oder Sonntag?, waren sich alle einig: „Sonntag!"

„Dös wiad a Fest, soag i."

So blieb auch ein Tag mehr Zeit für den städtischen Handel, sich auf die erhöhte Nachfrage nach Zimmern, Essensplätzen, Semmeln, Bier und ähnliches, Blumen und Kränze einzurichten. Die wackere Oberpostdirektion hatte rasch entschieden, dass ein Sonderstempel benutzt werden dürfe; es galt, ihn rechtzeitig zu fertigen. Leider waren Hitlermarken mit Trauerrand, die der Postminister bei Göring „wegen der notwendigen erhöhten Einnahmen von Sammlern und Liebhabern" beantragt hatte, nicht fertiggeworden. Eine andere Druckerei machte wegen Hitlerpostkarten Überstunden noch und noch, passende, schon verstaut gewesene Devotionalien wurden hervorgekramt – kurzum, alles was sich zu Geld machen ließ, - heute eine ganz allgemeine, an allen Orten praktizierte Methode -, wurde mobilisiert. Bei all dem hemmungslosen Treiben gab es nur eine Sorge: dass die neue Regierung noch jeden Rummel verbieten könnte.

Braunau begrüßte seine Besucher mit Führerwetter, früher Kaiserwetter genannt. Der Rundfunk freilich fehlte, auch die Wochenschau, ein Privatmann musste das Ereignis in Film und Bild festhalten. Eine Verkehrslenkung war notwendig, zum ersten Mal hier, Bauern stellten ihre Grasflächen zum Parken zur Verfügung. Die meisten Besucher kamen jedoch per Zug und Autobus. In den Restaurants fragte niemand nach Marken, kaum jemand auch befolgte die Anmeldepflicht bei Übernachtungen – hier jedenfalls war schon Frieden. Zum letzten Mal wohl, das ahnten alle, flatterten des Verstorbenen Fahnen wie auf dem Parteitagsgelände zu Nürnberg – der Geistliche allein mahnte, dass „ja eine christliche Feier anstünde“ und kein „Novemberfest“.

Ab 10 Uhr stand der Sarg, noch offen, den Anteilnehmern in der Friedhofskapelle zur Verfügung. Helfer des Roten Kreuzes hielten sich in Bereitschaft und bekamen auch reichlich zu tun. Aber bekanntlich entstehen die meisten Kollaps am offenen Grab, wenn der Sarg in die Tiefe geht und die ersten Erdbrocken auf ihn poltern. Um Provokationen der Regierung zu vermeiden, wurde auf das Abspielen Hitlerscher Lieblingsmelodien verzichtet, eine örtliche Musikmannschaft stand aber für letzte Grüße am Grab bereit. Wundern wir uns nicht, ehemalige Größen wie Ribbentrop und Goebbels hier zu sehen: Das Präsidium gab die Erlaubnis. Ihre Anhänger, vorzüglich Mitarbeiter der Ministerien, befreundete Gauleiter und andere umstanden sie und schienen sie schon jetzt als Märtyrer verehren und verewigen zu wollen.

„Das wird hier ein Wallfahrtsort“, tönte Goebbels, „gegen den das fromme Lourdes provinziell aussehen wird.“

„Die Zeit wird kommen“, verkündete Ribbentrop düster, „die unserem Führer Gerechtigkeit zukommen lassen wird.“

Frau Himmler irrte zwischen ihnen auf der Suche nach ihrem Mann umher. Denn es war bekannt geworden, dass der schwarze Mann sein Gefängnis ohne Verabschiedung auf vorläufiges Nimmerwiedersehen verlassen hatte.

„Den hat Göring kaltmachen lassen, gnädige Frau, wenden Sie sich an ihn.“

Goebbels und Ribbentrop benahmen sich hier gemäßigt, entsprechend den Auflagen, die sie erhalten hatten. Das glaubte *Reinhard Höhn*, Jahrgang 1904, Ex-SS-Standartenführer, Ordinarius in Berlin, nicht nötig zu haben:

„Wir sollten von hier sofort nach Berlin marschieren und die ganze neue Clique ausheben, ehe sie zu fest im Sattel sitzt.“

Da stimmte nur Martin Bormann zu. *Ernst Kaltenbrunner*, Jahrgang 1903, Ex-SS-Gruppenführer, nickte denn auch geflissentlich, hatte aber nichts anderes vor, als nach dieser Veranstaltung in der Versenkung einer tristen Anonymität zu verschwinden. *Arthur Seyss-Inquart*, Jahrgang 1892, Ex-SS-Obergruppenführer, stellvertretender Ex-Generalgouverneur im besetzten Polen, dazu Österreicher, war froh, seine Heimat wiederzusehen und dem Wirkungskreis „dieses lächerlichen Hans Frank“ entronnen zu sein. Er berichtete seinen Bekannten von dem Vorhaben, in Polen große Lager mit ungeheurer Aufnahmekapazität zu errichten, um dorthin die Juden Europas zu transportieren, „wenn wir sie einmal haben“, und sie umzubringen oder „bei harter Arbeit verrecken zu lassen“.

„Das glaube ich Ihnen nicht“, sagte *Oswald Pohl*, Jahrgang 1892, Mitglied des Freundeskreises Reichsführer SS.

„Hat Himmler Ihnen nichts davon gesagt?“, fragte Seyss-Inquart spöttisch.

Von der illustren hier versammelten Gesellschaft wollen wir noch einige nur namentlich nennen: Max Amann, Artur Axmann, Gottlob Berger, Werner Best, Philipp Bouhler, Karl Brandt, Kurt Daluege, Dietrich Eckart, Hermann Esser, Gottfried Feder, Richard Glücks, Josef Mengele, Fritz Sauckel, Josef Terboven und andere. Für viele, die gern gekommen wären, war der Weg zu weit oder die Öffentlichkeit zu gefahrvoll.

Tumult vor dem Sarg, ein Schuss fiel, ein Mann brach über dem Aufgebahrten zusammen. Es war Alfred Rosenberg, sein eigener Schuss hatte aber nur seine Stirn geritzt und er zeterte in einem fort:

„Ich will mit ihm sterben, gebt mir meine Pistole zurück! Das Leben hat keinen Sinn mehr.“

Es wurde wohl Zeit zur Beisetzung. Die örtliche Blasmusik setzte sich an die Spitze des Zuges und intonierte in unendlich traurigen, schwertragenden Tönen „So nimm denn meine Hände und führe mich...“, bis sie am offenen, abgesperrten Grab angekommen war. Da befanden sich die letzten Trauergäste noch weit vor dem Friedhofsgelände. Während der Sarg abgeladen und über dem Grab aufgestellt wurde, erklang „Mitten im Leben sind vom Tod wir umgeben“, was als ungemein aktuell aufgefasst werden konnte. Der Geistliche, ganz und gar nicht gewohnt, große Herren zu beerdigen und nur ungenau über die Vorgänge seit dem 8. November informiert, hatte ganz diplomatisch die Psalmen 33, 13-15 gewählt:

„Vom Himmel herab schaut der Herr, sieht a l l e die Menschenkinder. Von der Stätte, da er thront, blickt er auf alle, die auf Erden wohnen, er, der alle Herzen gebildet, der acht hat auf alle ihre Werke.“

Seine Baritonstimme suchte den großen Kreis, der sich ums Grab gebildet hatte, wirksam zu erreichen und das Schluchzen und Weinen der Frauen zu übertönen. Da niemand aus Hitlers Verwandtschaft anwesend war, blieb es den vorderen Personen überlassen, die erste Erde zu werfen, nachdem der Sarg unter den Gewehrsalven eines SS-SA-gemischten Peletons endlich hinabgelassen worden war: *„Per omnia saecula saeculorum* – Von Ewigkeit zu Ewigkeit.“

Die srengen Beamten der Friedhofsverwaltung mussten das Hineinwerfen von Blumen und Sträußen untersagen; es hätte sonst keine Erde mehr hineingepasst. Die traurigen Klänge von

„Ich hatt‘ einen Kameraden,
einen bess’ren find’ste nicht...“

lockten noch einmal einen Schwall von Tränen hervor. Niemand dachte daran, dass sich der Wahrheitsgehalt dieser Zeilen erst noch erweisen müsste. Neunzig Prozent der zugedachten Kränze und Blumensträuße mussten vor dem Friedhof und auf nahen Plätzen deponiert werden, es war unmöglich, sie in der Nähe des Grabes unterzubringen. Das Defilee der Trauergäste dauerte bis in die Dunkelheit hinein, der Friedhof musste solange geöffnet bleiben. Bald verteilten sich die Leute, die nicht sogleich abzureisen gedachten, über die Lokalitäten des Ortes, und da ja niemand zu dieser Beisetzung geladen hatte, musste jedermann sein Verzehr selbst bezahlen.

Bald war die fröhlichste Leichenschmauserei und -trinkerei im Gange, hausbackene, trockene, traurige, fanatische und von der Tragik des Tages selbstverzehrte Senior- und Juniornazis machten eine zeitlich befristete Metamorphose zu akzeptablen Mitmenschen durch.

Derweil versuchte ein Friedhofsangestellter den letzten aller Besucher vom Grab fortzuscheuchen. Er hatte just abschließen wollen, als ihm einfiel, noch einen Rundgang zu machen: Schließlich war's ja möglich, dass noch hie und da ohnmächtige Personen herumlagen oder vom Schmerz Überwältigte in den Gebüschen oder hinter Grabsteinen hockten. Und siehe da – dorthinten bewegt sich doch was!

„Hallo Sie da, Sie müssen's kommen! Lassen's doch dera Hitla in Rua!"

„Sie da" kam und rührte sich nicht, stand wie eine Eins, und als der Wärter, schon erheblich zorniger, sich näherte, erkannte er einen Mann, schlank und rank wie ein richtiger Arier, den Gruß des Beigesetzten markierend, unbeweglich; wie lange mochte er schon so stehen!

„Ach, Sie soan's", sagte der Wärter nähertretend und den Mann erkennend. Mitleid rührte ihn, im letzten Licht des Tages und dem ersten einer Laterne sah er Tränen fließen „wie's Brünnlein auf der Wies'n" – ein lebendes Monument von Ergriffenheit und Treue.

„Kommen's, Herr Heß, Sie könnens nitta hier bleiben."

Und er nahm ihn sacht am Arm und geleitete ihn fort...

Ein Restbestand „alter Kameraden", also die Teilnehmer vom Novemberputsch von 1923, hatten im Wirtshaus ein Grüppchen gebildet und inzwischen infolge Biergenuss vergessen, dass ein trauriger Anlass sie hergeführt hatte. Ein Uraltkamerad Hitlers gesellte sich ihnen zu, in simpler Bursche in dessen Alter, und er stellte sich als sein Schul- und Spielgefährte vor:

„Gestatten: Ich bin Eugen Wasner und ein ehemaliger Klassenkamerad des Führers."

Ja, so einen hatten sie schon lange sehen wollen; seltsam, dass es sowenig dergleichen gab. Sie wussten nicht, dass ihr Anführer mit Himmlers Hilfe dafür gesorgt hatte, dass sie der Reihe nach ausstarben. Nur *Eugen Wasner*, Hitlers Jahrgang, war übriggeblieben.

„Kommen Sie, Herr Wasner. Ein Bierchen?"

Eine Runde flog. Es bedurfte nur eines Glases, bis Wasner gesprächig wurde, offenbar freute er sich, eine Geschichte loszuwerden; wir geben sie hier allerdings in Hochdeutsch wieder:

„Nun, unser Adolf, der war ja von kleinauf nicht ganz richtig im Kopf (im Original ‚deppert'). Ein Ziegenbock hat ihm nämlich den halben Zippedäus abgebissen."

Wasner genoss das einsetzende Staunen, Aufhorchen und Stirnrunzeln.

„Stimmt, was ich sage, ich war ja selbst dabei."

„Erzählen Sie, rasch!"

Die Männer waren sich nicht sicher, ob Wasner die folgende Geschichte auch erzählt hätte, wenn das Objekt nach am Leben wäre.

„Wir haben eine Wette gemacht, ob Adi, so nannten wir ihn damals, einem Ziegenbock ins Maul pinkeln könne, er behauptete es. Wir lachten ihn aus, er aber führte uns auf die nahe Wiese, wo ein Bock angebunden graste. Ich nehm diesen zwischen meine Beine und halte seinen Kopf an den Hörnern fest und still, ein anderer Kamerad schiebt ihm seitlich einen derben Knüppel zwischen die Zähne, so dass das Mäulchen offensteht. So pinkelt ihm Adolf hinein. Sei's, dass der Bock diesmal keinen Geschmack für Salziges hatte oder einfach wegen unserer groben Behandlung unwirsch war oder die Sperre zu früh gelöst wurde, sein Schnabel klappte jedenfalls zu und biss in den Zippedäus. Ziegenzähne, müssen Sie wissen, meine Herren, sind vorn verteufelt scharf. Unser Adi schrie fürchterlich und rannte heulend davon."

Das Finale dieser dramatischen Geschichte wäre ein scheppperndes Wirtshausgelächter wert gewesen, man hätte ja auch seit dem 9. November lachen dürfen, aber die Männer schwiegen beklommen und warfen femeverdächtige Blicke auf den Erzähler. Wir verlassen jetzt diese Sippschaft und gehen wieder nach Norden, wo etwas erheblich „Freudenvolleres“ in Szene gesetzt wurde...

Wilhelm Furtwängler rief und alle Angerufenen, die Karten erwischen konnten, kamen auch. Die Philharmonie bot ein Bild wie in Weimarer Friedenszeiten: feine Garderoben der Damen und Herren, keine Uniformen, keine Parteiabzeichen oder Kriegsauszeichnungen von vierzehn-achtzehn, Vorfahren mit Autos, die der Krieg bereits stillgelegt oder zu anderen Zwecken requiriert hatte, eine Auswechslung des Publikums, sogar Juden waren dabei, denn die sonst übliche Naziprominenz gab die Plätze für eine neue Prominenz frei. Görings waren angekündigt. Eine ganz andere Atmosphäre als noch beim vorigen Konzert breitete sich aus: Das jeder Diktatur eigene Kriecherische im Menschen hatte sich in offenes Lachen verwandelt, ebenso mauserte sich der Kotau zur höflichen Begrüßung und später, nach dem Konzert beim fälligen Beisammensein, gab es das grobe Gelächter der Gauleiter-, Reichsleiter- und anderen einschlägigen Nazitypen nicht mehr – Rückkehr einer unsterblichen Kultur!

Zwei Ereignisse prägten diesen Abend: eine Begrüßung und die Veränderung des Textes durch nur ein Wort. Außerdem fiel das öde Abspielen des öden Horst-Wessel-Liedes fort, weil der Hauptliebhaber dieses Werkes ja auch fortgefallen war. Er wurde, wie gesagt, durch Göring ersetzt, der sich früher nie viel aus klassischer Musik gemacht und ihre Aufführungen nur aus Gründen der Repräsentation aufgesucht hatte. Nun bekam Emmy ihren Willen und mit ihrem Mann sehr viel Applaus, als sie den Saal betraten und in der vorderen Reihe Platz nahmen, dort, wo Hitler sich stets niedergelassen hatte. Die Begrüßung! Früher war es doch so, dass Hitler auf den Maestro Furtwängler zugegangen war, um ihm die Hand zu reichen, beider Gesicht war dabei ziemlich säuerlich, da sie um ihr innerlich gestörtes Verhältnis Bescheid wussten: Furtwängler verachtete diesen Judenverfolger, der ihm die Sekretärin und viele erstklassige Musiker fortnehmen ließ, Hitler schätzte den Dirigenten dieses weltberühmten Orchesters und ließ ihm ziemlich viel Willen, da er natürlich nicht wollte, dass sein Regime im Ausland als „kulturbolschewistisch" angesehen werde. Heute aber eilte Furtwängler von der Bühne herab und begrüßte beide Görings mit jener Höflichkeit, die einem Staatsoberhaupt, das vielleicht nur auf Abruf amtierte, angemessen schien. Der Applaus tobte sich aus.

Der Abend begann mit Beethovens Leonoren-Ouvertüre Nr. 3. Nicht zufällig, denn der freiheitliche Gedanke dieses Werkes sollte symbolhaften Charakter haben. Die hinreißende Darbietung wurde entsprechend honoriert, Orchester und Dirigent entfesselten sich zu wahren Darbietungsakrobaten, zumal Furtwängler, ein hochauf geschossener schlaksiger Mann mit gibbonartigen Armbewegungen war. Er ließ das zuerst aus dem Hintergrund, wenig später näher auftönende Signal der nahenden Freiheit von zwei Trompeten in den Saal schmettern – Applaus auf offener Szene, die wohlverstanden wurde; für das disziplinierte Berliner Konzertpublikum eigentlich ein unerhörter Vorgang. Doch es kam noch „doller".

Nämlich die Veränderung des Textes im letzten Satz der Neunten. Es gab heute keine Pause, außer der kurzen zwischen den Werken, da ja Beethovens neunte Sinfonie in einem Rutsch durchgespielt wird. Springen wir über die drei ersten Sätze hinweg, die in gewohntem Weltklasseniveau dargeboten wurden und eine ungeheure Spannung erzeugten, zum letzten und allen Menschen wohlbekannten bis zur Stelle des fast schon dissonanten Fortissimo, dem die ersten gesungenen Worte zu folgen haben:

„Oh Freunde, nicht diese Töne --- sondern lasst uns angenehmere anstimmen, und freudenvollere!"

Hier nun kam Furtwänglers genialer, mit einer gewissen Bangigkeit vorgetragener Einfall zu Gehör: Statt des Sängers „Freude – Freude" und des Chores „Freude, schöner Götterfunken..."

erklang jetzt „Freiheit – Freiheit“ und „Freiheit, schöner Götterfunken...“ , (die Urfassung nämlich, die Schiller auf Einwand seines Landesherrn korrigiert haben soll), und löste zunächst verblüffte Stille, dann einen Orkan des Beifalls im Stehen aus, der das Haus in Vibration versetzte. Furtwängler stutzte zuerst, sah die Augen der Musiker auf sich gerichtet und führte, tapfer die Tränen rollen lassend, das Werk fort. Chor und Solisten „sangen über sich hinaus“ und vollendeten mit „Frei--heit schö---ner Göt---terfunken Göt---terfunken...“ in einem berauschenden, ekstatischen Finale. Da gab’s kein Halten mehr. Während der Dirigent vom Konzertmeister aufgefangen, gestützt und „abgeführt“ werden musste, nach zwei Minuten wiederkam, tobte das Publikum derart, dass der Tonmeister des übertragenden Rundfunks den Ton zurücknehmen musste, sollte seine Maschine „nicht zerplatzen“.

Gehen wir nicht zu sehr in Einzelheiten – es war ein großartiger, nie wiederkehrender Abend. Europa hörte mit. Dieser Abend half, die öffentliche Meinung Europas und Amerikas deutschfreundlicher zu machen, zumal angekündigt war, dass demnächst Herbert von Karajan „entartete“ und „jüdische“ Werke dirigieren werde und Furtwängler ähnliches in Wien tun würde: Hindemith, Mendelssohn, Mahler, Schönberg. Zu dieser späten Stunde fassten viele Menschen die Rückkehr nach Deutschland ins Auge oder den Wiederauftritt „in einem gereinigten Land“: Bruno Walter, Yehudi Menuhin, Arturo Toscanini, Fritz Busch. Für den Konzertbetrieb ihrer Länder Verantwortliche arbeiteten an Terminen für deutsche Orchester und Komponisten: die Berliner Philharmoniker sollten nach New York und Chikago kommen, Richard Strauss in die Londoner Albert Hall, „am 20. November bitte“, als sei die Beendigung des Krieges schon „in sicheren Tüchern“.

„Es ist beinahe zu schön um wahr zu sein.“

Morgenröte einer neuen Zeit?

Lassen wir diesen Sonntag mit einer Bettszene ausklingen.

„Hermann“, sagte Emmy zärtlich, „du wirst der Mann des Jahrhunderts.“

Nun, eitel war er schon, dieser Kandidat eines noch nicht geschaffenen Titels, aber da hing, nur als Fantasie gesehen, etwa über dem Bett, das verdammte Ähnlichkeit mit einer bekannten Waffe der Antike hatte und leicht fallen konnte: das Damokles-Schwert!

„Die ersten Schritte sind besser gelungen als gedacht“, gab Göring zu, „aber die schwierigsten kommen noch. Wenn nur diese Verbrechen nicht wären.“

„Dein Anteil an ihnen ist relativ klein“, sagte Emmy, „und die Umstände haben dich zu ihnen gezwungen, denke ich.“

Das eben war das Problem: Wo hört eigener Entschluss auf, wo fängt Zwang an? Ließ sein Gewissen es zu, Mitbürger zu verurteilen, die Befehlen gefolgt waren, während er selbst den Befehlshaber spielte? Sich an das Ende des vorigen Krieges erinnernd hatte das Präsidium das Problem „Kriegsverbrecher“ aufgeworfen. Es einigte sich auf den nach außen zu vertretenden Standpunkt, dass nur Hitler hätte international angeklagt werden können; alle anderen Prozesse „führen wir selbst durch“.

Emmy brachte jetzt ihren Mann auf eine Sache, von der er wenig verstand:

„Es sollten so schnell wie möglich alle demokratischen Einrichtungen geschaffen oder wenigstens in Vorbereitung genommen werden: freie Wahlen, der Reichstag, Ermutigung zur Bildung der alten oder Schaffung neuer Parteien und so weiter. Das macht im Ausland einen guten Eindruck und wirkt vertrauenbildend.“

Aber da war ihr Hermann schon eingeschlafen und schnarchte mit dem ruhigen Gewissen eines Mumeltiers im langen kalten Winterschlaf.

Eine arbeits- und ereignisreiche Woche

Europas Politiker und Diplomaten machten diesmal nicht nur Spesen, sie arbeiteten auch: allerorten und intensiv. Selbst diejenigen, die mit den anfälligen Friedensverhandlungen direkt nichts zu tun hatten. Josef Stalin gab sich enttäuscht wegen der Entwicklung zwischen den Kriegführenden und ließ bei der Reichsregierung darlegen, dass er es nicht hinnehmen würde, wenn die Deutschen vertragsbrüchig würden und ihren Teil Polens preisgäben.

„Und was wollen wir tun und was wird dieser Stalin tun?“, fragte von Brauchitsch ganz allgemein bei einer Sitzung.

Die Antwort blieb offen. Auch Ungarns Admiral Horthy ließ verlauten, dass er nicht bereit sei, auf jene Teile der Tschechoslowakei zu verzichten, die „der Führer mir“ 1938 überlassen hat.

„Und was wollen Sie tun?“, fragte von Brauchitsch.

Überhaupt erscheint es notwendig, sich den zwei betreffenden und betroffenen Völkern zuzuwenden. Klar, dass der kleine Mann auf den Straßen Prags den Abzug der Deutschen und die Wiedervereinigung mit der Slowakei wünschte, letzteres aber nicht um jeden Preis:

„Krieg darf es darüber nicht geben, dann lassen wir sie lieber selbständig weiterfahren.“

„Und die Sudetendeutschen und ihre Gebiete?“

„Sollen doch draußen bleiben, brauchen wir sie etwa?“

Die tschechische Bevölkerung und ihre Politiker hatten sich auf eine blutige Befreiung von den Deutschen eingestellt, wenn auch in Jahren erst, und war nun durchaus zu Zugeständnissen bereit, wenn sie unblutig stattfinden könnten. In Polen war die Lage ähnlich und doch anders: Klar, dass es die Freiheit erst mit Abschluss der Friedensverhandlungen geben würde, aber die Deutschen waren ja schon dabei, ihre Zwangsmaßnahmen, Umsiedlungen und Vertreibungen einzustellen und die begonnenen Arbeiten an den Lagern zu beenden. Hans Frank mit seiner Mörderclique verließ Krakau auf schnellstem Weg, die deutsche

Zivilverwaltung zog ab und nach einer Woche, so gegen den 17. November herum, befand sich nur noch deutsches Militär in Polen. Da dieses sich korrekt benahm, kam es zu keinerlei Zwischenfällen.

Die Polen und die Tschechen – bekanntlich besaßen sie je eine Exilregierung in London. Diese setzten sich aus meist unversöhnlichen, sehr verbitterten, ja verbiesterten Männern zusammen, deren Herzen und Seelen nach Rache und Beute dürsteten. Neville Chamberlain und seine Regierungsmitglieder, einschließlich Winston Churchill, wollten mit ihnen wenig am Hut haben, schon länger und jetzt gar nicht. Ihre Quengeleien wegen des Verlusts der Heimat und ihre dauernden Forderungen nach Gebietsabtretungen Deutschlands nach gewonnenem Krieg beanspruchten ihre Nerven übermäßig.

„Das Sudetenland muss natürlich zurück", sagte Benesch, „und von Österreich und Schlesien brauchen wir ein paar Quadratkilometer dazu."

„Polen muss nach Osten wiederhergestellt werden", sagte General Sikorsky, „und fordert zusätzlich Ostpreußen und Teile der Mark Brandenburg."

Edouard Daladier, Jahrgang 1884, Ministerpräsident, und Chamberlain schauten sich undurchdringlich an. Sie waren vorher bereits übereingekommen, dass die Polen und Tschechen nichts anderes wiederbekommen würden als den Status quo von 1938, beziehungsweise von 1939, Polen müsste zusätzlich den Korridor genehmigen und Danzig als rein deutsche Stadt anerkennen. Das sagten sie jetzt Benesch und Sikorsky, die wie die Berserker auffuhren und dieses Mal miteinander einig wurden; was sie sonst nicht waren, denn Polen hatte sich 1938 an der tschechischen Beute gütlich getan und das Gebiet um Teschen einkassiert.

„Das Sudetengebiet verlieren? Niemals!"

Benesch drohte mit Abbruch der Verhandlungen, Daladier und Chamberlain ihrerseits konnten nicht selbst ihren Vertrag von 1938, der ein internationaler war, in Frage stellen.

„Lieber Dr. Herr Benesch“, sagte Daladier jetzt ruhig, „ein sudetendeutsches Problem hätte es nie gegeben, wenn Sie ab 1919 die Deutschen Ihres Staates gleichberechtigt behandelt hätten. Dann hätten diese niemals ‚Heim ins Reich‘ gerufen.“

Das war hart und bitter für einen stolzen Mann. Chamberlain stimmte zu und drohte seinerseits mit Ausschluss.

„Und Sie, Herr Sikorsky“, fuhr er fort, „sollten froh sein, die Deutschen loszuwerden und vielleicht eines Tages als friedliche Nachbarn zu haben.“

„Und unsere sowjetische Hälfte, was wird mit der?“

„Das ist eine andere Angelegenheit. Sie können versichert sein, dass Großbritannien und Frankreich nach wie vor Ihre Partner sind und Ihrem Volk zum Recht verhelfen werden – allerdings nur, wenn Sie hier maßvoll bleiben.“

Damit waren auch diese Themen abgehandelt. Großbritannien und Frankreich selbst hatten keine Forderungen an Deutschland. Man wollte keinesfalls die Fehler von 1919 wiederholen und Deutschland in die Enge treiben, weder wirtschaftlich noch politisch drangsalieren, so dass diese beiden Staatsmänner ihre Forderungen zu den Friedensverhandlungen schnell abgehakt hatten. Sie deckten sich im Wesentlichen mit dem, was die Deutschen zuzugestehen bereit waren. Das Problem blieb die Wiederherstellung Polens in den Grenzen vom 1. September dieses Jahres. Was war mit den Russen zu tun? Welche Möglichkeiten gab es, sie zu zwingen? Sollte ein neuer Konflikt, wiederum für Polen, riskiert werden? Dafür, war die einhellige Meinung, können wir unsere Völker nicht noch einmal begeistern.

Im weiteren Verlauf des Montag wurden Zeit und Ort der Friedensverhandlungen verbindlich festgelegt: Freitag, am 17. November in Den Haag. In Berlin empfing das Kabinett Kölns ehemaligen Oberbürgermeister Konrad Adenauer, um für ihn und seine beiden Begleiter Canaris und von Weizsäcker die Vorgehensweise zu den Verhandlungen festzulegen. Adenauer war guten Mutes und voller Energie und verkündete für demnächst die Gründung einer neuen Partei.

„Doch wohl nicht eine Wiederauflebung des alten Zentrums?“, fragte Göring ahnungsvoll.

„Nein“, antwortete Adenauer entschlossen, „CDU soll sie heißen – Christlich-Demokratische Union Deutschlands.“

Wie es hieß, erwog Heinrich Brüning seine baldige Rückkehr aus den USA. Er ahnte noch nicht, dass er politisch bereits abserviert war.

„Dann gibt's wieder eine Parteigründung,“ meckerte Adenauer erbost und gereizt.

Die Minister berieten dann über eine relativ möglichst schnelle Konsolidierung der Verhältnisse. Hjalmar Schacht und Schwerin von Krosigk berichteten über die finanzielle Situation des Reiches und über Hitlers Umgang mit und sein Verständnis für Geld, das für einen Staatsmann mehr als merkwürdig war.

„Aus echt kaufmännischem Blickwinkel gesehen ist das Reich pleite. Darum muss unser Augenmerk auf eine Verminderung der Rüstung und auf die Wiederankurbelung des Exports gerichtet sein, der nicht erst seit dem Krieg, sondern bereits infolge Adolf Hitlers überaus idiotischen Judenverfolgungen zusammengebrochen oder geschrumpft ist.“

„Zu viele prominente Personen waren von Steuererklärungen freigestellt“, sagte von Krosigk, „oder mogelten sich sonstwie durch. Wichtig ist die Wiederherstellung einer unabhängigen und korrekt arbeitenden Finanzverwaltung, damit Steuern in die Staatskassen fließen.“

Man beschloss eine fünfprozentige Sonderabgabe auf die Lohn- und Einkommensteuer. Ein weiteres Sorgenkind war die Umstellung der Industrie von Kriegs- auf Friedensproduktion und die Integrierung der ausscheidenden Soldaten und der arbeitslos gewordenen SS-Leute und Wachmannschaften.

„Ein Erbe Hitlers sollten wir übernehmen“, schlug Schacht vor, „nämlich den Volkswagen des Wolfsburger Werkes. Die dortigen Direktoren sind sicher, aus ihm einen Verkaufsschlager fürs In- und Ausland zu machen. Ein paar Wagen wurden ja schon gebaut, die Produktion ist in wenigen Wochen auf hohe Stückzahlen zu bringen, viele Männer werden gern dort arbeiten und nach Wolfsburg umziehen wollen.“

„Es war nicht möglich“, berichtete von Krosigk, „mit Hitler vernünftig über Geld zu sprechen. Es hat da zu sein, behauptete er, egal wie. ‚Wenn ich den Aufbau Großdeutschlands‘, sagte er, ‚vom Geld abhängig mache, dann werde ich nie und nimmer fertig werden.‘“

„Ja“, fügte Schacht hinzu, „er rief immerzu ‚Drucken Sie es doch, Sie uneinsichtiger Bankier, dann haben wir welches, wozu sind Sie Reichsbankpräsident!‘“

Ob vielleicht ein Währungsschnitt nötig wäre oder eine Inflation einbrechen könnte?

„Soweit wie 1923 dürfen wir es nie wieder kommen lassen“, mahnte Schacht, „und ich denke, die Lage ist anders, da der Krieg nur kurz gedauert hat. Bei Auslandskrediten empfehle ich höchste Bescheidenheit, auch wenn sie uns zu sehr günstigen Bedingungen aufgedrängt werden sollten. Sie dürfen nur für sinnvolle Objekte wie Modernisierung und Ausbau von Produktionstätten und nicht, wie in den 20er-Jahren, für Badeanstalten und Stadt- und Gemeindeverschönerungen ausgegeben werden.“

„Ihr Ansehen im Ausland“, sagte Göring, „ist noch hoch genug, dass Sie in Verhandlungen mit Ihren Kollegen etwas erreichen können.“

Jetzt meldete sich Fritz Todt zu Wort. Er war der geborene Organisator und Techniker, was Hitler zweifellos erkannt hatte:

„Noch ein Erbe Hitlers sollten wir übernehmen, obwohl es ja gar nicht auf seinen Ideen beruht, die Autobahnen. Sie sind tatsächlich eine Sache der Zukunft, denn der Krieg hat die Motorisierung der Welt nur unterbrochen, nicht aufgehoben. Die Autobahnen lohnen auch einen hohen Kredit, da ihr Bau Tausende von Arbeitern beschäftigen und Hunderte von schweren Maschinen benötigen wird. Da kommen die geliehenen Summen durch Steuern rasch wieder herein."

Der Postminister schlug neue Briefmarkenausgaben vor, „sowohl die normale Serie als auch eine Reihe von Sondermarken", zum Beispiel zum Kriegsende und aus kulturellen Anlässen, „dann kommt Geld in den Laden."

Raeder fragte, ob der Bau der beiden großen Schlachtschiffe und des Flugzeugträgers weitergeführt werden sollten. Man entschied bei der „Bismarck" „ja", da ihr Bau schon zu weit fortgeschritten war, um ihn stilllegen zu können, bei der „Tirpitz" „nein" und abschrotten, ebenfalls beim Flugzeugträger „Zeppelin".

„Der ist sowieso eine Fehlplanung", sagte Raeder, „aber die Bismarck wird das modernste und sicherste Schiff der Welt und kann uns zum Renommee dienen und als Muster für den Export nützlich sein."

Göring teilte mit, dass sich der Amerikaner Sumner Welles zum 16. angemeldet habe, ursprünglich um im Auftrag seines Präsidenten Friedensvorschläge zu unterbreiten, nun aber, da dieses höchst überflüssig geworden sei, in einer anderen, internationalen Angelegenheit.

„Wir sollten uns mit den USA gut stellen", riet Göring, „sie können leicht eine böse Stimmung in der Welt über uns verbreiten."

Damit war die Sitzung beendet.

In dieser Woche begann die Demontage Adolf Hitlers. Sie fing schleichend an und war wohl unvermeidlich, in Gang gesetzt von Leuten, die sich dabei einen Namen machen, sich ihrer Wichtigkeit frönen, Schuld abwälzen oder ganz einfach Geld machen wollten. Zu ihnen gehörte *Alfred Naujocks*, Jahrgang 1911, Ex-SS-Obersturmbannführer und einst enger Vertrauter Heydrichs bei Gaunerstreichen, Mogeleien, Fälschungen und dergleichen; sein Name ist uns ja schon untergekommen. Jetzt hatte er sich beim Berliner Sender gemeldet und verkündet, Enthüllungen zum Kriegsbeginn mit Polen machen zu können:

„Ich überfiel den Gleiwitzer Sender."

Nach Genehmigung durch Göring ging der Berliner Sender darauf ein und gestattete auch, dass Naujocks sein Material der Presse zugänglich machte. So lief am Dienstag die Sendung mit dem „Originalbericht eines Beteiligten", und am Mittwoch stand das Ganze in den Zeitungen:

„Mitte August", berichtet Naujocks, „rief Heydrich mich zu sich und eröffnete mir, dass auf Befehl des Führers und auf Anordnung Himmlers ein handfester Kriegsgrund gegen Polen inszeniert werden müsse. Ich arbeitete um diese Zeit daran, auf Befehl Heydrichs natürlich, britische Banknoten in riesigem Umfang zu fälschen und herzustellen, mit denen wir den Weltmarkt überschwemmen wollten. Heydrich hatte schon das Konzept entwickelt und legte mir dar, dass ich zu gegebener, fraglos bald anstehender Zeit einen Überfall auf den Gleiwitzer Sender vorzutäuschen habe, bei dem es, so seine Worte, ‚auf ein paar Leichen mehr oder weniger nicht ankäme', Hauptsache, es sähe alles echt aus und hielte etwaigen Nachprüfungen stand.

Wir entwarfen nun, nach einigen Überlegungen, folgenden Plan: Ein Kommando von ausgewählten und verschwiegenen SS-Männern solle sich in polnische Uniformen kleiden, den Sender besetzen, aus ihm der Welt zurufen ‚Es ist Zeit zu einem Krieg mit den Deutschen', eine Schießerei inszenieren und einige echte Tote hinterlassen, ehe es sich zurückzog. Das kam mir sehr amateurhaft vor, aber Heydrich war voll besessen von seiner Idee und freute sich diebisch über das Gelingen. ‚Und die Leichen?', fragte ich ihn. ‚Haben wir nicht KZ-Insassen genug?', fragte er zurück. Ja, so haben wir es dann gemacht, liebe Hörer und Leser, ob Sie's glauben oder nicht. Der erste Versuch musste im letzten Moment abgebrochen werden, da Hitler den Einmarsch in Polen um eine Woche verschob. Die ganze Zeit hielten wir uns im Grenzgebiet auf und hatten ein halbes Dutzend KZ-Häftlinge bei uns in einem Wagen, schon als polnische Grenzwächter eingekleidet. Die armen Teufel wussten nicht, worum es gehen sollte, ahnten aber gewiss, dass es nichts Gutes für sie sein könne.

Am Abend des 31. August war es dann soweit. Wir schlichen uns so vorsichtig an, dass unsere eigenen Wehrmachtsleute, die überall bereitstanden, nichts bemerken konnten und stürmten dann mit ‚polnischem Geschrei und Flüchen' den Sender, schossen wie die Wilden in die Luft, während einige von uns den Senderaum betraten und die erwähnten Worte in den Äther riefen. Dann der Rückzug und die Ablage der ‚polnischen Gefallenen', zwei oder drei, genau weiß ich es aber nicht mehr, die einer von uns vorher hatte erschießen müssen. Das war die sogenannte polnische Provokation, die Hitler als Mitanlass zum Krieg nahm. Genauso und nicht anders ist sie, diese absurde Sache abgelaufen."

„Und warum?", fragte der Rundfunkreporter entgegen, „weiß niemand etwas von dieser Gleiwitzer Sendung?"

„Nun, sie wurde durch eine Panne beim Sender nur regional über Breslau ausgestrahlt, was Heydrich in eine schiere Raserei versetzte – ich sagte ja: amateurhaft das ganze Unternehmen."

„Und die übrigen KZ-Männer?"

„Sie wurden alle ‚zum Schweigen' gebracht."

Aus Hitlers Krone, die in gewissen Kreisen durchaus noch strahlte, brach die erste große Zacke. Weitere folgten.

Zum Beispiel durch einen Beitrag von *Hans Baumann*, Jahrgang 1914, Dichter und Komponist, Erfinder von „Es zittern die morschen Knochen..." von 1932. In der Frankfurter Rundschau veröffentlichte er einen Beitrag unter dem Titel „Wes' Lied wir sangen...", in dem er der Öffentlichkeit „Die Wahrheit über Horst Wessel" mitzuteilen gedachte. Dieser *Horst Wessel*, Jahrgang 1907, Berliner SA-Führer, ist der Texter des gleichnamigen Liedes „Die Fahne hoch, die Reihen fest geschlossen...", das zur zweiten Nationalhymne im Dritten Reich avancierte. Hitler ließ ihn zum „Helden der Bewegung“ hochstilisieren, nachdem er 1930 aus politischen Gründen von den Kommunisten ermordet worden sei. Erfinder dieses Kults ist aber Joseph Goebbels. In Wirklichkeit aber, so Baumann jetzt, hatte Horst Wessel eine Keilerei um ein Mädchen, freilich mit einem Kommunisten, und soll sich auch in homosexuellen Kreisen bewegt haben. Damals, vor der Machtergreifung Hitlers, nutzte Goebbels als Propagandachef der Nazis und in seiner Funktion als Gauleiter Berlins diesen Todesfall geschickt aus, um Stimmung gegen „die Roten“ zu machen.

„Wir wollen dem bedauernswerten jungen Mann nicht am Zeug flicken“, so Baumann jetzt, „aber müssen Hitler doch vorwerfen, dass er aus einer unbedeutenden Person durch Lügen in Film und Wort einen dürftigen Helden der Bewegung gemacht hat. Wieviel derartige Geschichtsklitterungen und Verstellungen werden wohl noch ans Tageslicht kommen...?“

Dieser relativ harmlosen Enthüllung folgten am nächsten Tag zwei Berichte in der Berliner Presse, bei denen jedes Schmunzeln und auch der Ansatz von Schadenfreude im Keim erstickt wurden. Ein Heinrich Hollmann, Gymnasiallehrer von 62 Jahren, also dicht vor der Pension lebend, war durch die letzten Ereignisse noch einmal davongekommen. In der Schule war ihm eine „dumme Bemerkung“ gegen den Krieg entflutscht und hatte die Anzeige eines Schülers mit vielen Fünfen zur Folge. Er wurde zwar nicht abgeholt, aber vorgeladen und verhört. Ziemlich gekonnt und trocken war er dem Gestapobeamten gewachsen und hatte wohl das KL nicht unbedingt in Aussicht; keine direkte Folter. Aber am Morgen des 9., Hitler lag bereits im Sarg, ließen sie ihn noch einmal herkommen und im Verhörzimmer in Gegenwart der Schreibdame solange warten, bis er „es nicht mehr aushalten“ konnte; es ging ums Pinkeln.

„Ich bin noch ganz fit in meinem Alter, habe aber eine schwache Blase, was in der Schule mit ihren vielen Pausen nichts ausmacht. Jetzt saß ich schon vier Stunden auf meinem Stuhl.

‚Ich muss mal', sagte ich der Dame. Sie war ein junges Ding im Flittchentyp und hockte meist vor dem Spiegel, schminkte sich, feilte an ihren Fingern herum. ‚Pinkeln Sie doch in die Ecke', sagte sie ohne aufzublicken. Ich tat's in meiner Not und Pein und das Bächlein versickerte langsam im Teppich. Da schrie sie wie eine Tarantel auf, rief um Hilfe und prügelte und trat mich und tobte immerzu ‚Sie altes Ferkel Sie', bis ihr Kollege erschien, kurz die Lage taxierte und mir befahl ‚Sie können gehen!', einfach so, ohne Erklärung. Ich ging. Ich kenne den Namen dieser Dame und gebe ihn preis, wenn sie angeklagt werden soll..."

Auch Alois Hartmann war in diesen Tagen von der Gestapo freigekommen, Hitlers Tod rettete ihn wohl vor bleibenden Schäden oder Vernichtung.

„Sie nahmen mich fest," berichtet er, „weil mein Nachbar mich angeschwärzt hatte, ich verstecke Juden in meinem Haus. Da ich nichts als die Wahrheit sagen konnte, nämlich dass dieses erlogen war, begannen sie mich auf der Gestapostelle in Berlin zu foltern, in verschiedenen, sich allmählich steigernden Graden, bis sie auf eine teuflische Idee verfielen, die ihnen ein KZ-Leiter gesteckt hatte, die aber vielleicht so alt ist wie Foltern überhaupt. Vor drei Männern im Büro musste ich die Hosen herunterlassen und mich gebückt so hinhocken, so dass der Hintern herausragte. Zwei hielten mich fest, der dritte steckte mir einen besenstielähnlichen Stock in den Popo und schlug an diesen mit einem anderen Stock in kurzen, heftigen Schlägen. Die Resonanz im Körperinneren ist ungeheuerlich, gar nicht so sehr schmerzhaft, aber demoralisierend in höchstem Maße. Wer verbockt und schuldig ist, gesteht meist sogleich. Ich hielt durch und ließ mich nicht hinreißen, etwas zu gestehen, das es nicht gab. Als ich zusammenbrach, schleiften sie mich in die Zelle zurück, es war am Nachmittag des 8. Ohne Kommentar oder andere Hinweise ließen sie mich anderntags laufen. Ich kenne alle drei Namen und die Dienststelle, Anzeige ist bereits erstattet..."

Aus dem großen, riesigen Schwarm der Entlassenen der KLs, Arbeitslager, Gestapokeller und Gefängnisse kamen Hunderte solcher Berichte, einer grauenvoller als der andere, aber die meisten der Männer und Frauen waren froh, entkommen zu sein, wollten an nichts mehr erinnert sein und schwiegen. Sie brauchten Wochen, sich körperlich zu erholen und Monate zur Herstellung des vollen seelischen und körperlichen Gleichgewichts. Das Justizministerium sammelte Namen und Beweise zuhauf, zwecks späterer Verfolgung Schuldiger, so dass viele, die sich jetzt sicher fühlten, in den kommenden Monaten zur Rechenschaft gezogen werden können.

Ein Phänomen war die Bereitschaft zum Verzeihen, - oder wie auch immer man das nennen wollte -, wenig Vergeltungsdrang kam durch, und gerade jene Gruppe Deutscher, die am meisten gelitten hatte und nachhaltig diskriminiert worden war, die Juden, plädierte für eine weitgreifende Amnestie. Welch eine Großzügigkeit!

Wie kleinlich, unverbesserlich und erniedrigend dagegen die Auslassungen eines gewissen *Roland Freisler*, Jahrgang 1893, Staatssekretär im Justizministerium und Autor in Fragen der Rechtsprechung.

„...halte ich es für empörend, dass die neue Regierung keinerlei Notiz vom Heimgang unseres Führers genommen hat und offensichtlich nicht an der Aufklärung des heimtückischen Mordes und der Ergreifung der Täter interessiert ist. Diese können niemals aus unserem Volk stammen und wenn, gehören sie zu denjenigen Elementen, die mit Recht in unsere Umerziehungs- und Besserungslager gesteckt und zu brauchbaren Menschen gemacht werden. Jetzt lässt man alle diese seltsamen Leute frei, was ein echtes Rechts- und Verfassungsvergehen darstellt und von unserem Volk nicht hingenommen wird."

Neben solchen Schreiberlingen waren auch ernsthaftere zu Gange: Erinnerungs-, Memoiren- und Meinungsschreiber wie Ribbentrop, Rosenberg, Goebbels und andere kündigten schon ihre Werke für das Frühjahr an – das mochten interessante Geschichtsklitterungen ergeben. Grundsätzlich sind ja Lebenserinnerungen mit Bedenken zu genießen, die je geringer sein mögen, desto integerer der Schreiber ist, aber wenn geistige Krüppel wie die genannten Männer „abzurechnen" gedenken, wird von Wahrheit wohl kaum die Rede sein. In einem von Göring angeregten Zeitungsartikel ließ sich *Paul Otto Schmidt*, Jahrgang 1899, Chefdolmetscher des Auswärtigen Amtes, über Hitlers Qualitäten als Verhandler und Diplomat aus:

„Goebbels' Propaganda stellte Hitler stets als den Ausbund des raffinierten, mit allen Wassern gewaschenen Diplomaten, Politiker und Verhandlungspartner dar. Davon stimmt nichts. Er war viel zu ungeduldig, um langatmige Ausführungen seiner Partner anzuhören, zudem hatte er sich sein Vorgehen ja bereits so festgelegt, dass Änderungen kaum möglich blieben. Seine Politik war Einschüchterung, sonst gar nichts, Drohungen, Beschimpfungen, und wer sich nicht einschüchtern und drohen ließ, mit dem verhandelte er nicht. Schuschnigg machte er durch Drohungen gefügig, Hacha ebenfalls und auf der Münchner Konferenz wusste er nur Ultimaten zu stellen und wirkte neben Staatsmännern der alten Schule wie Chamberlain und Daladier wie eine Marionette. Seins und Ribbentrops größtes Stück soll der Moskauer Vertrag sein, 'ausgehandelt in echt Bismarckscher Manier'. In Wirklichkeit haben die Deutschen allen Forderungen Stalins stattgegeben."

Schmidt machte dann das Präsidium auf diesen Vertrag aufmerksam, der einige Geheimpassagen enthalte. So erfuhren die Herren, was sie vorher nicht genau wussten: die Absprachen und Interessenvereinbarungen zwischen den Vertragspartnern. Sie regelten, vereinfacht ausgedrückt, beider Verhältnis zu den baltischen Staaten und Finnland. Das erweckte allgemeine Bedenken. Canaris und Halder bestätigten, dass sie Meldungen über russische Truppenbewegungen in den Raum Leningrad erhalten hätten und über die Furcht der Balten vor ihrem übermächtigen Nachbarn.

„Hoffentlich“, sagte Göring, „bekommt Europa nicht einen neuen Krieg, wenn es diesen jetzt tatsächlich beendet hat.“

In der Dunkelheit der letzten Stunden des 13. November schob sich ein langer und schwarzer Schatten langsam gleitend in die weite Mündung des Rio de la Plata ein, während die Verfolger dieses Schattens Tausende Kilometer östlich entfernt Jagd auf ihn machten. Am Morgen des 14. staunten die erwachten Bewohner Montevideos nicht schlecht, als sie ein deutsches Kriegsschiff im Hafenbecken ankern sahen, und sofort setzte eine fieberhafte Tätigkeit ein: sowohl der Zuschauer als auch der uruguayischen Behörden und der internationalen Diplomatie. Wie überall in Südamerika war auch in Uruguay der Waffenstillstand in Europa begeistert begrüßt worden, nicht nur aus humanen Gründen, denn man fürchtete eine Wiederholung der Umstände des vorigen Krieges, wo, nachdem die USA in den Krieg eingetreten waren, deren Druck auf die lateinamerikanischen Staaten so groß geworden war, dass sie dem Kaiserreich den Krieg erklären mussten. Die meisten dieser Staaten waren traditionell deutschfreundlich wie 1914, doch dieses Mal mit starken Vorbehalten wegen der fatalen Judenpolitik Hitlers.

Die ankernde Graf Spee versetzte die Welt in Aufregung. Was wollte sie hier? War dem Kapitän nicht bewusst, dass eine Internierung unabwendbar war, wenn er länger als die vorgeschriebene Frist von 48 Stunden in den Hoheitsgewässern Uruguays verblieb? Klar wusste er es. Er hatte folgendes überlegt, als ihm leichte Maschinenschäden gemeldet wurden: Heimfahrt innerhalb der Waffenstillstandsfrist riskieren oder nicht? Was geschah, wenn er irgendwo liegenblieb und die Verhandlungen ergebnislos verliefen? Dann hatten ihn die Briten im Sack, was sonst! Da er wusste, dass sie ihn trotz des Waffenstillstands suchten und unweigerlich in den nächsten Tagen aufspüren würden, er ihnen auch nicht über den (See)weg traute, gedachte er sich erst einmal hier bei der deutschen Botschaft schlau zu machen.

Während also der britische Attaché seine Admiralität über die Ankunft der Spee unterrichtete, suchte Kapitän Langsdorff seinen Botschafter auf, ließ sich die Lage in Europa erklären und telefonierte dann mit Admiral Raeder. Es ging darum: Besteht Aussicht auf Frieden oder nicht? Da ihm der Admiral bestätigte, „dass wir felsenfest damit rechnen, dass der Waffenstillstand zur Beendigung des Krieges führt", war Langsdorffs Entschluss gefasst: er würde sich mit Schiff und Mannschaft hier internieren lassen! Mit Inkrafttreten des Friedensvertrages müsste man sie dann wieder freigeben und heimfahren lassen.

Gedacht – getan. Der diplomatischen Form halber gab Kapitän Langsdorff an, schwierigen Maschinenschaden zu haben, eine Kommission kam an Bord, diesen zu begutachten und ließ sich überzeugen, dass eine Reparatur wegen der umständlichen Beschaffung der Ersatzteile gut eine Woche dauern würde – also Internierung. In dieser Zeit standen Besatzung und Kapitän natürlich nichts aus, denn die Gastfreundschaft der Uruguayer war in der Tat überwältigend freundlich, und als das britische Kreuzergeschwader „als vor der Mündung des la Plata lauernd" gemeldet wurde, tat dieses einer fröhlichen Stimmung keinen Abbruch. Selbst Winston Churchill in London konnte nicht umhin, anerkennend zu schmunzeln. Aber:

„Wenn es wieder losgehen sollte mit dem Schießen, kämpfen wir das Panzerschiff nieder, wenn es auszubrechen versucht, oder es bleibt für immer dort."

Mister Sumner Welles hatte seine Tour in Paris und London absolviert und traf in Berlin ein. Da sein erster Auftrag überholt war, hatte ihm Roosevelt einen neuen durchgeben lassen: Werbung für die Errichtung der Vereinten Nationen. Schon 1918 war dieses Präsident Wilsons Steckenpferd gewesen, damals Völkerbund genannt. Dass er nie verbindlich wirkte und schließlich scheiterte, war kein Grund, es nicht noch einmal zu versuchen. Göring empfing den Amerikaner in Karinhall, das er allerdings erheblich „abgespeckt“ hatte, sowohl personell als auch materiell: Hinweg mit den vielen Bildern und Gemälden, deren Herkunft nicht ganz „koscher“ war, und auch andere Luxusgegenstände kamen in die Abstellkammer. Schließlich sah das Schlösschen nach dem Besitz eines echten deutschen Landedelmannes aus, der von anderen Einkünften als direkter Arbeit lebt.

„Wenn ich mir das so begucke“, sagte Göring, „gefällt es mir besser als vorher.“

Wir bemerken hiermit, dass Görings innere Metamorphose Fortschritte machte; er ahnte nicht, dass die letzte Phase der Wandlung unmittelbar bevorstand.

„Ja“, stimmte Emmy zu, die niedliche Edda auf dem Schoß, „es ist viel zu schade, dass wir mehr in Berlin als hier wohnen. Kannst du nicht mehr Zeit für hier erübrigen? Deine Tochter würde sich auch freuen.“

Konnte er, wusste es nur noch nicht. Sumner Welles, dem Göring von gewissen Kreisen als „ordenbekleckerter Fettkloß“ bezeichnet wurde, war angenehm überrascht. Freilich hatte Göring in einer Woche Amtszeit zehn Kilo Gewicht in Berlin gelassen und war ein sympathisch-aufgeräumt wirkender Geselle geworden. Er fragte seinen Gast nach der Stimmung in den beiden Hauptstädten aus und erhielt die knappe Antwort „freundlich-friedlich“.

„An Deutschland soll es nicht liegen“, versicherte er, „wenn kein Friede zustandekommt, wir wünschen keinerlei Vorteile aus diesem Krieg, wollen aber nicht wieder diskriminiert werden wie 1919. Die Welt sollte gelernt haben.“

Welles‘ Vorstellungen zur Errichtung der Vereinten Nationen stimmte er zu, auch dem Gründungsort San Francisco. Da Welles sagte, nach Moskau weiterreisen zu müssen, „mit einer Sonderbotschaft des Präsidenten“, gab Göring nun seiner Besorgnis über das mögliche Verhalten Stalins Ausdruck.

„Ihm passt unser Friede nicht, glauben Sie’s mir. Je mehr ich mich in die deutschrussischen Verträge vom August hineinlese, desto unwohler wird mir. Westeuropas Krieg ist Stalins Vorteil. Wer weiß, was uns noch bevorsteht.“

Dass die Regierung bereits beschlossen hatte, die Verträge sofort nach Friedensschluss aufzukündigen, ließ er nicht durchblicken.

Zeitgleich mit dieser wichtigen Unterhaltung konferierte von Weizsäcker mit dem japanischen Außenminister, der ihm östlich-unübliche Vorhaltungen wegen „des deutschen Verrats an der gemeinsamen Sache der Achse“ machte.

„Jetzt wird auch Mussolini abfallen oder gestürzt, so dass Japan allein gegen die Vereinigten Staaten steht.“

„Stellen Sie sich doch nicht gegen sie“, riet von Weizsäcker.

„Sie wollen unsere Entwicklung in Asien behindern.“

„Die Zeit des alten Imperialismus und der Eroberungen ist überholt“, dozierte von Weizsäcker unerschüttert, „werden Sie doch Industrie- und Handelsmacht und überfluten Ihren Erdteil mit Waren aller Art, Autos, Kameras, Radiogeräte zum Beispiel.“

„Wenn Deutschland aus der Achse ausscheidet, so ist das ein Vertragsbruch.“

„Wir können nicht anders. Die Achse ist ein Unternehmen zur Gefährdung des Weltfriedens...“

„Woher mit einem Mal die Moral!“

„...und Deutschland klinkt sich aus.“

„Wir werden uns entsprechende Maßnahmen vorbehalten.“

Von Weizsäcker schaute wie „Was wollt ihr schon machen?“ drein und zuckte mit den Schultern. Es war einfach ganz klar und unvermeidlich, dass das neue Deutschland alle von Hitler abgeschlossenen Auslandsverträge auflösen musste...

Und schon trafen in diesen Tagen in Den Haag die Vorausabteilungen, Einzeldiplomaten und Bürokraten der Friedensdelegationen ein, um Vorbereitungen zu treffen, denn am Freitag, 17. November, sollte es ja losgehen. Man rechnete allgemein mit einer kurzen Verhandlungsdauer, drei bis vier Tage nur, dann müsste alles unter Dach und Fach sein. Königin Wilhelmina gedachte ihre Eröffnungsansprache als „letzte Mahnung zum Frieden" zu halten, musste sie jedoch auf Sonntag den 19. verschieben. Denn Geltungsdrang, Heimtücke und Rache erhoben sich noch einmal, den Friedensprozess zu behindern! Was war geschehen?

Ein glatter Fehler Hermann Görings, „meiner Gutmütigkeit entsprungen", zeigte fatale Folgen. Zur Beisetzung Hitlers hatte er Exminister Joseph Goebbels „Urlaub" gestattet, den dieser „kleine Satansbraten" nicht nur zur Fahrt nach Braunau nutzte, sondern auch zu einem Treffen mit dem überall bekannten amerikanischen Zeitungskorrespondenten William Shirer, mit dem er in München zusammentraf und der ihn bis Berlin im Zug begleitete. Diese Fahrt hatte es in sich.

„Diese Texte hier", sagte Goebbels, „gebe ich Ihnen nur unter einer Bedingung – nein, kein Geld, wie Sie denken, ich seh's Ihnen ja an. Sie müssen, hören Sie, müssen am 17. in Ihrer Zeitung und auch anderswo, wie Sie wollen, erscheinen. Nicht eher, nicht später. Können Sie das zusagen?"

„Wenn ich die Sachen überhaupt bringe, ja."

„Hier, lesen Sie."

Die beiden Schelme kannten sich schon lange und wussten, was sie voneinander zu halten hatten. Shirer überflog die Texte und erkannte sogleich ihre Brisanz, war aber nicht wie Goebbels überzeugt, dass sie die Friedensverhandlungen zu Fall bringen würden; deshalb auch ging er auf den Handel ein. Goebbels hatte vor, die komplette neue Regierung zu diskriminieren, sie zu stürzen, um selbst mit der alten Naziclique wieder einzusteigen, aber Shirer erkannte, dass dieses nicht glücken könne, etwas anderes aber wohl: Göring zu erledigen. Denn gegen diesen wurde das Komplott hier geschmiedet, so dass eine erschreckte und verschreckte Weltöffentlichkeit am Morgen des 17., kurz vor der feierlichen Eröffnung der Friedenskonferenz, diese Überschriften lesen musste:

„Nicht mit Hermann Göring!"

„Keine Verhandlungen mit einem Nazi-Gangster!"

Im Nu traten die drei Verhandlungsführer Außenminister Lord Halifax, Außenminister Georges Bonnet und Konrad Adenauer zusammen und vertagten die Verhandlungen auf Montag den 20., ohne die Zeitungsartikel genau gelesen zu haben. Besonders die Briten waren viel zu erfahren im Zeitungswesen, um alles für bare Münze zu nehmen, was gedruckt wurde, aber dieses Mal schien es klug zu sein, so zu reagieren. Prompt erfuhr Halifax per Telefon von seinem Chef Chamberlain, dass in England die Empörung groß sei „und Göring weg müsse", wenn überhaupt verhandelt werden solle; gleiches war aus Paris zu hören. Niemand machte der deutschen Delegation einen Vorwurf, man wies nur auf die Empfindlichkeiten hin, die in Sachen alter Nazis herrschten. Das war der Wink mit dem Zaunpfahl, von Adenauer, Canaris und von Weizsäcker wohlverstanden, und sie reisten ab.

Als Hermann Göring am Nachmittag das Londoner Blatt von Dolmetscher Schmidt vorgelesen bekam, verfärbte er sich weiß und rot und schien in seine alte, hinter sich gelassene Unart des Lospolterns und ungerechten Schimpfens zurückfallen zu wollen. Aber dann wurde er ruhiger: Hatte Emmy nun doch recht mit ihrer Ansicht, dass man der Vergangenheit nicht davonlaufen könne, zumal einer unsauberen nicht? Dass er abtreten müsse, um einer mehr lauteren Person Platz zu machen, war selbstverständlich; sollte der Ruch an ihm haften bleiben, den Friedensprozess, wie gewisse Individuen es wohl mochten, zu torpedieren?

Kurz und gut: Am Abend besaß Deutschland einen neuen Präsidenten, „nur interim", wie er sich ausbedungen hatte, „bis aus freien Wahlen eine neue Regierung hervorgegangen ist“ – General Ludwig Beck, der zugleich zum Oberbefehlshaber der Wehrmacht benannt wurde. Gegen ihn konnte niemand im Ausland Einwände erheben, so dass der endgültige Beginn der Konferenz von Den Haag für Montag feststand.

Für die Niederwerfung Hermann Görings und seine Rache an ihn hatte Joseph Goebbels tief in der Vergangenheit gewühlt. Er selbst war ja über alle Untaten der Nazizeit informiert und hatte sich stets alles zurechtgelegt, um es im gegebenen Augenblick zur Hand zu haben. Weite Passagen der Texte, die Goebbels ihm anvertraute, hatte Shirer unverändert veröffentlicht; es war gar nicht notwendig, sie weiter aufzumöbeln:

„Sogleich nach dem 30. Januar 1933 war Göring der eifrigste Installateur unseres Systems, da er nichts anderes im Sinn hatte, als sich einen eigenen Machtapparat aufzubauen. Seine Stellung als preußischer Ministerpräsident war hierzu bestens geeignet. Skrupellos entfernte er in der ersten Woche alle Juden aus seiner Behörde, ohne Rücksicht darauf, ob sie auf der Straße landeten oder nicht. Er ist nach meinem Wissen nicht nur der eigentliche Schöpfer der Geheimen Staatspolizei, sondern auch der erste Errichter von Konzentrationslagern, um jede Opposition gegen seinen Herrn und Meister im Ansatz zu zerschlagen. Für sich selbst baute er das sogenannte Forschungsamt auf, das nichts anderes als eine riesige Abhörzentrale war, die alle ausländischen Botschaften bespitzelte und auch Politiker und Diplomaten in ihren Hotelzimmern. Man muss betonen, dass Göring in der ersten Zeit mit Leuten wie Himmler und Heydrich, die er heute als Verbrecher verfolgt, sehr gut zusammenarbeitete. Sie entzweiten sich erst, als sie Konkurrenten wurden. In den Reichstagsbrand bald nach der Machtergreifung soll, ich betone soll, da er nie aufgeklärt wurde, Göring seine Finger gesteckt haben, es wäre ihm zuzumuten, da das Ereignis den Anlass bot, gegen Kommunisten und Sozialdemokraten offen vorzugehen. Göring war eifrig an den Verfolgungen beteiligt, um sich bei Hitler Liebkind zu machen. Aus gleichem Grund machte er am

30. Juni 1934 bei der Verfolgung der SA mit und erteilte persönliche Mordbefehle für ganz bestimmte Personen. Aber das Schlimmste war wohl, dass er seine Machtposition in der Wirtschaft, als Beauftragter des Vierjahresplans zum Beispiel, zu ganz gewaltigen Bereicherungen zu nutzen verstand, Unterschlagungen größten, bisher nie dagewesenen Maßes sozusagen. Auch mit der Gründung der seinen Namen tragenden Industriewerke in Salzgitter scheffelte Göring Vermögen beiseite, um sich in der Nähe Berlins ein Schloss bauen und in Berlin selbst Immobilien raffen zu können. Was ihm vom beschlagnahmten jüdischen Vermögen gefiel, riss er an sich, ‚für'n Appel und Ei" nur, wie man in Berlin sagt. Es gab kein Vorkommnis, das Göring nicht mitgestaltete: den Sturz der beiden Militärs Blomberg und Fritsch zum Beispiel, wohl weil er hoffte, deren Positionen auf sich vereinigen zu können. Aber der Führer enttäuschte ihn. Zynisch war seine Idee, der deutschen Judenschaft nach dem Pogrom vom 9. November 1938 eine Buße von einer Millarde Mark aufzuerlegen. Er war jetzt der alleinige Scharfmacher gegen die Juden, einzig zu dem Zweck, ihre Besitztümer einzukassieren. Und am 12. November des Jahres drohte er ‚der gesamten Judenschaft' für den Fall, dass es zu einem Krieg käme, ‚die große Abrechnung an'. Und, wichtig für die Leser im Ausland, Görings sogenannte Friedensbemühungen im August 1939 über den Schweden Birger Dahlerus dienten der Abwendung des Krieges mit den Westmächten, nicht dem polnischen. Auch jetzt will er sich der Welt als Friedensapostel verkaufen, aber das soll ihm nicht gelingen..."

Wenn auch die westliche Welt von Goebbels vielleicht noch weniger hielt als von dem hier Beschuldigten und ihn als Lügenminister und Großmaul kannte – über diese Anwürfe konnte man nicht einfach hinweggehen. Die Friedensgegner jubelten und waren überzeugt, die Verhandlungen zu Fall gebracht zu haben. Aber ganz unabhängig davon, wie die beiden westlichen Regierungen entschieden, - mit oder ohne Göring -, und dem

Druck ihrer Bürger nachgegeben hätten: Die Deutschen reagierten anders als erwartet, nämlich nicht hartnäckig sich sträubend, sondern klar und konsequent mit der Verabschiedung ihres Präsidenten von der politischen Bühne; und zwar für immer und im allseitigen Einverständnis.

„Das beweist doch“, sagte Herr Chamberlain, „dass sie aufrichtig friedenswillig sind und kein doppeltes Spiel treiben. Oder?“

Diese Frage galt dem Franzosen Daladier.

„Ja“, bestätigte dieser, „wir sollten uns nicht von kruden und doofen Querschießern und Unterminierern vom Weg abbringen lassen.“

Es blieb also dabei: Am Montag ging's los mit den Verhandlungen.

Hermann Göring war eigentlich nicht gewillt, auf Goebbels' Anwürfe öffentlich Stellung zu nehmen. Sie wurmten ihn zwar maßlos, auch merkte er jetzt schmerzlich, dass er seine Vergangenheit nicht einfach wie die Uniform ablegen konnte, aber er bekam Gelegenheit zum Kontern. Britische und amerikanische Zeitungsleute haben nämlich die Angewohnheit, eine interessante Sache möglichst lange am Kochen zu halten, und das geht am besten, „wenn man sie auf dem Herd stehen lässt“ – also dem oder den Beschuldigten die Chance zu Entgegnung und Widerlegung gibt.

„Herr Shirer hat angerufen“, sagte Emmy, „und gesagt, dass er dich morgen gerne interviewen möchte.“

William S. Shirer war ein hartgesottener Journalist echt amerikanischer Prägung, der wusste, wie Prominente und andere Leute zu behandeln sind. Er war als „Neutraler“ bisher bei der Nazihierarchie gut angesehen, denn Hitler hatte ja nichts ferner gelegen, als mit den USA in einen Krieg zu geraten. Treffen in Hotelzimmern, Wohnungen und Edelkneipen wie Horcher waren seine Spezialität, und darum war er stets gut informiert. Aber er hütete sich doch, allzu Vertrauliches und Privates weiterzugeben, denn dann konnten Quellen rasch versiegen. Hermann Göring war ihm als Mensch bekannt, der ungemein liebenswürdig sein k o n n t e, wenn er wollte, man musste ihn nur richtig anpacken. Das sollte nun geschehen.

„Herr Ministerpräsident“, lautete die Anrede, denn ein preußischer war Göring ja noch, „ich hoffe nicht, Sie mit dem Artikel Goebbels‘ vergrellt zu haben.“

„Sie haben nur Ihren Beruf ausgeführt“, sagte Göring jovial, „ich hätt’s auch nicht anders gemacht.“

„Wollen Sie Stellung beziehen?“

„Das kann ganz schnell gehen, Herr Shirer“, antwortete Göring, „denn ihr Amerikaner liebt ja kurze und präzise Antworten. Wissen Sie, unsere Berliner haben für Typen wie Goebbels ein nettes, gemeines Sprichwort, das ich nicht hersagen, nur inhaltlich zitieren möchte. Es besagt, sich vor ‚Klumpfüßlern‘ und ‚Hurenböcken‘ in acht zu nehmen, besonders wohl, wenn beide in einer Person komprimiert sind. Aber Spaß beiseite. Wenn er der Wahrheit wegen diese Offenbarungen über mich gemacht hätte, würde niemand etwas dagegen haben, aber Rachsucht und Selbstbefriedigung waren seine Triebkräfte.“

„So schlagen Sie doch mit der Wahrheit zurück.“

„Über ihn, diesen Wurzelzwerg?“

„Über ihn und über Sie.“

„Werde mich hüten. Ich bestreite gar nicht, dass wir alle uns unter der Führung Hitlers unmenschlich benommen haben und ich bin bereit, mich vor einem deutschen, hören Sie, deutschen Gericht zu verantworten. Wenn sie mir dann den Kopf abhacken oder unter denselben einen Strick montieren wollen – bitteschön!“

„Hermann! Sprich nicht so“, bat Emmy.

„Wollen Sie der Macht endgültig entsagen?“, fragte Shirer.

„Ja“, antwortete Göring, „spätestens mit der Konstituierung unserer neuen Verfassung werde ich alle politischen Ämter niederlegen.“

„Und danach?“

„Werde ich wohl in einem demokratischen Wahlkampf mitmachen. Mal sehen, wen und was das Volk wählt."

„Welche Aussichten geben Sie den morgen beginnenden Verhandlungen?"

„Die besten, die möglich sind."

Nachdem Shirer noch ein paar Fotos von Karinhall und seinen Bewohnern geschossen hatte, aß man zu Mittag, um dann in die Schorfheide zu fahren und einen Hirsch zu schießen.

„Ich sehe das viele Personal nicht", sagte Shirer, „das Sie, wie man munkelt, beschäftigt haben sollen."

„Ich habe alle Leute entlassen außer dem Gärtner, der Köchin und einer Haushaltshilfe, die wir schon lange haben und die mit meinem Aufstieg nichts zu tun haben."

Nach einer Weile fügte Göring hinzu:

„Da haben Sie im Kleinen, was im Großen auf uns zukommen wird, was die Leute bisher keinesfalls ahnen: Arbeitslosigkeit. Ein diktatorisches System, auch bei Stalin ist es so, kann sich Arbeitslosigkeit nicht leisten und stellt dann überall, in Behörden, Dienststellen, Verwaltungen und staatseigenen Betrieben jede Menge Leute ein, die nur so herumwuseln und werkeln und das Problem Arbeitsplätze herunterspielen. Es wird desto schlimmer werden, je mehr die Rüstungsproduktion, wie wir alle es wünschen, heruntergefahren wird."

Sie saßen bis zur Dunkelheit auf einem Hochsitz, sahen und schossen aber nichts.

„Dem Kaiser", sagte Göring, „trieb man früher die Viecher vors Rohr. Die Brunft ist vorbei, baumen wir ab."

Shirer hatte vorgehabt, nun fortzufahren, aber Göring hielt ihn mit dem Hinweis fest, dass sein Nachfolger, der neue Reichspräsident zum Abendessen erscheinen werde – das konnte er sich nicht entgehen lassen.

Reichspräsident Ludwig Beck hatte sowohl den „Generaloberst" als auch dessen Uniform zu Hause gelassen und erschien in Zivil. Er war ein sympathisch-asketischer Mann, eigentlich, was Umgangsformen und Auftreten anbelangte, einer des 19. Jahrhunderts, das ja, laut Ansichten gewisser Kreise, erst 1918 beendet wurde.

Weil Canaris und von Weizsäcker im Haag weilten, gedachte er sich bei seinem Vorgänger über die Einzelheiten der deutschen Friedensbedingungen zu informieren, die er bisher nur grob kennengelernt hatte. Shirer kannte Beck nicht, hatte insgeheim auch, ganz verständlich, starke Vorbehalte gegen „diese vielen deutschen Militärs", die immer und überall gegenwärtig waren, aber mit Beck lernte er einen Vertreter dieser Gattung Mensch kennen, der ihm sogleich sympathisch wurde. So kam an diesem Abend ein Interview mit ihm zustande, das Beck, der im Ausland eine unbekannte Größe war, mit einem Schlag ins Licht der Öffentlichkeit rückte.

„Eigentlich", sagte Beck zu Shirer, „lohnt sich der ganze Aufwand um mich nicht, denn ich möchte ja nur ein Lückenfüller sein, der abtritt, wenn hier bei uns in Deutschland normale Verhältnisse eingekehrt sind."

Aber dann nutzte er als alter Taktiker und Stratege die Möglichkeit, der Welt die Umstände seiner Verabschiedung durch Hitler, die in Wirklichkeit sein Rücktritt war, und das Verhalten Hitlers während der tschechoslowakischen Krise von 1938 bekanntzumachen.

„Ich ließ Hitler warnen und prophezeite, dass es zum Krieg mit Großbritannien und Frankreich kommen würde. Hitler interessierte dies gar nicht, wie er ja überhaupt nicht auf jene Leute hörte, - Botschafter, Wirtschaftsführer, wir vom Generalstab -, die ihm permanent widersprachen. Er hatte uns Militärs schon früher verkündet, und zwar sogar sehr zutreffend, dass Deutschland nicht vor 1941 genug gerüstet sei, um einen Krieg zu führen; wir hatten dieses akzeptiert. Jetzt plötzlich, 1938, sollte das anders sein? Aber ich irrte ja, es gab keinen Krieg, was unseren Generalstab in Hitlers Augen zur Marionettenbande herabwürdigte. Aus verlässlicher Quelle weiß ich, dass Hitler wütend war, weil die Sudetengeschichte friedlich ablief, ‚nicht noch einmal', so Hitler sinngemäß, ‚wird mir jemand einen Krieg vermasseln können'. Und darum verheimlichte er seinen Generälen und sonst jedermann auch, dass sich seine Forderungen an Polen nicht auf Danzig und den Korridor beschränkten. Näheres wäre vielleicht zu erfahren, wenn nach Friedensschluss eine internationale Kommission sich die Herren Ribbentrop, Himmler und Hitlers engste Freunde unter den Gauleitern vornimmt und sie unter Eid verhört. In Kumpelkreisen redete Hitler nämlich erstaunlich offen, weil seinesgleichen ihn inspirierte und redselig machte."

Diese am übernächsten Tag erscheinenden Aussagen brachen wiederum eine Zacke aus Hitlers bröckelnder Krone.

Die Verhandlungen in Den Haag

Die lockere Atmosphäre kündigte es an: Diese Verhandlungen m ü s s e n gelingen! Wer wollte im Angesicht einer erwartungs- und hoffnungsvollen Weltöffentlichkeit den Mut haben, sie scheitern zu lassen? Mit Genugtuung registrierte die freie Welt, dass Deutschland sich seiner meistbelasteten Personen entledigt und zu den Verhandlungen integre Männer geschickt hatte; die hitlerartverwandten Regierungen grollten freilich: Sowjetunion, Italien, Spanien - Diktatoren sahen ihre Felle davonschwimmen und fürchteten, demnächst von den Demokratien unter Druck gesetzt zu werden, wenn die neuen Vereinten Nationen sich eingerichtet hatten. Von den drei Hauptpersonen der deutschen Delegation war nur Admiral Wilhelm Canaris im Ausland einigermaßen bekannt, wie ja unter Agenten und Spionen so etwas wie eine gewisse Kollegialität herrscht. Konrad Adenauer kannten einige Stadtpolitiker Europas als tüchtigen, energischen, ehemaligen Oberbürgermeister von Köln, während Freiherr von Weizsäcker nur denjenigen britischen Stellen bekannt war, die mit deutschen Regimegegnern vor Ausbruch des Krieges zusammengetroffen waren. Die ersten Begegnungen mit den Verhandlungspartnern der Gegenseite waren in gutem Einklang und voller Gleichberechtigung verlaufen - welch' ein Kontrast zu 1919!

Königin Wilhelmina der Niederlande versuchte in einer kurzen Begrüßungsrede die Stimmung zu nutzen, indem sie zur Versöhnung und Mäßigung riet, ohne die kein dauerhafter Friede gesichert werden könnte:

„...Wenn wir auch heute noch nicht wissen, wer das Deutsche Reich von seinem Diktator befreit hat, - er sollte dereinst als Held in die Geschichte eingehen -, so sollten wir nur die Tatsache werten, welche Konsequenzen das deutsche Volk aus diesem Ereignis gezogen hat..."

Die holländische Regierung hatte alles Interesse am Frieden, denn sie wusste durch ihre Geheimdienste längst, dass der Wehrmacht durch Hitler befohlen worden war, auf die Neutralität Hollands und Belgiens keinen Deut zu geben.

Die vier wichtigsten Verhandlungsgegner der Deutschen waren Lord Halifax, der britische Außenminister und Nevile Henderson, bis Kriegsausbruch Botschafter in Berlin, und der französische Außenminister Georges Bonnet, der vom ehemaligen Botschafter Andre Francois-Poncet begleitet und beraten wurde. Beide Botschafter hatten Deutschland bisher ziemlich viel Sympathien entgegengebracht und waren in Berlin angesehene Persönlichkeiten gewesen; außer bei Hitler, der von Botschaftern und Gesandten „als ewige Friedensmahner" nichts hielt.

Wir wollen hier nicht in die Verhandlungen einsteigen und lassen „unsere Männer" erst einmal bei der Arbeit allein. Rede und Antwort solcher Diskussionen in Worten wiederzugeben, trifft die Atmosphäre kaum, und darum schalten wir uns erst wieder ein, nachdem die Alliierten ihre Bedingungen genau präzisiert haben. In der Zwischenzeit kehren wir nach Deutschland zurück, wo fleißige Männer an der weiteren Demontage Hitlers arbeiten. Denn nach dem „Erfolg" von Shirers Artikel über Hermann Göring schwärmten Reporter und Journalisten in Deutschland aus, teils deutsche, von allen Fesseln befreite, teils ausländische auf der Suche nach neuen sensationellen Enthüllungen. Sie bekamen eine ganz neue Klientel zu spüren: einfache Arbeiter zum Beispiel, die sich ihrer unterdrückten Parteizugehörigkeit zu SPD und KPD erinnerten, diese nie abgeschworen und sie nur aus Existenzangst „vergessen“ hatten. Auch waren die ersten ihrer emigrierten Anführer zurückgekehrt, um die Neugründung der Parteien vorzunehmen.

Da war *Karl Werner* aus Recklinghausen, im Polenfeldzug leicht verwundet, von 1935 bis 1937 zwangsverpflichteter Autobahnbauarbeiter. Ihn wurmte seitdem das Lob bürgerlicher Kreise, dass „Hitler mit seinem Autobahnbau die Arbeitslosigkeit beseitigt und seinen Arbeitern ein gutes Auskommen verschafft habe“.

„Lüge, nichts als Lüge!“, behauptete er dringlich, „typisch Hitlersche Lügerei!“

Der Reporter der Frankfurter Allgemeinen horchte auf und ließ sich diese Behauptung erklären.

„Wissen Sie“, sagte Werner, „wie wir da gehaust und was wir verdient haben?“

Das war im Dritten Reich natürlich nicht bekannt geworden, die Arbeiter selber wurden zum strengen Schweigen verdonnert.

„Wir malochten“, fuhr Werner fort, „bei jedem Wetter mit Schaufel und Hacke für ganze 51 Pfennig in der Stunde. Da gingen die Abzüge noch runter und jene freiwilligen Spenden für allerlei Naziorganisationen, denen man unterworfen war. Dazu täglich 35 Pfennig für ein abscheuliches Mittagessen und 15 Pfennig für die so genannte Schlafgelegenheit, die aus einem schäbigen Strohsack in einer winddurchpfiffenen Baracke bestand. Der Stundenlohn ist kurzerhand innerhalb eines Jahres von 66 auf diese 51 Pfennig gesenkt worden, ohne uns zu fragen und...“

„Und die NS-Arbeitsfront, tat die nichts dagegen?“

„Ach, diese Halunken! Das war doch nicht der Hauch einer Gewerkschaft oder gar einer wirksamen Interessenvertretung für uns. Und als wir uns einmal zusammentaten, um wenigstens für eine bessere Verpflegung zu kämpfen, da rief der Betriebsführer sogleich die Gestapo, die ein paar von uns mitnahm. Wohin wohl, na! Und dabei nennt sich doch Hitlers Partei Arbeiterpartei. Dass ich nicht lache. Nur gut, dass dieses Gesindel weg ist, Gesocks dieses! Schreiben Sie das nur alles für Ihre Leser."

Ähnlich berichtete Agnes Moosmann dem Reporter eines anderen Blattes:

„Ich war in einem Zweigbetrieb der AEG in Berlin, der nur Rüstungsaufträge ausführte. 'Unser Führer hat's eilig', hieß es immer nur und wer nachfragte, warum denn mitten im Frieden, der bekam Gestapobesuch. Zwölf Stunden täglich arbeiteten wir und wurden noch angetrieben, für 35 Mark in der Woche, von denen sie gleich 15 bis 17 fürs Essen, für Beiträge und Spenden, wie sie es nannten, einbehielten. Wer sollte davon leben, wenn er nicht irgendwo einen Schrebergarten besaß - den er sowieso nur sonntags bearbeiten konnte. Teilen Sie das mal Ihren Lesern mit, damit ihnen die Augen aufgehen über das Arbeiterparadies Hitlerdeutschland. Weg mit dem Pack!"

Junge Arbeitsdienstler erzählten, dass sie die blankgeputzten Spaten nur zum Präsentieren benutzt, sonst aber statt Einsatz zu allgemeinen Arbeiten nur eine militärische Ausbildung gehabt hätten:

„Gelände- und Manöverübungen, Hantieren mit dem Maschinengewehr, Weitwurfwettbewerbe mit scharfen Handgranaten, Grabenbau, Panzersperren errichten. Waren das Einsätze für den Frieden?"

Der Reporter einer großen Pariser Zeitung schnappte sich Fritz Todt, dessen Organisation für den Bau des Westwalls zuständig war.

„Herr Minister, ist Ihr Westwall unüberwindlich?"

Für die wahrheitsgemäße Beantwortung dieser Frage holte Todt sich erst einmal die Erlaubnis Becks ein:

„Sprechen Sie nach Ihrem Gewissen."

„Nein“, hieß sie darum, „im Zeitalter von Flugzeugen und Panzern, die immer mächtiger werden, und Sprengwirkungen ungeahnten Ausmaßes ist es ein Anachronismus, Befestigungen zu bauen...“

„Warum taten Sie es?“

„Befehl ist Befehl.“

„Befehle von Hitler?“

„Ja, er schaltete sich sogar in Einzelheiten wie die Bunkergestaltung und den Entwurf von Betonhöckern und tiefen Gräben ein und war stolz darauf, 'als Soldat des Weltkrieges und Architekt zugleich' mehr Sachkenntnis zu besitzen 'als die Herren Generäle und andere Theoretiker'. Er war ein Anachronist allerersten Grades und ganz versessen darauf, alles besser zu wissen.“

Dolmetscher Paul Schmidt, den wir schon kennengelernt haben, verfasste einen Zeitungsartikel über die Vorgänge in der Reichskanzlei am 3. September dieses Jahres:

„...da war am Morgen alles in höchster Spannung, ob die westlichen Kriegserklärungen eingehen würden oder nicht. Ribbentrop sagte salopp, er werde recht behalten, dass sie nicht kämen; Göring, der anders dachte, konnte vor Aufregung nicht still stehen; Hitlers Nerven schienen zu bersten. Göring sagte so etwas wie 'Lassen wir doch das Hasardspiel, mein Führer', bekam aber eine Abfuhr mit 'Habe mein Lebenlang immer Hasard gespielt!' zu hören und schwieg fortan. Wie sie ja alle erbärmlich kuschten, wenn ihr Herr und Meister übelgelaunt war. Dann musste ich ihnen allen die britische Kriegserklärung übersetzen und vorlesen, worauf eine richtige Weltuntergangsstimmung eintrat - sie taten völlig überrascht und so, als seien sie unschuldig an der ganzen Sache. Ribbentrop zerschmolz unter Hitlers unbarmherzig-teuflischen Blicken und musste sich 'Das habe ich Ihnen zu verdanken' anhören. Zeigt dieser Vorwurf nicht Hitlers ganze Untauglichkeit zur Staatsführung? Und doch wäre noch Möglichkeit gewesen, den Krieg zu beenden: Rückzug aus Polen! Doch ein Diktator darf sich nicht zurückziehen...“

Es hieße blauäugig sein zu glauben, dass es Stellungnahmen für Hitler nicht gegeben hätte. Auf sie kommen wir zurück, wenn wir die inzwischen auf dem Tisch liegenden alliierten Bedingungen zum Frieden kennengelernt haben.

Konrad Adenauers trockene, zwar rheinisch eingefärbte aber eindringliche Sprache machte im Haag großen Eindruck, sowohl auf seine Gesprächspartner als auch auf das Publikum. Publikum? Richtig gelesen: Auf Drängen Roosevelts waren die Verhandlungen öffentlich, ein Umstand, auf den schon sein Vorgänger Wodrow Wilson 1919 vergeblich bestanden hatte. „Geheimdiplomatie“ - eine Einrichtung, die das diplomatische Klima der letzten Jahrhunderte vergiftet hat. Eine Kopfwand des Saales war von der Unzahl der Presse- und Filmleute besetzt, an den drei anderen saß das durch Eintrittkarten ausgewählte Publikum.

„Eines möchte ich von vornherein unmissverständlich klarstellen“, sagte Konrad Adenauer, als er zum ersten Mal das Wort ergriff: „Eine Abschiebung der Kriegsschuld auf das deutsche Volk wird es hier nicht geben.“

Er ließ die Pause nicht solange wirken, dass Erinnerungen an 1919 aufkommen konnten:

„Im Namen des deutschen Volkes gestehe ich zu, dass wir uns in leichtsinniger, verblendeter und auch krimineller Weise einem Verführer ergeben haben, der zudem noch sein Verführungsprogramm öffentlich verkündete und es doch mit unserer Hilfe verwirklichen konnte. Sein Appell an die kriminellen Instinkte, die jeder Mensch in sich trägt, hat in nie geahnter Weise Früchte getragen. Für das, was in unserem Land im Namen Hitlers und seiner Clique geschehen ist, wollen wir uns selbst zur Rechenschaft ziehen, und um jenes, das wir dem Ausland angetan haben, wieder gutzumachen, sitzen wir hier beisammen.“

Beifälliges Gemurmel.

„Ich erkläre, dass das deutsche Volk diesen Krieg nicht gewollt hat und gerne auf Danzig und den umstrittenen Korridor verzichtet hätte. Wir haben nur Hitler und einige Männer seines engen Kreises zu verurteilen. Wer mir nicht zustimmt möge bedenken, dass auch seine Gegenspieler zeitweise von ihm geblendet waren und einige ihn sogar für einen großen Staatsmann hielten. Man bedenke auch die Unsinnigkeit des Handelns unserer ehemaligen Gegner des vorigen Krieges: Den hochanständigen Regierungen der Weimarer Republik legte man jeden greifbaren Stein vor die Füße – dem Hitler genehmigte man nach 1933 alles: die Wiedereinführung der Wehrpflicht, die Aufrüstung, den Einmarsch ins Rheinland, den Anschluss von Österreich, den man uns 1919 verwehrte. Ich denke, das genügt. Wir erheben keine Vorwürfe, ich wollte nur einiges in Erinnerung rufen."

Da Beifall hier unangebracht war unterblieb er; aber Schweigen war hier größtenteils Zustimmung. Eines war klargeworden: Hier saßen Deutsche, die auch am runden Tisch zu kämpfen wussten. Die Forderungen der beiden alliierten Mächte waren in elf Punkten zusammengefasst und lauteten sinngemäß:

1.) Räumung des deutschbesetzten Polens und Wiederherstellung seiner westlichen Grenzen von 1939.

2.) Räumung der Tschechoslowakei und Aufhebung der Teilung des Landes, Wiederherstellung der Grenzen von 1938. (Das war bewusst zweideutig).

3.) Keine Reparationen an diese Länder, aber deutsche Beteiligung beim Wiederaufbau und das Angebot wirtschaftlicher Sonderrechte an diese Länder.

4.) Volksabstimmung in Österreich, ob der Anschluss beibehalten werden soll.

5.) Annullierung der deutsch-sowjetischen Verträge.

6.) Endgültiger Verzicht auf die ehemaligen deutschen Kolonien.

7.) Einrichtung einer demokratischen Regierung durch freie Wahlen in Deutschland.

8.) Ein einzurichtender internationaler Gerichtshof urteilt Kriegsverbrecher und Verbrechen gegen die Menschlichkeit ab.

9.) Alle deutschen, polnischen, tschechischen und österreichischen Juden werden entschädigt und rehabilitiert.
10.) Deutschland wird Mitglied der Vereinten Nationen.
11.) Deutschland wird verpflichtet, sich an der internationalen Abrüstung zu beteiligen.

Nach Verlesung und Überreichung dieser Punkte richteten sich aller Augen auf die deutsche Delegation. Aber Adenauer hatte die Devise ausgegeben: Nur sich nichts anmerken lassen! Das war hier auch notwendig, denn ihre Herzen hüpften vor Freude: Nur drei Punkte gab's, die diskutiert werden müssten - Danzig, der Korridor und das Sudetenland. Dafür hatte Adenauer bereits sein Antwortkonzept parat.

Überlassen wir aber die Herrschaften, die sowieso ihr Tagwerk beendet hatten, sich selbst und kehren wir nach Deutschland zurück. Dort verfolgte man in großer Spannung den Verlauf der Verhandlungen und teilte sich sozusagen in zwei Parteien oder Interessengruppen des Für und Wider.

„Es gibt neue Novemberverbrecher", schrieb *Robert Ley*, Jahrgang 1890, Leiter verschiedener Einrichtungen der NSDAP, Emporkömmling, Trinker und 'Würstchen', dem die Felle davongeschwommen waren, „die das Erbe unseres Führers und des Nationalsozialismus an das Weltjudentum verhökern wie faule Äpfel auf dem Wochenmarkt. Wofür sind unsere Jungens in Polen gefallen, für wen hat sich unser Freund Horst Wessel von den Roten ermorden lassen müssen? Für Zivilisten und Bürohengste wie Adenauer, von Weizsäcker und andere. Haben Soldaten wie Ludwig Beck und Erwin von Witzleben nichts anderes zu tun als ihren Kameraden in den Rücken zu fallen? Wie auch alles kommen mag in diesen wunderlichen und verräterischen Zeiten: Die Lichtgestalt Adolf Hitlers wird alles überstrahlen und in den Schatten stellen..."

Ja, diese Herren, die in den letzten Jahren nichts als Kuschen gelernt hatten, nutzten die neue Pressefreiheit weidlich aus. Auf

Kreaturen wie Ley, Goebbels, Ribbentrop und Rosenberg mochte natürlich niemand mehr hören, anders war's schon, wenn die Intellektuellen und Gelehrten ebenso ins Horn tuteten. Jeder von ihnen, der mit wirtschaftlichen und finanziellen Fragen befasst war wusste, dass es ein Weltjudentum nicht gab und dass Deutschlands Juden alles andere waren als Blutsauger und Volksverderber. Auch jene, die nicht direkt gegen Juden polemisierten, weil ihnen die Tonlage rabaukenhafter Nazis misshagte, denen aber deutsche „Rassereinheit“ über alles ging, glaubten nun eine untergehende Weltanschauung verteidigen zu müssen. So *Hans Grimm*, Jahrgang 1875, Autor von *„Volk ohne Raum“*, ein zweibändiges Werk von 1926, das den Nazis manches Propagandamaterial lieferte:

„Nun ist es vorbei mit unseren Elitevorstellungen, die der Führer zu verwirklichen gedachte. Die zweite deutsche Reformation, der Versuch, Luthers Werk durch Rückkehr zum wahren nordischen Wesen zu vollenden, ist gescheitert. Gescheitert durch einen Attentäter oder durch eine Clique derselben, die nur im Interesse rasseunreiner Individuen gehandelt haben können. Aber jammern wir nicht, hoffen wir lieber auf Neues: Dass nach dem Friedensschluss die Staaten Deutschland, England und die USA einen Weg finden werden, als Dreigestirn der nordischen Rasse gemeinsam der Vermassung der Menschheit durch den Bolschewismus entgegenzutreten. Wenn dieses geschieht, war des Führers Opfer nicht umsonst...“

Bei Exreichsjungendführer Baldur von Schirach wurden die mittleren und höheren HJ-Führer vorstellig und baten ihn, sich für den Erhalt ihrer Organisation einzusetzen, „und wenn das H fortgelassen werden muss“. Jeder Deutsche wusste, dass der größte Teil der Jugend mit Begeisterung bei der Sache gewesen war und gern weitermachen möchte.

„Sollen sie wieder auf den Straßen herumlümmeln?“, fragte *Erwin Guido Kolbenheyer*, Jahrgang 1878, Schriftsteller, „wie sie es in der Weimarer Republik getan haben? Erst wir Nationalsozialisten haben doch unserer Jugend Ordnung und Achtung vor dem Leben beigebracht. Bald wird es in unseren Großstädten wieder die berüchtigten Kinder- und Jugendbanden geben, wie sie aus den Vereinigten Staaten ja sattsam bekannt geworden sind..."

Und diese Ergüsse las man im Haag natürlich auch, maß ihnen aber wenig Bedeutung bei, weil demokratiegewohnte Leser wissen, dass in einer freiheitlichen Presse alle - fast alle - Stimmen zu Wort kommen müssen. Bei den Verhandlungen, zu denen wir jetzt zurückkehren, hatten die Deutschen das Wort, sie mussten auf das alliierte Angebot reagieren. Wieder einmal schlug die Stunde Konrad Adenauers, der sie zu nutzen suchte.

Man hatte der deutschen Delegation zugetragen, dass die Gegenseite bereit wäre, deutsche Forderungen auf Danzig und das Sudentenland „wohlwollend anzuhören" und nicht abrupt abzulehnen. Wie weit würde dieses „Wohlwollend" zu interpretieren sein? Was die Deutschen aber nicht wussten, war die Tatsache, dass die Herren Chamberlain und Daladier die Exilregierungen Polens und der Tschechoslowakei gehörig ins Gebet genommen und sie vom Mitspracherecht radikal ausgeschlossen hatten.

„Die elf Punkte", begann Adenauer feierlich und ernst, „sind ein Vorschlag der Menschlichkeit und staatsmännischen Weisheit und nähern sich jener Art von Friedensbedingungen an, wie sie noch vor 1914 üblich waren..."

Spitzen zu verteilen und Pfeile zu schießen - eine Spezialität Rheinländers Adenauer.

„...aber hinzu muss noch die Klugheit kommen, um ein vernünftiges Trio komplett zu machen. Ich meine die Klugheit, künftigen Streitigkeiten schon jetzt die Ursachen zu nehmen. Welche Ursachen hatten wir in diesem Jahrzehnt? Hauptsächlich doch Danzig, den Korridor und das Sudentenland. Sie sind Relikte von 1919, als Klugheit nicht mit im Spiel war..."

Wieder ein Pfeil, ein Giftpfeil sogar!

„...und darum schlägt die Reichsregierung vor:

1.) Zur polnischen Frage: Vollständige Räumung des Landes, soweit es deutschbesetzt ist, und Wiederherstellung in den Grenzen von 1939 ja, unter der Bedingung, dass Danzig durch großzügigen Ankauf oder Ausgleich der Provinz Ostpreußen angegliedert und diese durch einen Eisenbahn- und Autobahnkorridor an das Reich angeschlossen wird. Das Deutsche Reich wäre dann bereit, auf eigene Kosten in Polen soviel Eisenbahn- oder Straßenkilometer zu errichten, wie diese Korridorbahnen lang sind.

2.) Zur aktuellen tschechoslowakischen Frage: Die Deutsche Reichsregierung möchte hier gar nicht in juristischen Spitzfindigkeiten klarstellen, dass die Abtretung des Sudetenlandes 1938 ein rechtlich anerkannter Akt gewesen ist, darum geht es nicht. Sie mahnt stattdessen die Klugheit an, durch Rückgabe dieses Gebietes an die Tschechoslowakei nicht einen Zankapfel für später entstehen zu lassen und schlägt vor, hier genauso zu verfahren wie mit Danzig: Deutschland kauft es der Tschechoslowakei ab.

Zu den übrigen neun Punkten kann ich nur sagen, dass wir sie akzeptieren und dass hierüber nur noch Einzelheiten und Formalitäten zu klären sein würden."

Jetzt gab es doch den ersten richtigen Beifall. William S. Shirer schrieb für die Leser der Welt:

„Jetzt hätte man sich hinsetzen und Nägel mit Köpfen machen können, denn jedermann sah den Engländern und Franzosen an, dass sie erleichtert waren und schwerlich noch ein Nein einschieben könnten. Aber Diplomaten sind ja im Zweitberuf Bürokraten, und denen kann ja nichts langsam genug gehen. Wir müssen uns also in Geduld fassen. Doch möchte ich eine Revolution zugunsten der Deutschen prophezeien, wenn jetzt noch ein Friedensverschlepper sein Maul zu öffnen wagte."

Es war Mittwoch der 22. November, man vertagte sich, um zu Hause zu konferieren, auf den 24., ein Freitag.

Das gab der deutschen Delegation Gelegenheit, gegenüber der Regierung Rechenschaft abzulegen. Konrad Adenauer musste sich von Beck, Canaris und von Weizsäcker vorhalten lassen, telefonisch auch von Göring, der sich einmischte, Punkt 8, „Internationaler Gerichtshof“, voreilig akzeptiert zu haben. Er wäre nicht Adenauer gewesen, hätte er sich nicht herausreden können:

„International wird ja wohl, muss sogar bedeuten, dass auch deutsche Juristen daran beteiligt werden. Sonst lehnen wir später halt ab, Angeschuldigte herauszurücken. Glauben Sie, dass sie dann einen neuen Krieg anfangen?“

Die Punkte 4, 6, 7, 9, 10 und 11 waren rasch abgehakt, Sorge machte Punkt 5: „Die Annullierung der deutsch-sowjetischen Verträge“.

„Außenminister Molotow“, sagte Beck, „hat sich für Freitag angesagt. Er wird nörgeln und Vorhaltungen machen, dass wir aus den Verträgen aussteigen wollen. Er wird Sanktionen androhen. Ich habe das Wirtschaftsministerium beauftragt herauszufinden, wie es mit der gegenseitigen Aufrechnung der Lieferungen steht. Sie wissen ja inzwischen, meine Herren, dass das Handelsabkommen vorsieht, dass wir Kriegsgerät und technische Einrichtungen zu liefern haben und im Austausch Öl und Getreide und Rohmetalle erhalten. Die Konten scheinen ausgeglichen zu sein.“

„Sagen Sie ihm doch einfach“, schlug Adenauer vor, „dass wir das Handelsabkommen gern aufrechterhalten würden, aber den politischen Pakt lösen m ü s s e n, da wir sonst keinen Frieden erhalten werden.“

„Sie werden es nicht wagen“, war die allgemeine Meinung, „uns mehr als mit Worten zu drohen.“

Das Reich war in diesen Tagen und Wochen ein gesetzloses Land: Die alten Gesetze mochte niemand mehr anwenden, neue gab es noch nicht. Zum Beispiel ein Parteiengesetz. Sollte mit Parteigründungen solange gewartet werden, bis es eines gab?

Niemals, meinten alle Gründungsväter und schritten zur Tat. Kanzler *Heinrich Brüning*, Jahrgang 1885, Exreichskanzler der Vorhitlerzeit, Emigrant, aber schon die Koffer packend, ließ bei Adenauer von Amerika her anfragen, „wie's mit einer Neugründung des Zentrums" stehe. „Ohne mich", winkte Adenauer ab, eingedenk der jämmerlichen Figur, die diese Partei einst machte, hauptsächlich aber wohl wegen eigener Pläne: die schon erwähnte Gründung der CDU – „Christlich-demokratische Union". Sie kam voran, aber Bayern kochte schon wieder eine Extrawurst, nämlich die CSU – „Christlich-Soziale Union". Auch die Männer der alten SPD waren im Anmarsch, um bei der Neugründung der Partei nicht zu kurz zu kommen: *Willy Brandt*, Jahrgang 1913, *Erich Ollenhauer*, Jahrgang 1901, *Kurt Schumacher*, Jahrgang 1895, nicht exiliert, sondern frisch aus dem KL entlassen, und *Herbert Wehner*, Jahrgang 1906. Besondere Eile hatten die Männer der alten KPD, die untergetaucht und nicht rechtzeitig nach Russland geflohen waren. Sie wollten nicht abwarten, bis ihre Genossen, die dieses hatten tun können, von Stalin hergeschickt wurden, eine sowjethörige KPD aufzubauen.

„Wer bei Stalin ausgeharrt und alle Säuberungen überlebt hat", war ihr politisches Resümmeé, „ist ein Verräter an unserer eigenen Form der KP und wird ein Knecht Stalins bleiben immerdar."

Eine weitere neue Partei gründeten die Liberalen unter *Thomas Dehler*, Jahrgang 1897, und *Theodor Heuss*, Jahrgang 1884, so dass sich die Parteienlandschaft zu beleben begann. Wer würde später, im allerletzten Rennen, mit dabei sein können?

Auch die von Hitler zerschlagenen kleineren Parteien der Weimarer Republik strebten ihre Wiedergeburt an, ahnten sie doch nicht, dass Adenauer im geheimen schon der Verfechter der 5%-Klausel war, die ihnen den Garaus machen sollte.

„Aus diesem Grund", stellte er Ludwig Beck vor, „sollte die Reichsregierung auf ein Verbot der NSDAP verzichten. Wir müssen sie politisch kaputtmachen."

Inzwischen war eine Kommission zur Ausarbeitung einer neuen Verfassung, die sich an die Weimarer anzulehnen habe, schon einigermaßen vorangekommen.

Über die am Freitag wiederbeginnenden Verhandlungen in Den Haag braucht hier gar nicht ausführlich berichtet zu werden. Beide alliierte Regierungen hatten die bisherigen Abmachungen gebilligt, so dass nur noch Einzelheiten wie die Höhe der beiden Kaufpreise für Danzig und den Korridor und das Sudetenland sowie die Aufwendungen Deutschlands für den inneren Aufbau Polens und der Tschechoslowakei und auch dessen Zeitrahmen. Benesch hatte bei Chamberlain noch einmal sehr gezetert aber nichts erreicht, während Sikorsky durchsetzte, dass Deutschland sofort nach Friedensschluss 25 Millionen Mark herausrücken müsse, damit der Wiederaufbau Warschaus sogleich beginnen könne.

„Schließlich haben sie es viel mehr zerstört, als für die Kampfhandlungen nötig war.“

Das stimmte und die Forderung wurde akzeptiert. Dass es den Deutschen ernst war mit dem Friedenswillen um fast jeden Preis, zeigte ihr Verhalten in den beiden besetzten Ländern. Die Zivilbehörden packten ihre Siebensachen zusammen, einzelne Personen, die wussten, dass ihre Dienststellen im Reich nicht wiedererrichtet werden würden, kehrten mit Familie nebst Sack und Pack zurück, ohne irgendwelche Anweisungen abzuwarten. Manche Pfründe, Drückeberger- und Blutsaugerposten liefen damit aus; für diese Typen galt abzuhauen als erste Überlebenspflicht, ehe ein etwaiger Volkszorn der Besetzten sich ihrer bemächtigte. Dabei gab's denn auch menschliche Tragödien, wenn zum Beispiel liebende Paare zweier Nationalitäten getrennt wurden - sie trösteten sich mit einer besseren, vom Hass gereinigten Nachkriegszeit, in der ein Wiederzusammenkommen möglich wäre; diese Rechnungen gingen zumeist auf. Vor allem in Polen, das ja mehr unter den Deutschen leiden musste als die Tschechoslowakei, drohten in einigen Bezirken Übergriffe der Bevölkerung - aber noch war die deutsche Wehrmacht vor Ort. Auch sie packte zwar und schickte bereits schweres Gerät und Panzer in die Heimat zurück, doch gedachte sie bis zum Abschluss des Friedensvertrages vor Ort zu bleiben. Einzelheiten über den neuen Status Danzigs, die durchsickerten, sahen vor, dass jeder Pole, der wollte, in der Stadt ansässig bleiben und auch seine Staatsbürgerschaft behalten durfte. Schon jetzt zeichnete sich ab, dass viele von dieser Regelung Gerauch machen würden. Zu den letzten Verhandlungen schlug Admiral Raeder vor, das alte Weltkriegs-Linienschiff *Schleswig-Holstein*, das mit seiner Beschießung der Westerplatte in der Frühe des 1. September den Krieg eröffnet hatte, den Polen zu überlassen.

Überhaupt die so genannten „Dicken Pötte", die hier schon einmal erwähnt worden sind, Schwere Kreuzer und Schlachtschiffe, fertig und im Bau! Über sie hatte Raeder mit Hitler erregte Diskussionen auszufechten gehabt, aus denen er, - was ein Fehler war -, als Sieger hervorging. Denn Raeder war 1937 und 1938 noch ein überzeugter Befürworter der schweren Überwasserschiffe gewesen, hatte wenigstens so getan, um sich einmal bei Hitler durchzusetzen. Dieser wollte U-Boote, - „U-Boote, U-Boote und nochmals U-Boote!" -, gebaut wissen, „weil nur mit ihnen gegen England etwas auszurichten ist"; eine seiner richtigen Überlegungen. Dieser Ansicht hatte sich Raeder bis jetzt, Ende 1939, nicht verschließen können, obwohl die Aktionen der fernen Kreuzer - siehe Graf Spee - ganz gut angelaufen waren.

„Argentinien lässt anfragen", sagte Raeder zu Beck, „ob es die Graf Spee nicht kaufen könne, jetzt, wo sie zum Greifen nah vor Anker läge."

„Was gäb's dagegen zu sagen?", fragte Beck zurück, „wollen wir all die schweren Dinger behalten, die noch im Bau sind?"

„Die Spee", schlug Raeder vor, „sollten wir als Referenz deutschen Schiffbaus behalten, sie ist sehr populär, auch im Ausland, und wird später viel für uns tun können. Aber *Prinz Eugen, Blücher* und *Bismarck* sollten wir unbedingt verkaufen. Das bessert

Schachts knappe Devisenkasse auf. Und wenn möglich, kann auch die *Tirpitz* abgegeben werden."

Dieses Thema kam dann noch einmal im Kabinett zur Sprache, wo es mit dem Vorschlag abgesegnet wurde, „nichts gegen ein eventuelles Veto der Alliierten zu unternehmen".

Viele höhere Offiziere und Generäle, die bemerken mussten, dass für sie weiterhin kein Bedarf bestehen würde, bereiteten ihren Abgang in zivile Berufe vor. Nennen wir einige mit Namen, ehe sie in der Versenkung der Geschichte verschwinden: *Johannes von Blaskowitz*, Jahrgang 1883, Chef der in Polen stationierten deutschen Besatzungskräfte; *Fedor von Bock*, Jahrgang 1880, Miteroberer Polens und für den Frankreichfeldzug bereitgestellt; *Ernst Busch*, Jahrgang 1885, sonst wie voriger; *Alfred Jodl*, Jahrgang 1890, Chef des Wehrmachtsführungsamtes; *Wilhelm Keitel*, Jahrgang 1882, Chef des Oberkommandos der Wehrmacht (OKW); *Ewald von Kleist*, Jahrgang 1881, Teilnehmer am Polenfeldzug; *Hans Günther von Kluge*, Jahrgang 1882, wie voriger; *Erich von Manstein*, Jahrgang 1887, Generalstabschef der Heeresgruppe Süd; *Friedrich Paulus*, Jahrgang 1890, Teilnehmer am Polenfeldzug; *Walter von Reichenau*, Jahrgang 1884, Oberbefehlshaber der 10. Armee; *Gerd von Rundstedt*, Jahrgang 1875, Heeresgruppenführer; *Erwin von Witzleben*, Jahrgang 1881, Chef der 1. Armee. In einer Friedenswehrmacht war für diese Herren, teils ältere Semester, kein Platz mehr.

Jetzt, wo bekannt geworden war, dass Deutschland einem neuen Internationalen Gerichtshof zur raschen Aburteilung der Kriegsverbrecher und Verbrecher gegen die Menschlichkeit zugestimmt hatte, jetzt bekamen einige infrage kommende Persönlichkeiten ihr, wie man in Berlin sagt, „Muffensausen". Waren diese Herrschaften bereits dabei, ihre sogenannten Erinnerungen zu verfassen, die ja gewiss in der Hauptsache Rechtfertigungsunternehmungen sein würden, dann bot es sich doch an, überlegten sie, diese vorab zu veröffentlichen. Damit fiele vielleicht manche Anklage schon vor ihrer Erhebung zusammen. So jedenfalls kombinierte Exreichsaußenminister Joachim von Ribbentrop, jetzt wieder Sekthandlungsreisender, der gewärtig sein musste, dass ein oder mehrere Ankläger ihn bereits im Visier hatten.

„Ich tat was ich konnte und für richtig hielt."

So lautete seine Fortsetzungsserie, die er im „Deutschen Beobachter", Nachfolger des „Völkischen Beobachter", vorab drucken ließ. In ihr vollzog der Autor seine Metamorphose vom Kriegstreiber zum Friedensengel, ein durchaus nicht neuer Vorgang in der Weltgeschichte. Zwar gab Ribbentrop zu, auf Göring neidisch gewesen zu sein, wenn dieser als Friedensstifter Erfolg gehabt hätte:

„...aber viel mehr als er bemühte ich mich beim Führer, diesen zur Mäßigung anzuhalten. Ich bekam einen Mordsschreck, als Hitler wütend ausstieß, ihn könne niemand vom Krieg gegen Polen abhalten, denn dieser Feldzug sei nur der Auftakt zum großen Eroberungs- und Landgewinnungszug in den Osten. 'Sie wollen Russland angreifen?', fragte ich atemlos. 'Ja natürlich, wenn's Zeit dazu ist.' 'Aber die Verträge, mein Führer?' 'Kein Papperlapapp, Ribbentrop!', sagte der Führer. Da wusste ich, wes Geistes Kind er war. 'Haben Sie mein Buch nicht gelesen?', fuhr er mich an. Ich beschwor ihn händeringend, vom Polenkrieg abzulassen, jetzt, wo ich wusste, dass es nicht um Danzig allein ging, und bot die Demission an. 'Quatschen Sie keinen Unsinn, Ribbentrop, bei mir gibt's keine Rücktritte, nur Fußtritte.' Das Thema war abgeschlossen, ob ich wollte oder nicht."

Dolmetscher Schmidt sah sich genötigt, die Auslassungen Molotows dem deutschen Reichspräsidenten gegenüber ein wenig abzuschwächen. Aber für seine Erregung brachte er Verständnis auf: Schließlich sah Stalin seine Beute davongehen.

„Unser Vertrag", sagte Molotow gepresst, „sieht auch eine Neuordnung in Osteuropa im Interesse beider Staaten vor."

„Wir haben kein Interesse an einer Neuordnung, wie Sie es nennen, Herr Außenkommissar, und wünschen in Frieden zu leben", antwortete Beck.

„Das ist Vertragsbruch, Herr Präsident."

„Der Vertrag zwischen Deutschland und der Sowjetunion", sagte Beck fest, „ist in höchstem Maß unmoralisch. Solche Verträge müssen nicht gehalten werden."

„Woher plötzlich diese Moralität?"

„Durch Hitlers plötzlichen Tod. Wir empfehlen übrigens dringend, die ins Auge gefassten Weiterungen des Vertrages nicht durchzuführen."

Molotow schwieg verbissen.

„Außerdem", fuhr Beck fort, „bleiben wir an einer Fortführung des Handelsabkommens interessiert. Das dürfte auch für Ihr Land von Bedeutung sein, nicht wahr?"

Molotow hatte noch etwas vorzubringen, das ihm nicht leicht fiel:

„Wird Deutschland dafür eintreten, dass Polen geteilt bleibt?"

„Nein" mochte Beck nicht sagen, „Ja" war ganz unmöglich. In solch' kritischen Fällen pflegen echte Diplomaten zu schweigen oder zu schwindeln; Beck schwieg.

„Und noch etwas", bohrte Molotow, „Russland ist interessiert, dass die Unterzeichnung der Verträge um eine Woche verschoben wird."

Hier konnte Beck keine Zusage machen, wohl aber auf Molotows Frage, ob die KP wieder zugelassen würde. Den Deutschen war klar, dass sie einen unzufriedenen Molotow entließen.

„Warum?", fragte Beck von Brauchitsch und Raeder, „wollen sie die Verträge um eine Woche verschoben wissen? Das kann doch keinen lauteren Grund haben."

Halder berichtete von russischen Truppenkonzentrationen im winterlichen Karelien gegen Finnland. Und Hans Oster, der Canaris vertrat, wusste von beginnender sowjetischer Agitation in den drei baltischen Staaten zu berichten:

„Da braut sich etwas zusammen...“

Wir aber kehren in Gefilde zurück, die häuslich sind und wenig mit hoher Politik zu tun haben.

Im bewussten Haus in Hermaringen, das wir ja kennen, herrschte trotz des Novemberwetters eitel Sonnenschein.

„Du wirst als Held in die Geschichte eingehen“, sagte Mutter Elser.

Jetzt, wo das Kriegsende unmittelbar bevorzustehen schien, konnte sie es kaum abwarten, die Rolle ihres Sohnes der Öffentlichkeit zu offenbaren, und er musste sie fast gewaltsam davon abhalten, auf die Straße zu stürzen und die Sensation hinauszuschreien..

„Noch ist es nicht soweit“, riet Georg Elser, „lass noch Gras über die Sache wachsen, mir ist nicht geheuer, schon jetzt genannt zu werden.“

Wie recht er doch hatte! Natürlich hatten die fieberhaften Bemühungen der Münchner Kriminalpolizei, die frei von politischen Beschränkungen agieren konnte, nicht die geringsten Ergebnisse gebracht. Auf die Veröffentlichung der Abbildung der Uhr hatten sich zwar viele Menschen aus allen Teilen Deutschlands gemeldet, aber zuviel Wichtigtuer waren darunter. Es gab keine weiteren Anhaltspunkte, so sehr man auch den Schutt der Explosion durchsiebte und analysierte und fast jeden Bewohner der Wohngegend befragte:

„Haben sie unbekannte Personen gesehen?“

„Sind Ihnen fremde Autos aufgefallen?“

„Haben Sie Lieferwagen unbekannter Firmen vorfahren gesehen?“

„Haben Sie des Nachts keine ungewöhnlichen Geräusche gehört?“

„Sahen Sie Handwerker, die nicht aus München stammten?“

Immer nur „Nein“. Die vorher verhafteten Mitarbeiter des Bräukellers hatten freigelassen werden müssen. Zwar zweifelten die Beamten daran, dass niemand die Arbeiten an der Säule gehört haben wollte, aber sie kamen nicht weiter. Auch nicht mit der „geistigen Durchleuchtung“ der Angestellten und ihres Umgangs: Gab's ehemalige KP- oder SPD-Mitglieder unter ihnen? Juden gar? Es würde nicht lange dauern, bis die Ermittlungen eingestellt werden müssten.

Inzwischen war des Opfers Grab zu einer Nazipilgerstätte geworden. Auch Eva Braun war stickum da gewesen, hatte Tränen vergossen und Blumen beigelegt - eine von unzähligen Frauen auf Wanderschaft nach Braunau am Inn. War der Hitlerismus tot? Kann ein Volk, trotz augenscheinlicher Anzeichen, so schnell umgedreht und bekehrt worden sein? Ein Volk, das sich jetzt mit einem Eifer auf den Weg zur Demokratie begab, als wenn es hierauf geradezu versessen wäre! Nein, die nationalsozialistische Weltanschauung mochte im Volk gar keine Wurzeln gefasst haben und innerhalb von vierzehn Tagen absterben wie faule Eier, aber das Ansehen Hitlers brauchte mehr, um endgültig und rasch aus den Hirnen der Menschen gelöscht zu werden.

„Wenn das der Führer wüsste!“

Ein häufiger Satz im Dritten Reich, wenn irgendwo Leute beieinander standen und über Missstände und Verdrießlichkeiten sprachen. Sie bedachten dabei gar nicht, dass dieser Ausspruch „ihren Führer“ mehr diffamierte als manche direkte Redensart: Er war doch der Allmächtige und es d u r f t e nichts geben, von dem er nicht wusste! Viele Katholiken Deutschlands kennen die Gräber Heiliger und Seliger beiderlei Geschlechts, die regelmäßig besucht, geschmückt und mit Wunsch- und Dankadressen jeder Art bedacht werden:

„Bitte hilf mir beim Abitur!“

„Hab Dank für Trost in großer Not.“

Und dergleichen mehr. Viele Nazis, ebenfalls beiderlei Geschlechts, wähnten ihren Führer wohl im Himmel, denn Verbannten der Hölle pflegt doch kein Mensch seine geheimsten Wünsche anzuvertrauen:

„Führer, komm zurück und schaffe Ordnung!“

„Mein Führer, warum hast Du mich und meinen kleinen Adolf verlassen!“

„Herr Hitler, sie vertun dein Erbe - strafe sie!“

„Komm zurück, deine Arbeit ist noch nicht zu Ende.“

Aber auch:

„Na, Dölfchen, hat's nicht geklappt mit der Vorsehung?“

„Bombe am Arsch bläst jedem den Marsch!“

„Herr Reichskanzler: Bleiben Sie wo Sie sein mögen - geben Sie uns tausend Jahre Zeit und Sie werden Ihr Reich nicht wiedererkennen!“

Und doch, da waren sich die jetzt Verantwortlichen sicher, bedurfte es nur einer zweiten Wiederauferstehung – „und die braune Flut schwappt zurück“.

Noch am späten Abend des Samstag rief Beck die wichtigsten Männer des Kabinetts zusammen, weil eine neue Lage eingetreten war: In im Sinn gleichlautenden Fernschreiben baten die Mandatsgebiete Tanganjika (ehemals Deutsch-Ostafrika) und Südwestafrika (ehemals Deutsch-Südwest) um Wiederaufnahme ins deutsche Reich. Das eine stand unter britischer, das andere unter südafrikanischer Verwaltung. Sie waren der Auffassung, dass, wenn Deutschland Punkt 6 der Verträge nicht unterschriebe oder vorerst ausklammere, die Angelegenheit realisiert werden könne.

„Welche Kreise oder Persönlichkeiten sind es, die diese Wünsche äußern?“

Diese erste Frage, an das Kabinett gerichtet, blieb unbeantwortet. Wichtiger war freilich die Grundfrage zum Thema:

„Sind Kolonien noch sinnvoll oder nicht?“

Schwerin von Krosigk wusste aus früheren Unterlagen her zu antworten:

„Alle deutschen Kolonien haben bis 1914 dem Reich nur Unkosten eingefahren, obwohl einige Unternehmer an ihnen verdient haben mögen.“

„Das mag durchaus“, sagte der Vertreter des Wirtschaftsministeriums, „heutzutage anders, besser gehandhabt werden können. Besonders unser Export könnte mit Lieferungen dorthin angekurbelt werden.“

Die Militärs hatten ihre eigene Sicht:

„Wir wollen die Kriegsmarine abbauen - wie sollen wir, was ja schon im Weltkrieg nicht gelungen ist, die Kolonien beschützen?“

Auf den wirklichen Punkt kam nur der Weltbürger der Runde, der zu je einem Drittel Deutscher, Däne und Amerikaner war: Hjalmar Schacht, Reichsbankpräsident:

„Es ist zu spät, meine Herren. Überall in den Kolonien der Europäer gärt es doch schon, mal ober-, mal unterirdisch. Sie können mich absetzen, wenn es in den nächsten zehn Jahren nicht zu Aufständen und Freiheitsbewegungen kommt.“

Das gab den Ausschlag: Man beschloss, die Antwort auf die Offerte zu verschieben und morgen wie geplant zu unterschreiben. Ludwig Beck machte sich fein und dann auf den Weg nach Holland. Im Gepäck ein Telegramm aus Doorn mit der Anfrage, „ob es nicht doch besser gewesen wäre, vorher noch Frankreich zu schlagen? Gezeichnet Ihr Wilhelm I.R.“ „Dieser alte Mann in Doorn“, sagte Ludwig Beck später und meinte natürlich Exkaiser Wilhelm, „hat in den vielen Jahren seines Exils offenbar nichts aus der Geschichte gelernt.“

Der Jubel der Welt

Bis zuletzt hatten viele Menschen es nicht glauben wollen: dass am Sonntag, dem 26. November 1939, ein Krieg zu Ende ginge, der alle Zeichen eines zweiten Weltkriegs in sich trug. Selbst die christlichen Kirchen, die sich zu unterstehen hatten, Jubel um den gewaltsamen Tod eines Menschen aufflammen zu lassen, konnten es nicht vermeiden, dass er dennoch zwischen den Zeilen und Reden durchschimmerte. Nur noch einmal im 20. Jahrhundert geschah ähnliches: Vierzehn Jahre später, als Stalin diese Erde verließ, übertönte der Jubel seiner Häftlinge in den unmenschlichen Lagern die Betroffenheit seiner Anhänger um ein Vielfaches. Jetzt waren Friedensgebete nichts anderes als ein Bekenntnis dafür, dass man die Tat des Mörders sanktionierte - denn Ergebnisse zählen in der Geschichte, nicht Theorien. Und schon ertönten die ersten Rufe, vokal und gedruckt, er möge, sie mögen sich melden, um den Dank der Welt entgegenzunehmen; vorerst gab es jedoch darauf keine Reaktionen der angerufenen Leute in Hermaringen.

„Peace for our time!“, wiederholte sich Premierminister Neville Chamberlain und schwenkte das unterschriebene Dokument, Tränen in den Augen und dem Kollaps gefährlich nahe. Blitzlichtgewitter brannten ab. Daladier war aus härterem Holz geschnitzt, und Ludwig Beck tat so wohltuend bescheiden, dass man ihn kaum für einen echten Deutschen halten mochte. Sogar Sikorsky und Benesch waren so vom Geist der Stunde ergriffen, dass sie ihr Groll- und Nörgelgesicht aufheitern ließen und Beck die Hand drückten. Zumal ihnen von ihren eigenen Landsleuten in ernsten und erregenden Gesprächen klargemacht worden war, dass sie es seien, die heute ein ausgezeichnetes, weit in die Zukunft weisendes Geschäft getätigt hätten: die Freundschaft Deutschlands erworben zu haben! War das nicht mehr wert als der Verlust oder Gewinn fragwürdiger Landstriche und Städte?

Im letzten Moment hatte Litauen versucht, das Memelgebiet ins Gespräch zu bringen, war aber abgeblitzt. Das Angebot einer Volksabstimmung wollte Litauen nicht annehmen, wohl wissend, wie es ausgefallen wäre. Am Mittag nach der Unterzeichnung gab es einen großen Festschmaus und -trank in Gegenwart gekrönter Häupter aus Großbrtannien, Holland und Belgien, viel Reden über gute Ab- und Aussichten, die Verlesung der „außerordentlichen“ Grußbotschaft des Papstes *urbi et orbi* und die Verleihung allerlei Orden - Beck lehnte jeden ab. Einzig Konrad Adenauer hätte einen verdient, dachte er, aber dem wurde keiner angeboten. Verlassen wir am besten diese Stätte der Eitelkeiten,

Lustbarkeiten, Intrigen und anderer menschlicher Schwächen und wenden wir uns interessanteren Gegenden der Erde zu.

Zum Beispiel der Hauptstadt Uruguays. Als das Radio die drei Unterschriften aus Den Haag meldete, brach ein Jubel aus, der alle Ratten der Hafenstadt Montevideo in Panik versetzte. Doch wo sollten sie hin? In jedem Winkel der Stadt wurde geschrieen, gesungen und getanzt, Sektkorken und Feuerwerkskörper knallten, und vor allem letztere tauchten den schlanken Schatten der Admiral Graf Spee in farbiges, zuckendes Licht. Dieses Schiff war augenblicklich von der Internierung befreit, natürlich auch seine Mannschaft, so dass Kapitän Hans Langsdorff darangehen konnte, es heimreisefähig zu machen. Von See her, dort wo außerhalb der Hoheitsgewässer das britische Kreuzergeschwader geduldig gelauert hatte, drang der Donner des friedvollen Saluts...

Es würde zu weit führen, die Hauptstädte der Welt abzuklappern, um alle Reaktionen vorzustellen. Wie sich die Bilder glichen: Hochkonjunktur hatten alle jene Zeitgenossen, die Getränke verkauften, Luftschlangen, Tröten und andere Signalhörner, Feuerwerkskörper, die diebische Berufe ausübten und auch jenen, den man den ältesten der Welt nennt. Die Geschehnisse in Deutschland sollten uns am meisten interessieren.

Zum Beispiel diese tolle Sache in München, dem Attentatsort, im Haus der Kunst. Die den Nazis genehmen Bilder waren hängen geblieben, niemand mochte sich an ihnen vergreifen, aber sie hatten Gesellschaft aus der Sparte „Entartete Kunst" bekommen, und nun konkurrierten sie miteinander. Neben *Paul Mathias Paduas* „Der Führer spricht" hing *Max Beckmanns* „Die Loge", auf der anderen Seite *Wassily Kandinskys* „Spitzen im Bogen". Auch Emil Nolde hatte beigesteuert und versicherte eifrig, trotz Verbots weitergemalt zu haben. Gemischt wie die Ausstellung war das Münchner Publikum, das sich an die Freiheit der Kunst erst wieder gewöhnen musste.

An diesem Tag schlug in Deutschland die Kultur sozusagen Purzelbäume. Sie war, wörtlich genommen, entfesselt und begann sich auszutoben. Kehrten die Goldenen Zwanziger zurück? Es sah so aus, hörte sich so an. Die Rundfunksender boten so genannte schräge Musik, Jazzkapellen, - woher hatten die nur so schnell die Noten bekommen? -, spielten in Restaurants und Kneipen und auch die Tanzmusik schlug ins bisher verbotene Amerikanische um. Die Buchhandlungen bewiesen, dass Goebbels doch nicht alle jüdischen Bücher verbrannt hatte, ab morgen würde man sie wieder kaufen können. Wenn es bereits Fernsehübertragungen gegeben hätte, wären gewiss viele Leute zu Hause geblieben, um die Vorgänge in Den Haag verfolgen zu können, aber so genügte ihnen die Radiodurchsage und dann wandten sie sich ihren sonntäglichen Beschäftigungen zu. Für den Abend rüsteten sich Berlin und Wien zu zwei großen Ereignissen: Konzerte der Philharmoniker. In Wien dirigierte Herbert von Karajan Werke von Arnold Schönberg und Gustav Mahler, auch „Entartete", die vorher nicht gespielt werden durften. Österreich stand eine Woche vor der Volksabstimmung zur Anschlussfrage, war aber ganz gelassen und ruhig, da man sich geeinigt hatte, keinen „Wahlkampf" zu führen und die Menschen völlig unbeeinflusst entscheiden zu lassen.

An diesem Sonntag kehrten viele österreichische Juden, die 1938 noch rechtzeitig hatten entkommen können, aus der Schweiz nach Österreich zurück, ohne zu wissen, wie die Volksabstimmung ausfallen wird. In Berlin sollte das Konzert unter Wilhelm Furtwängler Zeichen der Versöhnung und Vergebung setzen. Im Mittelpunkt spielte Yehudi Menuhin Felix Mendelssohns Violinkonzert, das so hinreißend ausfiel, dass ein tränenreiches und ergriffenes Publikum sekundenlang mit dem Beifall zögerte; bis dieser in einem wahrhaften Orkan von Händeklatschen und ekstatischen Schreien losbrach.

Yehudi Menuhin selbst war erst nach zehn Minuten in der Lage, seine Zugabe auszuführen. Er wählte die Melodie des Chorals

„Nun danket alle Gott...“ in schlichtester Fassung, so wie sie eben nur Könner vortragen können. Nach der Pause folgte wie in Wien ein entartetes Werk, nämlich Paul Hindemiths „Mathis der Maler“. So waren also Zeichen gesetzt, dass in Deutschland wieder „alles“ gespielt werden würde. Die Theater humpelten ein wenig hinterher, sie hatten mehr Schwierigkeiten als die Musiker, sich umzustellen und neu einzurichten.

Durch die Provinz Ostpreußen, die wir bisher etwas vernachlässigt haben, ging an diesem Sonntag das große Aufatmen. Zwar hatten ihre Bewohner Gauleiter Erich Koch und seine Sippschaft bereits „zu Paaren gejagt“, wobei es nicht ohne einige ostpreußische Derbheiten abging, aber das Gespenst des Krieges schwebte noch immer über dieser vom Reich getrennten Provinz. Randvölker eines Staates wissen stets um ihre Gefährdung in Kriegsfällen und haben sich einzurichten gelernt. Nach dem Weltkrieg war Ostpreußen noch einmal davongekommen und nur der Umstand, dass auch Russland zu den Verlierern gehörte, hatte es dem Reich erhalten, wenn auch abgenabelt. Als nun ein neuer Krieg drohte und ausbrach, freilich nicht gegen den mächtigen Nachbarn, da sah die Bevölkerung schwarz in die Zukunft. Darum jetzt das große Aufatmen. Waren alle Befürchtungen fortgewischt? Wusste man um Stalins Gier auf die baltischen Staaten? Ein wenig aber nur in bestimmten Kreisen...

Ein paar Fahrstunden südlich von Königsberg hätte die Friedensfreude ebenso ausgelassen sein können wie in Montevideo, denn auch die Polen wissen zu feiern und lautstark zu werden, aber erstens war Warschau ein Trümmerfeld und zweitens lag der Druck des Ungelösten wie Blei auf dem Volk: der sowjetisch besetzte Landesteil. Was sollte mit ihm werden? Warum war er auf der Friedenskonferenz nicht erwähnt worden? Sollte Polen wiederum verschachert werden, gar eine fünfte Teilung stattfinden? Erste Mitglieder der Londoner Exilregierung kamen an diesem Sonntag in Warschau an, Exaußenminister Jozef Beck unter ihnen, aber niemand empfing sie am Flughafen. Denn die

Polen wollten dasselbe wie die Deutschen: Demokratie. Man muss sich in Erinnerung rufen, dass Polen 1939 wie Deutschland eine Diktatur war, mit selbstherrlichen und großmannssüchtigen Männern am Staatsruder, und dass viele Polen der Meinung waren, ein wenig mehr an eigener Einsicht und Vernunft hätte die Deutschen von einem Angriff abhalten können; sie m u s s t e n ja glauben, dass es ihnen tatsächlich um Danzig und den Korridor ging. So bemühten sich jetzt polnische Kreise, ihrer Londoner Regierung in einer neuen Staatsgründung zuvorzukommen. Es waren dieselben Kreise, die auch, trotz allem, eine Bindung an Deutschland einer Anlehnung an die Sowjetunion vorzogen.

Eduard Benesch stand vor einem ähnlichen Problem wie seine polnischen Kollegen. Viele Tschechen wären froh gewesen, ihn außer Landes gehen zu sehen, denn wenn sie gegen sich selbst ehrlich sein wollten, mussten sie zugeben, dass seine Politik gegen die deutsche Minderheit, die immerhin in der neuen Tschechoslowakei von 1918 über drei Millionen Bürger ausmachte, unvernünftig, kurzsichtig und gehässig gewesen war. Nun weinte er, Benesch, diesen Sudetendeutschen nach und sollte doch, nach Meinung einsichtiger Tschechen, froh sein sie los zu sein. Jedenfalls feierte Prag noch ausgelassener als Warschau oder Krakau und schloss sogar die noch verbliebenen Deutschen mit ein. Die Slowakei, die Hitler ja hatte abtrennen und selbständig machen lassen, wurde noch am Sonntag kurzerhand und ohne politisches Hickhack „rückannektiert“, allerdings nicht ohne Prügel, Rangeleien und ein paar Schüsse. *Konstantin Freiherr von Neurath*, Jahrgang 1873, ein harmloser Senior deutscher Diplomatie, aber von Hitler zum „Reichsprotektor von Böhmen und Mähren“, eben der Tschechei gemacht, packte erst, als pflichtschuldiger deutscher Beamter, nach Bekanntgabe der Den Haager Unterschriften seine Koffer und fuhr heim ins Reich, freundlich und milde belächelt von seinen Untertanen verabschiedet.

Noch hatte sich in beiden besetzten Ländern der Deutschenhass nicht richtig entwickeln können, was nach längerer Besatzungszeit gewiss geschehen wäre. In der Tschechei hatten die Deutschen sogar angefangen, die Industriekapazitäten des Landes für die Rüstung einzurichten, was viele tausend Arbeitsplätze schuf oder sicherte - wen wundert's, dass die tschechische Arbeiterschaft gegen die Anwesenheit der Deutschen wenig einzuwenden hatte. Sie fürchtete nun um eben diese Arbeitsplätze. Mit ihr fürchteten sich auch etliche europäische Industriekapitäne: vor der Macht des deutschen Exports nämlich. Der war seit 1933 kontinuierlich und erheblich zurückgegangen, zum einen wegen der Judenverfolgungen, zum anderen weil Hitler die Industrie zwang, Kapazitäten für Rüstungsaufträge freizustellen, was automatisch eine Verminderung des Exports zur Folge hatte. Wie nun, dachte man an diesem Sonntag gar nicht jubilierend, wenn ein von staatlichen Fesseln befreites Germany sich auf seine früheren Fähigkeiten besann und sich mit aller Macht in den Export warf? Andererseits: Wer exportieren will, muss auch importieren. Deutschland müsste, nach allen Berechnungen, einen riesigen Nachholbedarf an Gütern des täglichen Lebens haben.

Hitlers Bestrebungen nach Autarkie, die im Ausland durchaus bekannt gewesen und kopfschüttelnd aufgenommen worden waren, entstammten seiner veralteten Denkweise und wären auch nie durchgesetzt worden - außer: Er hätte seine Pläne der Eroberung Russlands bis zum Ural verwirklichen können. Westliche Industriekapitäne trösteten sich damit, dass Deutschland seine wirtschaftliche Kraft demnächst im Osten und auf dem Balkan austoben würde; eine durchaus richtige Vermutung.

Drei Friedenstage

Beginnen wir die neue Arbeitswoche mit einem fröhlichen Ereignis.

"Muss i denn, muss i denn zum Städtele hinaus..."

Jedem deutschen Seehafenbewohner ein gewohntes Lied, wenn wieder einmal ein großes Schiff den Hafen verlässt; vermutlich ein unsterbliches gar. Kein Wunder, dass es auch im

Ausland, wo Deutsche ansässig sind, sich behaupten kann. Zum Beispiel in Montevideo mit seiner starken deutschen Kolonie. Aber nicht alle Seeleute der Admiral Graf Spee wollten zum Städtele hinaus, denn die wenigen Tage der Internierung hatten genügt, ernsthafte Liebschaften entstehen zu lassen, und zwar in allen Kreisen der Hauptstadt, ob deutsch oder nicht, arm, vermögend oder reich. Zwei Offiziere und ein Dutzend der Mannschaft musterten ab, um sich für immer in Uruguay und Argentinien niederzulassen. So ließ denn am Montag, den 27. November, die Graf Spee die Maschinen an und dampfte unter oben angeführtem Lied, Jubel-, Heil- und Abschiedsrufen, Kummer- und Freudentränen und wehenden Fahnen aus dem Hafen ins offene Meer; das Hakenkreuz war aus der Reichskriegsflagge herausgeschnitten worden. Draußen auf See stand noch die britische Exeter, die Spee ging so nahe an ihr vorüber, dass die angetretenen Mannschaften sich erkennen und anrufen konnten, und übers Wasser schallte „God save the King“ in höchster Lautstärke. Wenn auch Seeleute sich gern schlagen mögen, wie man so verklärend sagt, hier waren a l l e froh, es nicht tun zu müssen. Es ging auf Kurs Heimat...

Auch die deutsche Delegation kehrte heim. Grund zum Jubeln gab es ja genug, aber Beck lehnte es strickt ab, „groß“ empfangen zu werden, jetzt, wo man die Zeiten pompöser Selbstdarstellungen glücklich hinter sich gebracht hatte. In einer kurzen Radioansprache gab er jetzt den Frieden und seine zahlreichen Bedingungen offiziell bekannt und mahnte zu Eintracht, Zusammenwachsen, Vergebung, fleißiger Arbeit mit „Gürtelengerschnallen für eine geraume Zeit“ und zu einem moralischen Neuanfang, „um der Welt zu zeigen, dass das Dritte Reich nur eine Episode der Verirrung gewesen sei“.

Diese Woche stand ganz im Zeichen der Innenpolitik: Noch vor Jahresende sollten Wahlen abgehalten und der neue Reichstag errichtet werden. Provisorisches könnte man später nachholen, Missratenes ausbessern, Ungerechtes berichtigen. Der deutsche Hang zur Uneinigkeit zeigte sich in Verfassungsfragen besonders deutlich: Viele bewährte Männer aus der Weimarer Zeit und aus den im Entstehen begriffenen politischen Parteien wünschten einen straffen, zentralisierten Staat, in dem die Länder, zum Beispiel das mächtige Preußen, eine untergeordnete Rolle zu spielen hätten. Aber da machten die Separatisten aus Passion nicht mit: Bayern und Sachsen. Sie drohten mit Eigenstaatlichkeit, wenn es kein föderatives System mit großer Selbständigkeit der Länder - Bundesländer sollten sie heißen - gäbe und die beiden genannten beanspruchten sogar den Titel „Freistaat“. Das schien vielen Leuten derber Anachronismus zu sein, aber niemand wollte ernsthafte Streitigkeiten aufkommen lassen. Also würde es eine „Bundesrepublik Deutsches Reich“ mit Bundesländern wie Ostpreußen, Brandenburg, Pommern, Thüringen, Baden-Württemberg, Hessen und anderen geben, die alle einen Landtag mit eigenen Regierungen haben würden.

„Nur das ist wahre Demokratie“, behaupteten die Befürworter dieses Systems.

„Nur das ist wahre Bürokratie“, behaupteten die anderen.

Nun, man würde sehen und Erfahrungen sammeln müssen. Einig wurde man sich über die 5%-Klausel bei Reichstags- und Landtagswahlen, bei den niederen Wahlen sollte sie nicht zur Anwendung kommen. Ebenso schnell wurde man sich über die Neuerrichtung der von den Nazis zerschlagenen Gewerkschaften einig, „je mehr von ihnen, desto besser“; sagten zwar nicht die Unternehmer und Kaufleute, aber diesen ging doch die Erleuchtung auf, dass Arbeitsfrieden die Grundlage für allgemeinen Frieden und hohe Produktivität sei. Den wichtigsten Punkt für die nächsten Monate und Jahre brachte Hjalmar Schacht zur Sprache:

„Unser Staat muss wieder liquid werden.“

Ja, die Inflationsgespenster, deren Nährboden Zeiten n a c h Kriegen sind, flatterten tatsächlich wie abendliche Fledermäuse umher und wisperten den Ängstlichen und Verzagten Böses und

1923 bereits Erlebtes zu. Diesen Untieren von Gespenstern pflegen die Abwertungsunholde zwecks Währungsschnitts zu folgen - Strafe für all' jene, die Gelddrucken leichter finden als Geldverdienen. Hjalmar Schacht war ein radikaler Währungshüter, der heutzutage nur noch Feinde haben würde, und unerschrocken dazu:

„Sperren wir doch für eine gewisse Zeit alle Geldabhebungen bei den Banken!“

Es galt, „Adolfs Rache“ zu entgehen, nämlich finanziellem Chaos infolge dessen chaotischer, amateurhafter Geldwirtschaft der Aufrüstungszeit.

„Mit Chaos sind die Nazis großgeworden.“

Obwohl man mit einem allgemeinen Anstieg der Steuereinnahmen rechnete, sollte doch vorgebeugt werden. Es waren zwar keine Reparationen zu zahlen, aber:

„Bedenken Sie, meine Herren“, mahnte Schacht das Kabinett, „dass wir Gebiete und eine Stadt kaufen statt erobern und auch an Warschau eine sofortige Zahlung leisten müssen.“

Dann schlug er vor, dass ausländische Anleihen, „die uns gewiss bald angeboten werden“, nur vom Staat, nicht von den Ländern, gar den Kommunen, und seien sie Millionenstädte, genommen werden dürften.

„Setzen wir ruhig und gelassen die Demokratie in bestimmten Sparten für eine Weile aus, es ist ja noch Notzeit, und erklären wir alles damit, dass kein Volk, das sich so benommen hat wie das deutsche, ungestraft davonkommen könne.“

Der alte Fuchs erinnerte auch daran, dass nicht nur Privatleute und Firmen der freien Wirtschaft für das den Juden angetane Unrecht wirtschaftlicher Natur aufzukommen haben, sondern auch die öffentliche Hand.

„Sie hat beschlagnahmt und konfisziert noch und noch und wird alles wieder herausrücken müssen.“

Da kam der Postminister mit dem Vorschlag, ein „Notopfer Warschau“ einzurichten: Auf jede am Schalter verkaufte Briefmarke, je nach Wert, einen für die polnische Hauptstadt zweckgebundenen Aufschlag von 2 bis 10 Pfennig zu verlangen. Angenommen. Der Finanzminister schlug vor, auf die Lohn- und Einkommensteuer einen „Solidaritätszuschlag", kurz Soli genannt, von 2,5% zu erheben; Dauer unbefristet, aber mindestens für drei Jahre. Angenommen. Da meinte der Vertreter des Innenministeriums, die Kirchensteuern und Kirchgeldbeiträge würden gewiss steigen, jetzt, da aus der NSDAP aus- und in die Kirchen eingetreten werde.

„Belegen wir doch die an die Kirchen gezahlte Steuer mit einer Nächstenliebesteuer von 10%."

Angenommen, doch sollte diese Steuer einen anderen Namen erhalten.

„Und die Großindustrie, vor allem die Großindustriellen, diese Nutznießer der Hitlerschen Aufrüstung?"

Schacht warnte vor einer stärkeren Besteuerung der Betriebe, der mittleren Kaufleute und des kleinen Handwerks, da diese für die Umstruktuierungen und vielen Anpassungsmaßnahmen der Nachkriegszeit flüssig bleiben müssten, mahnte aber den Finanzminister an, die hohen Steuersätze der Großverdiener rigoros durchzusetzen.

„Sie können besser hundert kleine Einzelhändler durch Steuerlöcher schlüpfen lassen als einen Krupp oder Flick."

Man beschloss dann aber doch, jegliche private Abschreibungsmöglichkeiten für Großverdiener für vorerst zwei Jahre auszusetzen. Dann folgten noch ein Gesetz zum Verbot von privaten Geldüberweisungen ins Ausland und die Anweisung an die privaten Banken und deren Personal, bare Geldabhebungen und -einzahlungen ab 5000,- RM an allen Schaltern registrieren zu lassen - mit diesen gelösten Fragen war die Überstundenkabinettsitzung vom Dienstag beendet.

Am Mittwoch wurden Bestimmungen für eine neuartige Kranken-, Invaliden- und Arbeitslosenversicherung erlassen, im Prinzip in der Art, wie sie noch heute gültig sind, und erste Entwürfe für eine Sozialfürsorge gemacht. Eines sollte nun endgültig festgeschrieben werden: Wer in Not geraten war, ganz gleichgültig aus welchen Gründen auch, sollte Unterstützung erhalten können.

In den ersten drei Tagen dieser Woche tat sich der erwartete Aufschwung bereits in unterschiedlichen Merkmalen kund. Zwar konnte die Bewirtschaftung auf Marken für die meisten Produkte nicht sofort abgeschafft werden, aber wie von wundersamer Hand gelenkt gab es plötzlich Sachen, die vorher ausgestorben schienen. In vielen Städten Deutschlands wurden schon am Mittwoch wieder Märkte abgehalten, auf denen die Landwirte des Umfelds ihre Kostbarkeiten anboten, ohne sich in irgendeiner Form um die Bewirtschaftung zu kümmern: Eier, Butter, Gemüse, Obst, Fleisch. Käse, Brot eigener Herstellung, Würste, lebende Tiere wie Hühner, Enten, Puten und Kaninchen - ein Schlaraffenland für Städter, die bisher zwar nicht gehungert, aber doch einiges vermisst hatten. Die städtischen Läden und Schaufenster füllten sich ebenfalls mit Waren des täglichen Bedarfs, welche die meisten Hausfrauen vorher nie hatten ergattern können; Garderobe und Schuhe guter Qualität zum Beispiel. Denn nicht erst seit Kriegsbeginn war die Verknappung eingetreten, sondern bereits seit 1938, als Hitler die deutsche Wirtschaft auf Kriegsproduktion umstellen ließ.

Weniger augenfällig für die Allgemeinheit war die schon im Gang befindliche Umstellung „echter" Rüstungsfirmen wie AEG, Siemens, Borsig und Krupp, um nur wichtige zu nennen, von Waffen-, Panzer-, MG- und Flugzeugproduktion auf nützliche Haushaltsgeräte wie Kühlschränke, Bügeleisen, Waschmaschinen, eisernes Werkzeug und Kochgeschirre. Fertigungsbänder wurden rigoros stillgelegt, Panzer beiseite geschoben, halbfertige Flakgeschütze abgestellt und Tausende halbfertiger Gewehre eingelagert - Platz schaffen für neue Fließbänder und Fabrikhallen. Ursprünglich ausländische, von den Nazis verstaatlichte Fabriken wie Opel und Ford standen mit ihren amerikanischen Besitzern schon wieder in Verbindung und hatten die Zusage erhalten, „dass Millionen Dollar investiert würden". Mit

Recht sahen sie das neue Autowerk in Wolfsburg als ernstzunehmende Konkurrenz an, zumal es seinen VW- Sparern, die bereits zwanzig Prozent des „Hitler"-Preises von 998 RM angezahlt hatten, die Zusage erneuerte. Alle anderen Interessenten des VW-Wagens mussten mit einem vorläufigen Preis von 1500 RM rechnen. Doch schon ergoss sich eine Flut von Kaufanträgen übers Werk.

Die größten Umstellungsschwierigkeiten würden allerdings Görings liebste Kinder haben: die Flugzeugfabriken. Messerschmitt, Heinkel, Dornier und Junkers sahen sich auf Jahre vollbeschäftigt mit Kriegsflugzeugen und hatten jede Entwicklung ziviler Maschinen zurückgestellt - ein harter Schlag für sie, dieses Kriegsende. Über die Zukunft des zivilen Flugverkehrs mochte kein Prophet verbindliche Aussagen machen.

Wer etwas weniger ausgeben wollte, konnte Optionen auf neue Bücher geben: Offiziell war der Krieg erst seit drei Tagen beendet, aber Kriegserlebnisse waren schon geschrieben und in Druck verabschiedet: Günther Priens „Ich war in Scapa Flow", Heinz Guderians „Panzer in Polen", Erich von Mansteins „So wollten wir Frankreich schlagen" und eines noch unbekannten Autors Werk „Die Kaperfahrten der Admiral Graf Spee". In diesen drei Tagen bis zum 30. November umspann eine umfangreiche Geheimdiplomatie, die ja laut Aussagen der Politiker geächtet, möglichst abgeschafft werden sollte, den Globus in verschiedene Richtungen. Sie war sogar der Diplomatie um die Errichtung der Vereinten Nationen (UNO) vorrangig und eines ihrer Spinnräder stand in Washington. Präsident Roosevelt hatte als Friedensstifter gar nicht recht in Aktion treten können, entgegen seiner komplizierten Denkweise einigten sich die europäischen Kontrahenten in wenigen Tagen.

Nun gab es ein anderes Betätigungsfeld: jene größte Landmasse der Erde, die wir in den letzten Tagen ein wenig vernachlässigt haben, die Union der Sozialistischen Sowjetrepubliken. Dass Stalin grollte, haben wir bereits mehrfach erwähnt, aber noch nicht, dass er kein tolldreister Hasardeur wie Hitler war. Aber gerade seine gemächliche Kaltblütigkeit machte ihn zum jetzt gefährlichsten autoritären Machthaber der Erde. Im August hatten die Westmächte ihm die kalte Schulter gezeigt, als er eine Liga gegen Hitler vorschlug, so dass er sich mit diesem verbündete. Und nun wieder: Man ließ ihn links liegen, als es um wichtige Fragen wie die Kriegsbeendigung und Wiederherstellung Polens ging, also auch um das Gleichgewicht in Europa, das alle Europäer betraf.

„Warum?“, tobte Stalin, „hat man uns nicht nach Den Haag eingeladen?“

Diese Frage ließ ganz offen, ob er Konzessionen in Sachen Polen gemacht hätte oder nicht. Er hatte sich in seinem Besatzungsgebiet bereits soweit unmenschlich engagiert, dass er unmöglich zurückstecken konnte, sollte die Tätigkeit seiner Geheim- und Folterdienste nicht ans Licht der Öffentlichkeit kommen. Zum Beispiel hoffte man in Polen auf die baldige Rückkehr von etwa 4.000 Offizieren, die in den Wirren der letzten Kriegstage in russische Hände geraten waren; und sorgenvoll hoffte man. Roosevelt sah sich bemüßigt, Stalin durch den amerikanischen Botschafter in „sanft-angemessener“ Sprache darauf hinzuweisen, dass die Welt seinen Rückzug aus Polen erwarte. Das sei ein Gesetz der Menschlichkeit gegenüber einem geschundenen Land, dessen Freundschaft Russland mehr bringe als die paar Quadratmeilen kargen Landes, die es jetzt besetzt halte. Diese Vorhaltungen an Molotow sollten am 30. vormittags gemacht werden, und für zwei Stunden später hatten sich die Botschafter Großbritanniens und Frankreichs „zu einem wichtigen Thema“ angesagt.

Ebenfalls zum 30. hatte Josef Stalin die Kommunistische Internationale (Komintern) nach Moskau geladen, um ihre Repräsentanten an die Kandare zu nehmen. Hatten sich doch französische Genossen erlaubt, für einen Rückzug der Sowjetunion aus Polen zu plädieren, öffentlich in den Zeitungen gar, und die deutschen KP-Mitglieder, die ihre Höhlen verließen, hatten ihnen zugestimmt; auch italienische, spanische und finnische, die im Exil lebten. Das war eine bodenlose Frechheit, die man nicht durchgehen lassen durfte. Dieses ahnten wohl auch die meisten der „Frechen“ und sie beschlossen, auf den Urlaub in Moskau, der durchaus lebenslangen Charakter annehmen konnte, zu verzichten. Was aber Stalin am meisten aufbrachte, waren die Meldungen über eine „polnische Mobilmachung“ an der Demarkationslinie. Von Mobilmachung konnte natürlich keine Rede sein, als polnische „Vaterlandsverteidiger“ ab Sonntagnachmittag begannen, dort Posten zu beziehen. Außer Gewehren, Pistolen, ein paar Handgranaten und Ferngläser hatten sie nichts aufzuweisen, diese waren entweder den Deutschen geklaut worden oder in erbärmlichen Zustand. Aber die Russen hatten den Polen längst nicht vergessen, was sie mit ihnen nach dem Weltkrieg zu erleben hatten, als die junge Sowjetunion ums Überdauern kämpfen musste. Niemand kann sagen, ob es zu einer friedlichen Einigung zwischen Russland und Polen, natürlich unter Mithilfe der Westmächte, gekommen wäre, wenn Stalin nicht jenen folgenschweren Fehler gemacht hätte, über den wir im nächsten Kapitel berichten werden...

Ein neuer Krieg

Carl Gustaf Emil Freiherr von Mannerheim, Jahrgang 1867, Marschall, war gar nicht überrascht, als das Unheil über Finnland hereinbrach. Seit jeher misstrauisch gegen den übermächtigen Nachbarn, hatte er auch Vorkehrungen getroffen und war eigentlich noch ganz zufrieden, dass der russische Angriff n u r an der Karelischen Landenge und nicht auf der ganzen russisch-finnischen Front erfolgte. Die Vernunft hätte dem maßgeblichen Soldaten Finnlands allerdings sagen müssen, dass militärischer Widerstand sinnlos sei und nur nutzlose Opfer bringen würde, aber er schätzte Russlands Stärke deswegen niedrig ein, - und ging da mit anderen führenden Köpfen Europas einig -, weil Stalins Säuberungen der russischen Armee nur ein Jahr zurücklagen.

Es sei kurz erinnert, worum es 1938 ging: Stalin fand seine hohen und höchsten Offiziere nicht hörig genug und man hatte ihm eingeflüstert, dass sie beabsichtigten, ihn zu beseitigen. Da kann ein Diktator solcher Prägung natürlich nicht lange fackeln, und in spektakulären Schauprozessen wurden die wichtigsten Offiziere verurteilt und gerichtet. Seitdem hielten die Militärs Europas die russische Armee für amputiert und unfähig zu weitreichenden Operationen, gar aggressiven Charakters.

Am 30. November eröffnete diese russische Armee den Winterkrieg gegen Finnland, um, wie sie argumentierte, „die Karelische Landenge zum Schutz des Leningrader Gebiets in Besitz zu nehmen". Bisher wussten nur wenige Menschen, dass der deutsch-russische Vertrag vom August beiden Mächten Interessensphären zugewiesen hatte, wobei Hitler freilich mehr ans Baltikum als an Finnland dachte, und offenbar wollte sich Stalin vom einmal gefassten Plan der Okkupation auch von der veränderten Lage in Mittel- und Westeuropa nicht abhalten lassen - der vorhin erwähnte Fehler! Wir haben auch erwähnt, dass die westlichen Geheimdienste über Truppenbewegungen im fraglichen Raum unterrichtet waren, aber an eine echte Aggression hatte niemand glauben wollen.

Die Nachricht schlug deshalb in den Hauptstädten wie eine Bombe ein. Großbritannien, Frankreich und die USA reagierten sofort und sagten die Treffen ihrer Botschafter mit Molotow prompt ab und riefen sie nach Hause zurück. Das war schon eine eindeutig ernste Maßnahme, die Stalin hätte warnen müssen. Aber die „Großen Drei", Roosevelt, Chamberlain und Daladier, gingen noch weiter und konferierten kurzentschlossen in San Francisco, wo die Arbeiten zur Errichtung der Vereinten Nationen auf Hochtouren liefen. Die wichtigsten Nationen hatten bereits zugesagt, darunter Deutschland und nun auch Japan, das nach dem Frieden in Europa seine asiatischen Expansionsgelüste zügelte und nach einer Denkpause trachtete.

Während Churchill als Kommunistenfeind und Erster Seelord zwei Schlachtschiffe „zu Manövern" ins nördliche Eismeer gehen und bei Raeder anfragen ließ, ob er nicht seine *Scharnhorst* und *Gneisenau* „zu Besuchen" in baltische Häfen laufen lassen wolle, hielten die genannten großen Drei die erste UNO-Vollversammlung ab, in der sie Sanktionen gegen die Sowjetunion festlegten und die Mitglieder bestimmten, an ihnen teilzunehmen. Ein Ultimatum wurde entworfen und noch am 30. nachmittags Stalin übermittelt.

„Da haben wir es", kommentierte der alte Kommunistenhasser Goebbels die Nachricht vom neuen Krieg, „jetzt müssen unsere Soldaten wieder ran. Das wäre ein Fall für unseren Führer gewesen."

„Habe ich es nicht schon gesagt?", fragte Ribbentrop die Öffentlichkeit, „dass den Russen nicht zu trauen ist!"

„Kaum hat unsere Wehrmacht", tönte Sepp Dietrich, „die Panzer abgezogen, da sollten wir sie wieder hinschaffen wo sie standen. Ich schlage vor, ein Korps aus unseren freiwilligen Wehrmachtsangehörigen zu bilden und den Polen zu helfen, ihr Land zurückzuerobern."

Noch selbigen Tags meldeten sich genügend Soldaten und am nächsten Tag sogar die polnischen Militärbehörden, um die Sache anzugehen. Die Reichsregierung tagte in Permanenz und war uneins darüber, ob und wie reagiert werden sollte; allzu gern würde man sich heraushalten, um den Zorn Stalins nicht auf sich zu ziehen.

Da kam die Offerte der Vereinten Nationen gerade recht, keine Alleingänge zu machen und auch den Polen vor Ablauf des Ultimatums an Russland keine Rückenstärkung zu geben. Churchills mehr locker hingeworfener Rat, durch Kriegsschiffe in der Ostsee Stärke zu zeigen, war allerdings ernst gemeint und wurde von der UNO bestätigt. In aller Eile vereinbarte man daraufhin mit den Staaten Litauen, Lettland und Estland einen „Antrittsbesuch“ dieser neuen Marine und die deutschen Schlachtschiffe Scharnhorst und Gneisenau und der Kreuzer *Lützow* dampften in die Ostsee hinaus. Der Jubel der Bevölkerung der drei Staaten sagte genug über die dortige Stimmung und Befürchtung aus, genug, um den Einsatz zu rechtfertigen. Die beiden erwähnten Schlachtschiffe Churchills kreuzten in Sichtweite von Murmansk und Archangelsk, was dort erhebliche Unruhe hervorbrachte, besonders unter den Gefangenen der dortigen Straflager - sie hofften auf den Sturz des Stalinistischen Regimes. War es Zufall, dass die Rumänen Russland aufforderten, nun über den Status Bessarabiens zu verhandeln?

Stalin jedenfalls sah es nicht als Zufall an. Am Morgen des 30. war er noch sehr frohen Mutes, besonders als die Frontmeldungen besagten, dass die Finnen kaum Widerstand leisteten und nur einige Schüsse abgegeben hatten.

„Sie werden nicht wagen zu protestieren.“

Mit „Sie“ meinte er nicht die Finnen, sondern die Westmächte einschließlich Amerika. Er wusste zwar, dass die Finnen in Deutschland als sympathisch angesehen wurden und von dort Unterstützung erbitten würden, aber:

„Die Deutschen haben nun genug mit sich selbst zu tun.“

Molotow und die Mitglieder des Politbüros waren anderer Meinung, was Stalin, war er guter Laune, durchaus gelten ließ. Er kannte seine kommunistischen Pappenheimer genau, die nur so taten, als interessiere sie die geplante Verbreitung des Weltkommunismus, in Wirklichkeit aber nur um ihre Pfründe fürchteten. Aber vielleicht leitete sie dieses Mal der Instinkt, dass das zweifellos mächtige Russland sich nicht mit der ganzen Welt anlegen dürfe. Sie hatten Stalins Kalkulation mitanhören müssen, vorgebracht im Tonfall der Gewissheit:

„Wenn sie jetzt kuschen, werden sie niemals unseren Rückzug aus Polen verlangen können.“

Und wenn sie n i c h t kuschten? Dann hieße es doch in logischer Weise, Polen aufzugeben! Hätte man sich doch nie mit diesem verdammten Hitler eingelassen! Molotow erhielt den Auftrag, die westlichen Botschafter nach Strich und Faden auszuhorchen - welch' niederschmetternder Schlag für Stalin, dass diese gar nicht erschienen. Der nächste traf ihn mit der Nachricht, dass die Finnen ein ganzes Regiment Rotarmisten in einen fest geplanten Hinterhalt gelockt und niedergemacht oder gefangengenommen hatten. Sie seien, wurde gemeldet, bestens für einen Winterkrieg ausgerüstet und in dem Gelände, das sie natürlich auswendig kannten, den schwerfälligen Truppen der Sowjetunion weit überlegen. Während Stalin noch tobte und Absetzungen unfähiger Kommandeure dekretierte, erreichte ihn das Ultimatum der Vereinten Nationen.

„Vereinte Nationen? UNO?“

Molotow musste erklären und darlegen, dass nicht einzelne Staaten und Regierungen gegen den russischen Einmarsch in Finnland protestierten, sondern dass diese, hauptsächlich und namentlich genannt die USA, Großbritannien, Frankreich, Deutschland, Polen, Kanada, Spanien und Japan, sich zu einem gemeinsamen Protest und vereinten Vorgehen entschlossen hatten:

1.) Die Sowjetunion wird wegen ihres aggressiven Vorgehens gegen das benachbarte Finnland als Aggressor und Störer des Weltfriedens gebrandmarkt.
2.) Die Sowjetunion wird ultimativ aufgefordert, die Kriegshandlungen gegen Finnland sofort einzustellen. Termin: der 3. Dezember 1939.
3.) Im Zuge der Wiederherstellung der Lage Polens vom August 1939 wird die Sowjetunion ultimativ aufgefordert, sich aus den besetzten Gebieten dieses Staates zurückzuziehen. Termin: der 7. Dezember 1939.
4.) Für den Fall der Nichtbefolgung dieses Ultimatums werden sich die Unterzeichner geeignete Maßnahmen vorbehalten.

Das ließ offen, woraus diese Maßnahmen bestehen könnten, aber die Warnung war doch sehr unmissverständlich. Stalin war vollkommen außer sich und jagte seine Männer einschließlich Molotow fort. Er konnte es sich nicht leisten, niedergeschlagen auszusehen und würde über die Entscheidung, wenn das überhaupt möglich war, den Rest der Nacht schlafen müssen. Wie alle martialisch dreinblickenden und auftretenden Alleinherrscher war er eine komplizierte und empfindliche Natur, die sich besonders über das „anmaßende Auftreten" der Deutschen empörte.

Seine Empörung war nichts gegen die der freien Welt. In Großbritannien und Frankreich verlangte die Bevölkerung, gerade aus einem Krieg entlassen, energisches Vorgehen und, wenn dieses nicht nütze, sofortiges militärisches Eingreifen. Gemäßigte befürworteten eine Blockade und wirtschaftliche Sanktionen, aber dem Argument, die baltischen Staaten müssten s o f o r t vom sowjetischen Druck befreit werden, konnten sie nichts entgegensetzen. Dass die britische Navy schon reagierte wissen wir. Jetzt brachte Frankreich zwei seiner neuesten Schlachtschiffe aus dem Mittelmeer zur Ostsee in Fahrt, wo sie vorerst vor der Küste Finnlands verbleiben sollten. Aus Pearl Harbour liefen zwei amerikanische Flugzeugträger unter Bedeckung von Kreuzern aus, um japanische Einheiten zu verstärken, die das riesige russische Reich im Osten bedrohten. Noch am 30. nachmittags ließ die Royal Air Force ein Dutzend viermotorige Halifax-Bomber, die eigentlich Einsätze gegen Deutschland hätten fliegen sollen, betanken und beladen, damit sie am nächsten Morgen auf finnische Flugplätze verlegen konnten. Das waren nun freilich Maßnahmen, die Stalin verstand, wenn auch sein Verstand stehen zu bleiben drohte. Am 1. Dezember jagte eine schlechte Nachricht die andere, nämlich von der finnischen Front her, wo die Finnen den Rotarmisten schwere Verluste beibrachten und sie aufs russische Territorium zurückdrängten.

In den Waldgebieten Kareliens trug die russische Taktik des Vordringens nicht, da die Finnen sich nicht zur offenen Schlacht stellten und lieber aus dem Verborgenen und Hinterhältigen kämpften. Schon am dritten Tag des Krieges war klar, dass die

Russen die Finnen unterschätzt und zu wenig Kräfte mobilisiert hatten; an einen Winterspaziergang hatten sie wohl gedacht. Doch machte sich Marschall Mannerheim keine Illusionen: Schlug er auch jetzt die Russen zurück, so kämen sie demnächst mit riesiger Übermacht wieder, und dann wäre Finnland verloren, zumindest Karelien los. Auch einer Intervention der Vereinten Nationen sah er skeptisch entgegen: Finnland als Kriegsschauplatz?

Wir wissen nicht, was Stalin veranlasste, Punkt 2 des Ultimatums fristgerecht anzunehmen und die Angriffe gegen Finnland zu stoppen. War es die alliierte Drohung rund um sein Riesenreich? Waren es Molotow und seine Kommissar-Kollegen, die dringlich auf Frieden rieten? Aber es kamen noch Meldungen in den Kreml, mit denen die Weitsichtigsten, Klügsten und Schwärzestsehenden nicht gerechnet hatten: Aus dem Süden der Union, wo sich nach aufgeregten und hastigen Telefonaten entmutigter KP-Funktionäre die Völker mit Gedanken der Erhebung trugen. Zur Erinnerung: Nicht erst die Sowjets, sondern schon die Unterdrücker der Zarenzeit pressten ihre Daumen auf die kaukasischen Völker und zwangen sie ins Reich; was sogar in leichterem Sinn auch für die Ukraine gilt. Mochten auch viele Generationen in Abhängigkeit und Knechtschaft lebend vergangen sein - die Freiheitsidee starb hier nie! Wehe dem Moskauer Regime, das Schwäche oder Milde zeigte, es würde Georgien, Tschetschenien und die ganzen kleinen Republiken des Südens sofort verlieren. Auch Stalin war ein Zar, ein bürgerlicher, was ihn nicht hinderte, imperialistisch zu denken und zu handeln.

„Zwei Kriegsschauplätze haben wir schon", sagte Molotow düster, „Polen und Finnland, einen dritten können wir uns nicht leisten. Stehen die südlichen Republiken erst einmal auf, dann haben sie die Sympathien des Westens und vielleicht auch deren Waffenhilfe."

Stalin grübelte verdrossen und verschlossen. Er wusste, dass jeder kommunistische Führer erledigt war, der das Politbüro nicht mehr hinter sich hatte; auch ein Stalin!

So ließ er am Abend des 2. Dezember durch Molotow der Welt verkünden, dass die glorreiche „Union der Sozialistischen Sowjetrepubliken auf eine gewaltsame Grenzberichtigung gegen Finnland verzichte und auf Verhandlungen setze“. Schon in der Nacht zum 3. zogen sich die russischen Truppen zurück. Die Welt atmete auf, hielt aber immer noch in der polnischen Angelegenheit den Atem an. Wie würde Stalin entscheiden? Könnte er es hinnehmen, vor aller Welt in kurzer Zeit zweimal einen blamablen Rückzieher zu machen? Noch vier Tage bis zum 7. Dezember!

Um den Druck auf Russland zu verstärken, beorderten die Briten ihre beiden schweren Einheiten vom Eismeer in die Ostsee, so dass dort nun eine starke vereinigte Flotte aus britischen, französischen und deutschen Großkampfschiffen aufmarschiert war. Die zwölf Halifax-Bomber verlegten nach Polen, und als die Russen protestierten und von einem UNO-Einsatz nichts wissen wollten, sagten ihnen die Briten und Franzosen, ihr Beistandspakt mit Polen hätte nach wie vor Gültigkeit; war er doch gegen j e d e n Aggressor gerichtet. Darum scheuten sie sich auch nicht, Truppen folgen zu lassen. Nun, man würde sehen, ob sie eingesetzt werden müssten oder nicht...

Die Demokratie festigt sich

„Ach wissen'S“, sagte der alte Tiroler, der noch Franz Josef kennengelernt hatte und den ein Reporter einer Wiener Zeitung interviewte, „wissen'S, dera Nationalsozialismus, dös war koa Weltanschauung nimma, dös war a Strapazen. Aber dös Reich, dös is was feines, gel?“

Klar, was dieser Mann heute, am 3. Dezember wählte.

„Ja mei“, fügte seine Frau hinzu, „dera Hitlerr hat's halt gut g'meint, gel. Aber so'n unstudierten Kerl kann doch nich regiern, oder? Dös muss ma doch lern, gel?“

Klar, was diese Frau heute wählte. Also schon mal zwei Stimmen f ü r den Anschluss Österreichs ans Reich. Trotzdem blieb der Ausgang offen und niemand wagte eine Prognose. Zwar hatte ein Wahlkampf nicht stattgefunden, aber laut ging's doch her auf den Straßen und Plätzen Wiens und der größeren Städte. Jeder erinnerte sich zwar daran, dass der Anschluss von 1938 unter großem Jubel der Bevölkerung stattgefunden hatte, aber niemand ahnte damals, dass Anschluss auch SS und Himmler bedeutete und eine Umtaufe von Österreich auf Ostmark. „Ostmark“! - wie das klang; als läge man fern dahinten in der Walachei! Darum fragte der Stimmzettel heute ja auch: Abtrennung vom Reich als selbständiges Österreich oder „Bundesland Österreich“ innerhalb der Bundesrepublik Deutsches Reich? Zwei Gruppierungen Österreichs wussten so recht nicht was sie wollten, die Nazis und die Kommunisten. Die Nazis: Österreich war das Geburtsland ihres verstorbenen Führers und hatte vielleicht eine Chance, das Refugium seiner Anhänger zu werden. Schon war die Gründung einer NSÖAP im Gange.

„Die sollen doch im Reich machen was sie wollen“, antwortete ein Altnazi auf die Frage des Reporters, „wir sind lieber in Österreich eine 15%- als in Deutschland eine 3%-Partei.“

„Da hatte nun unser Führer“, maulte seine Frau, „eifrig und mutig alles zusammengekratzt, was zu Deutschland gehört, Danzig, halb Polen, die lächerliche Tschechoslowakei, und seine Nachfolger puddeln alles wieder auseinander oder kaufen es. Nein, sowas! Da machen wir nicht mit.“

Die Kommunisten: Wien war nach dem Weltkrieg ihre Hochburg geworden, mehr noch als Berlin, aber der Kommunismus Stalinscher Prägung hatte im Reich wohl ausgespielt, während er in Österreich vielleicht erhalten und „für alle Fälle“ in petto gehalten werden konnte.

„Hier bei uns sieht man", sagte ein Altkommunist dem Reporter, „alles nicht so fanatisch wie in Berlin. Wir sind für die Trennung."

Zwischen Nazis und Kommunisten lebte die große bürgerliche Mitte.

„Wenn wir überleben wollen", antwortete ein Wiener Fabrikant dem Reporter, „dann muss der Anschluss bestehen bleiben."

„Ja", sagte seine Frau, „dann kommen auch die Deitschen wieder mehr in ihren Ferien, wenn's keine Devisen und so'n Quatsch brauchen."

Ernsthafte Beobachter der politischen Lage urteilten einstimmig, dass eine große Mehrheit zugunsten des Anschlusses stimmen würde. Nun, am Montag würde man es wissen. Kehren wir nun zu einem Groß- und Jubelereignis ins Reich zurück, nach Wilhelmshaven...

Dort war seit dem Montagmorgen, es war der 4. Dezember, alles Lauffähige auf den Beinen, um zum Hafen zu strömen: Die Admiral Graf Spee kehrte heim! Viele der Angehörigen, die sich in großer Sorge befunden hatten, waren hergekommen, um ihre Jungens zu empfangen. Aber auch Unverbesserliche und ewig Gestrige:

„Wenn der Krieg weitergegangen wäre", sagte einer mürrisch, „hätte sie viel mehr Beute machen können als jetzt. Die paar feindlichen Frachter..."

„Oder sie wäre selbst Beute der Briten geworden", gab ein anderer zu bedenken.

„Nun, das ist eben Seemannslos, oder?"

„Seht mal, da ist der Großadmiral!"

Raeder, ein ziemlich eitler Mann, ließ es sich nicht nehmen, das Schiff und seine Mannschaft persönlich zu begrüßen und zu dieser Fahrt zu beglückwünschen. Die Mannschaft hatte Zeit genug gehabt, von den Uniformen und Mützen alle Naziembleme abzutrennen, Raeder allerdings hatte bereits Mütze und Uniform neu und alle seine Orden abgelegt. Solche Bescheidenheit gefiel nicht allen Menschen, besonders Seeleuten nicht.

„Was wird nun mit dem feinen Schiff?"

Man hatte gehört, dass es nach einer Überholzeit sofort nach New York abgehen und die Berliner Philharmoniker unter Wilhelm Furtwängler mitnehmen sollte, die in den USA eine Reihe von Konzerten zu geben hatten. Zwar gab es dort noch Proteste wegen Furtwängler, der sich zu sehr mit Hitler eingelassen hätte, aber da die jüdische Bevölkerung Amerikas sich versöhnlich zeigte, fruchteten sie nichts.

„Schade", meinten ein paar Zuschauer, „dass wir in Zukunft auf solche militärischen Spektakel verzichten müssen."

Inzwischen war nun das Ergebnis der österreichischen Volksabstimmung bekanntgeworden: Wahlbeteiligung 84%, 8% ungültige, 32% Nein- und 60% Ja-Stimmen, ein klares Ergebnis. Auch in Deutschland gab es eine Opposition gegen den Anschluss, „Wir haben genug von Österreichern" formulierend, aber im Großen und Ganzen schienen beide Seiten zufrieden zu sein. Besonders die Großindustrie würde aus der Sicherheit der endgültigen Vereinigung erheblichen Nutzen ziehen. Ausgerechnet aus Hitlers Heimat kam als Vorabdruck in der Wiener Presse die erste Biografie über ihn heraus, die in zwei Bänden in Buchform erscheinen sollte: „Seine Jugend" und „Sein Kampf". Autor war ein ehemaliger Getreuer und Nutznießer Hitlers, der von uns schon vorgestellte Arthur Seyss-Inquart, Liquidierer Österreichs und seit dem 30. April 1939 Reichsstatthalter der Ostmark. Er fragte im Untertitel seines Werkes selbst: „Seine Jugend - ein Fall für Sigmund Freud?" Aber er war erstaunlich gut über jene Jahre informiert, die Hitler in „Mein Kampf" geflissentlich ausgelassen oder verdreht hatte. Wer wusste damals schon etwas über den früheren Namen von Hitlers Vater, Alois Schicklgruber und dass er dreimal verheiratet gewesen war?

Hitler selbst gab in seinem Buch zwar Auflehnung gegen den strengen Vater und Hinneigung zur nachgiebigen Mutter zu, aber sein Versagen an der Staatsrealschule zu Linz umschrieb er damit, schon früh ein Rädelsführer gewesen zu sein - das lernte bisher jeder Pimpf und Hitlerjunge auswendig. „Fünf Jahre Elend und Kummer“ erlebte er in Wien, was wohl stimmte, er verschwieg aber sein frühes Müßiggängertum. Nachdem er das väterliche Erbe 1909 aufgebraucht hatte, versank er in jenes Elend und versuchte sich als Maler und werdender Architekt. Jetzt schrieb Seyss-Inquart dreist, ohne es genau wissen zu können, dass Hitler wohl zu faul für geregelte Arbeit gewesen sei und dass ihn nur der Weltkrieg, - zudem er ein Wehrdienstflüchtling war -, aus aller Bedrängnis gerettet habe. Er war damals nach München gegangen, um sich den österreichischen Militärbehörden zu entziehen, wo ihn aber die bayerische Polizei beim Wickel nahm und ihn dem österreichischen Konsul vorführte. Eine Salzburger Musterungskommission schickte ihn aber als zu schwach und „waffenunfähig“ nach München zurück. Da brach der Krieg aus und Hitler meldete sich freiwillig beim 2. bayerischen Infanterieregiment Nr. 16.

Hier sollte der erste Band Seyss-Inquarts enden, der zweite umfasste dann Hitlers aktive Kriegsjahre bis 1918, seine Heimkehr aus dem Krieg, die Gründung der Partei NSDAP und den Aufstieg zur Macht. Der Autor ging ganz professionell vor, indem er verkündete, im zweiten Band Hitlers Liebesabenteuer lang und breit darzulegen. Er behauptete auch, entweder als Zeit- und Intimzeuge zu berichten oder aus ersten Quellen zu schöpfen.

„Zwar hat Hitler unter seinen Jugendgefährten ordentlich durch Himmler und Heydrich aufräumen lassen, aber einige haben überlebt und wagen sich jetzt an die Öffentlichkeit.“

Das stimmte aus der Vermutung heraus und wurde später durch Nachforschungen bestätigt. Wir haben von den Zacken in Hitlers Krone gesprochen - hier war ganz zweifellos ein Zackenbrecher an der Arbeit.

Er war nicht allein, es kam diesen Schreiberlingen wohl darauf an, mit ihren Werken den anderen voraus so früh wie möglich auf dem Markt zu sein. Einer, der Hitler in- und auswendig kannte, seine Eitelkeiten, Schwächen und Schrullen, war *Heinrich Hoffmann*, Jahrgang 1885, Hoffotograf, erster Vertrauter seines Führers und damit an seinem Aufstieg beteiligt. Beide scheffelten durch gegenseitige Machenschaften Millionen, denn nur Hoffmann durfte Hitler fotografieren. So entstanden folgende Bildbände und Bücher, die bis 1939 in Millionenauflagen verkauft wurden: 1933 *Hitler, wie ihn keiner kennt*, 1934 *Jugend um Hitler*, 1938 *Hitler in seiner Heimat* und *Hitler in Italien* und *Hitler im Sudetenland*, 1939 *Das Antlitz des Führers*. Hitler natürlich immer von seiner Schokoladenseite gesehen, der milde Landesvater und Kinderfreund, Liebling aller Frauen des Dritten Reiches und gestrenger Ahnder jeden Unrechts - so ist er den Deutschen durch Heinrich Hoffmann und andere vorgeführt worden. Und jetzt das neueste Werk des Fotografen als bitterer Kontrast: *Hitler, wie nur ich ihn kannte*. Es zeigte, wie der Autor behauptete, all' jene Fotos, die Hitler zur Veröffentlichung gesperrt und zur Vernichtung befohlen hatte: Hitler in Rednerposen, die zum Quieken reizten; Hitler mit Hundepeitsche; Hitler entspannt oder dösend, was nur wenige Menschen attraktiver macht; Hitler vor seiner kargen Müsli- und Vegetariermampfe; Hitler grimmig als „Adolf der Schreckliche“; Hitler mit Selbstmörderin Geli Raubal; Hitler mit der adretten Eva Braun - zwei Bilder, die den BDM-Mädchen und den Mitgliedern der NS-Frauenschaft unbedingt vorenthalten werden mussten.

„Leider“, scherzte Herr Hoffmann im Vorwort, „habe ich den Führer beim Teppichbeißen und wutschäumend nicht fotografieren können.“

Klar, dass die erste, ganz rasch gefertigte Auflage des Werkes sofort vergriffen war und zahlreiche Vorbestellungen die zweite, eigentliche Hauptauflage nach oben schnellen ließ. Aber den flotten Autor trafen auch harsche Vorwürfe:

„Du Verräter und Mickersammy! Jetzt kassierst du mit Verrat am Führer wiederum deine Millionen!“

Noch begriffen viele Deutsche nicht, - wie sollten sie es auch so schnell! -, dass dieses auch ein Teil funktionierender Demokratie ist: Autoren frei nach Schnauze oder frisch von der Leber schwadronieren zu lassen.

Am Mittwoch, dem 6. Dezember 1939, fand ein international vielbeachtetes kulturelles Ereignis statt: Richard Strauss in London! Der 75-jährige Meister hatte laut Programm in der Royal Albert Hall vor dem König und überfülltem Haus eigene Werke zu Gehör zu bringen, begann aber das Konzert mit Sibelius' Tondichtung „Finlandia" - eine Verbeugung vor dem tapferen finnischen Volk. Das verstanden die Engländer sehr wohl und sie ließen mit ihrem Applaus die Halle in den Grundfesten erzittern. Erst dreißig Minuten später konnte der Maestro beginnen: mit seinen bereits klassisch gewordenen Ohrwürmern „Till Eulenspiegels lustige Streiche", „Don Juan" und „Eine Alpensinfonie". Klar, der alte Herr hatte das Orchester nicht eingeübt, aber unter seiner ruhigen Leitung, - „Ein Dirigent der schwitzt ist keiner" -, wuchs es in eine Spielfreude hinein, die ihresgleichen suchte und das Publikum zu Stürmen der Begeisterung hinriss. In der Pause empfing der König Strauss in der Loge - ein Vorfall, über den die Besucher meinten, „erst jetzt ist wirklich Frieden zwischen Deutschland und Großbritannien".

Ja, sie schwärmten aus, die deutschen Kulturträger und Kulturbringer: Die Berliner Philharmoniker, wie gesagt, nach Amerika, die Wiener nach Paris, Richard Strauss hier in London und drei Tage später in Edinbourgh, die Münchner Staatsoper nach Buenos Aires und Montevideo und weitere Tourneen waren in Planung. Thomas Mann kam aus dem Exil zurück, schaute sozusagen mal eben herein und mokierte sich darüber, statt Reumütigkeit nur Lebensfreude und Rückfall in die Goldenen Zwanziger vorzufinden. Berta Geismar, Furtwänglers frühere Sekretärin, eine Jüdin, die er lange hatte vor den Nazis halten können, kehrte aus England zurück, um ihren Herrn und Meister nach Amerika begleiten zu können.

Ein Thema der Kabinettsitzungen dieser Tage war die Entnazifizierung belasteter Personen in Amt und Würden. Und zwar nicht die wenigen Oberen sondern die vielen Unteren: Richter, Staatsanwälte, Beamte, Leiter von Universitäten und Schulen, Behördenchefs.

„Wenn wir sie alle hinauswerfen, bricht unser System zusammen."

Bald wurde klar, dass man niemand nach seiner Gesinnung verurteilen konnte, es sei denn: Er hatte sich etwas zuschulden kommen lassen, was ganz allgemein kriminellen Charakter hatte. Zum Beispiel: Wurde ein SA-Mann angezeigt, auf einen Juden eingeprügelt zu haben und waren Zeugen dafür vorhanden, so wurde er verurteilt. Ähnlich gelagerte Fälle waren Einschlagen der Fensterscheiben, Brandstiftung, Aufstellen der Juden-raus-Schilder, die bereits geschilderten Folterungen bei Verhören, Grausamkeiten in den Lagern, zu harte Urteile der Richter. Niemand konnte sich mit „Befehlsnotstand" herausreden. Die Regelung der Eigentumsfrage war recht knifflig: Was an beschlagnahmtem jüdischen Vermögen war wieder herzugeben? Das zwangsverkaufte und schlicht geraubte klar, aber wie stand's, zum Beispiel, mit den Häusern, die Juden in der Anfangsphase des Dritten Reiches, als nicht deutlich war, welche Ausmaße die Verfolgungen annehmen würden, verkauft hatten, um auswandern zu können? Die waren von den Käufern mehr oder weniger redlich erworben worden. Fest stand und kristallisierte sich heraus, dass viele Nazis der mittleren Hierarchie, wie Gauleiter, Reichsführer, Statthalter und Ränge der SA und SS und anderer Organisationen, allesamt Nutznießer der Hitlergunst, aus ihren prächtigen Villen und Wohneinheiten ausziehen und sich wie Normalbürger bescheiden mussten. Auch hatten sie Wertgegenstände, Gemälde, Bücher, Möbel und Schmuck, für die sie keine Kaufquittungen vorweisen konnten, an eine Sammelstelle für jüdisches Eigentum abzuliefern. Noch einmal schwappte eine Welle von Denunziationen durch Deutschland, jetzt in umgekehrter Richtung, bis sie sich totlief und bis man einsah, dass Rache kein Rechtsmittel sein kann.

Ehe dieses alles so wie geschildert ablief, richteten sich die bangen Blicke der Deutschen und Europäer gen Osten, wieder einmal, dort, wo es die Russen nun in der Hand hatten, den Krieg endgültig zu liqidieren.

Noch ist Polen nicht verloren...

Während die Tschechen und Slowaken fleißig dabei waren, in Verhandlungen untereinander und mit Polen und Ungarn ihr Staatsgebilde neu einzurichten, harrten die leidgeprüften Polen der Stalinschen Entscheidung.

„Mit den Deutschen verlieren wir unsere Freiheit, mit den Russen unsere Seele.“

Dieser alte polnische Wahlspruch sollte nun ein für allemal ausgedient haben. Polen erhielt nun ständig Zulauf von Bürgern, die noch rechtzeitig vor Deutschen und Russen ihr Land hatten verlassen können und im Westen untergetaucht oder in die alliierten Armeen eingetreten waren. Aus diesen Männern setzten sich nun jene Gruppen zusammen, welche die Keimzelle zur neuen polnischen Armee bildeten und die jetzt schon an die sogenannte polnische Ostfront rückten - bereit, die nach ihrer Meinung berechtigten Ansprüche des Vaterlandes durchzusetzen; auch mit Gewalt. Aber es mangelte allerorten an Waffen, denn die Deutschen hatten wenig und Unbrauchbares zurückgelassen, einiges hatte man ihnen gestohlen oder abgehökert. In diesen Tagen bildete sich Polen als „Zweiklassengesellschaft“ heraus: Radikale und Gemäßigte. Die gemäßigten Bürger setzten auf Verhandlungen mit Russland und hofften auf Rückendeckung durch die Westmächte, zu denen ja nun auch Deutschland gehörte, und auf den moralischen Druck, unter dem der östliche Nachbar sich befand.

Die radikalen Leute mochten von alledem wenig hören und wollten die alte polnisch-russische Feindschaft von 1918 bis

1920 wiederaufleben lassen, ihr Hass auf das kommunistische System überstieg noch ihre Abneigung gegen den untergegangenen Hitlerismus. Beide Parteien waren sich freilich einig in der Errichtung eines Großpolen und jammerten, mal laut, mal leise, der verpassten Chance nach: Die nämlich durch die Fortsetzung des Krieges gegen Deutschland und seine Gewinnung natürlich darin bestanden hatte, dem Besiegten Ostpreußen, Schlesien und alle Ländereien diesseits der Linie Oder-Neiße abzunehmen.

„Das ist uraltes polnisches Siedlungsgebiet!"

Nun, jeder klittert die Geschichte nach Eigenbedarf. Jedenfalls war Deutschland in dieser Beziehung noch einmal davongekommen und es war vielleicht doch ganz angebracht, diese starke Nachbarschaft wohlwollend zu pflegen. Desto wichtiger war's, die östlichen Gebiete zurückzubekommen.

Blättern wir ein paar Seiten im Geschichtsbuch zurück, nämlich auf jenes Kapitel, das den erwähnten polnisch-russischen Krieg behandelt. Mit den Niederlagen des Deutschen Reiches und Russlands, 1917 und 1918, entstand das neue Polen, das nicht bereit war, sich nur nach den Friedensverträgen zu richten, sondern sogleich Nägel mit Köpfen zu machen, zumal die junge Sowjetunion Lenins und seiner roten Konsorten sich in Rundumschlägen seiner Haut wehren musste. Der damalige britische Außenminister *George Nathaniel Curzon,* Jahrgang 1859, erfand die nach ihm benannte Grenzlinie zwischen Polen und Russland, die im Wesentlichen so verlaufen sollte, wie die Russen sie mit der jetzigen Besetzung Ostpolens geschaffen hatten und die ein Teil des deutsch-russischen Vertrages vom August 1939 war. Die Polen interessierten sich 1920 nicht für diesen Vorschlag und eroberten sich jene Grenzlinie, die bis zur russischen Okkupation bestanden hatte: Sie begann an der rumänischen Grenze und verlief nördlich etwa 150 Kilometer östlich Lemberg und 300 Kilometer östlich Brest-Litowsk, wenige Kilometer westlich

Minsk, um dann auf die Grenze Lettlands zu stoßen. Damit waren Brest und Lemberg polnisch.

„Das ist uraltes polnisches Siedlungsgebiet."

Nun, die Russen dachten natürlich anders darüber und warteten geduldig auf die Gelegenheit zur Wiederinbesitznahme - die Hitler ihnen überraschend und billig bot!

Kehren wir in die Gegenwart zurück. Am 7. Dezember, ein Donnerstag, lief das der Sowjetunion gestellte Ultimatum ab. Da Stalin sich nicht rührte und seine Diplomaten in den Hauptstädten eisern und verkniffenen Gesichts schwiegen, richtete sich die sogenannte freie Welt auf eine neue bewaffnete Auseinandersetzung ein. Doch Drohungen gehören zum diplomatischen Handwerk, seit alters her, und so versuchte man es mit ihnen. Allen voran die Japaner, denen ein Konflikt in Asien ins Konzept zu passen schien. Sie marschierten in der Mandschurei auf, als gelte es das eigene Land zu verteidigen, unternahmen Stoßtrupps über die russische Grenze und machten bereits Gefangene, um diese auszupressen. Ihre Flotte drang vor Wladiwostok in russische Hoheitsgewässer ein, aber ihre Hoffnung, beschossen zu werden, erfüllte sich nicht: Die Rotarmisten äugten zwar zähneknirschend durch ihre Ferngläser, ihre Zeige- und Abzugsfinger mochten jucken, aber Moskaus Befehle waren strikt und eindeutig - sich nicht provozieren zu lassen.

Im fernen Washington war dem amerikanischen Präsidenten das risikoreiche Gehabe der Japaner nicht geheuer, gerade diese Art Diplomatie war es ja, die er auszumerzen gedachte, doch war er froh, selbst nicht so auftreten und sich weltweit unbeliebt machen zu müssen. In der Sache blieb er aber unbeugsam. Seine Militärs berieten bereits mit ihren britischen und französischen Kollegen, seine Diplomaten entwarfen ein Memorandum nach dem anderen, weil sie sich im Tonfall nicht einigen konnten: Wie scharf sollte man an Stalin herangehen? Sollte man nicht überhaupt jetzt die passende Gelegenheit nutzen, endlich Russland vom kommunistischen Stalinismus zu befreien? Hatte die sowjetische Führung durch den deutsch-russischen Vertrag nicht ihre abgrundtiefe Amoralität bewiesen? Sollte man den „Kreuzzug gegen Diktaturen“, zu dem der Krieg gegen Deutschland sich gewiss ausgewachsen hätte, jetzt nicht auf Stalin übertragen? Fragen über Fragen, die gegenstandslos wären, wenn die Russen nun einlenkten.

Insgeheim hofften jetzt nicht mehr maßgebende Leute in Deutschland auf eine Beteiligung am Krieg gegen Russland: alte Kameraden und Militärs, Unverbesserliche, Fanatiker, Landsknechttypen, Entwurzelte, die keine Chance mehr hatten, ins deutsche Friedensheer eingereiht zu werden.

„Wenn unser Führer noch da wäre!“

Die Waffenproduzenten Europas hielten die Umstellung ihrer Fabriken auf Friedensware für ein paar Tage an, ebenso stoppten die Werke für Demontage und Abrüstung ihre Tätigkeit. Auffallend war, dass die fällige päpstliche Friedensbotschaft ausblieb - wahrhaftig: Stalin schien isoliert zu sein wie ein Aussätziger.

Nur bei wenigen Arten unserer irdischen Lebewesen brütet der männliche Teil - Stalin gehörte in diesen Tagen zu ihnen. Am 5. und 6. Dezember war er nicht ansprechbar und sein Treiben verwandelte den Kreml in eine Irrenanstalt und in einen Bienenstock zugleich; der Vergleich hinkt ein wenig, denn in den beiden genannten Institutionen herrscht mehr Ordnung. Und Unordnung in einem Tyrannenstaat ist die erste Stufe zum Untergang desselben. Da Stalin in drei Tagen infolge Verweigerung vernünftiger Speisen zwanzig Pfund abnahm, selbst zum gewohnten Wegkippen des Wodkas nicht zu bewegen war, reduzierte sich sein Blutdruck auf Normalwerte, und siehe da: Das stand ihm nicht nur besser an, sondern brachte auch seine georgische Tatkraft zurück. Und als gar Genosse Molotow den deutschen Botschafter meldete, ließ er ihn schnurstracks bitten.

Friedrich Werner Graf von der Schulenburg, Jahrgang 1875, war ein Diplomat von altem Schrot und Korn und seit 1934 deutscher Botschafter in Moskau. Zwar war ihm das Wesen des Nationalsozialismus zutiefst verhasst, Hitler hatte er als politischen Stümper früh erkannt und dessen Außenminister Ribbentrop, der ja sein Vorgesetzter war, in Bausch und Bogen als „komplette Niete“ klassifiziert - aber dennoch hatte er Deutschland den Dienst als Berufsdiplomat nicht verweigert. Ja, aus zweckdienlichen Gründen bereitete er den deutsch-russischen Nichtangriffspakt vom August 1939 mit vor, schließlich war er der beste Russlandkenner weit und breit, und er befürwortete die Bismarcksche Linie, dass „sich das Reich mit Russland gut zu stellen habe“. Aber auch ihn ließ Hitler im Dunkeln über die weiteren Pläne und Absichten. Schulenburg pflegte ein gutes Verhältnis zu Stalin, der Menschen mit Kenntnissen und eigener Meinung durchaus schätzte - wenn sie Ausländer waren.

„Ich bewundere Ihren Führer“, sagte Stalin einmal zu ihm, „er hat Deutschland empor geführt. Deutschland und Russland, sie müssen immer miteinander gehen!"

Prost, ex und hopp. Auch jetzt gab's erst ein paar derbe Schlückchen, ehe Schulenburg, Molotow war auch zur Stelle, zum Thema kommen konnte. Durch die Umstellungswirren in Berlin war der deutsche diplomatische Dienst im Ausland ein wenig verwaist und auf sich allein gestellt, so galt es, nicht herumzulungern, sondern dem Frieden eine Bresche zu schlagen.

„Die Westmächte“, sagte Schulenburg geradeheraus, „die im Auftrag der UNO zu handeln vorgeben, werden zweifellos Ernst machen.“

Stalin vereiste und nahm seine Brütestellung ein, fragte aber:

„Haben Sie Hinweise darauf?“

Konkrete besaß Schulenburg nicht, aber welche aus der Tasche zu zaubern gehörte zu seinem Handwerk.

„Washington, Paris und London“, antwortete er, „haben über Berlin durchblicken lassen, dass sie in einem kriegerischen Konflikt mit Ihrem Land, Exzellenz, ihre Ziele weiter und höher schrauben könnten als sie sie jetzt in bezug auf die Grenzfrage formulieren.“

„Das können sie nicht wagen!“, rief Stalin böse.

„Sie können's, Exzellenz. Die Japaner schießen bereits."

Wie um Schulenburgs Schwindeleien zu bestätigen stürzte der Chef des Generalstabes ins Zimmer und meldete:

„Britische Viermotorige überfliegen Russisch-Polen!"

Das waren Hammerschläge, die Stalin erst einmal verkraften musste.

„Greifen sie an, werfen sie Bomben?"

„Nein, sie scheinen nur aufzuklären."

„Schießt sie doch ab!"

„Zwei Ratas (russische Jäger) haben's versucht, sind selbst abgeschossen worden und mussten in Polen notlanden."

Tatsächlich hatten in den frühen Vormittagsstunden des 7. drei britische Halifax-Bomber Aufklärungsflüge über das russisch besetzte polnische Gebiet geflogen, es war ihnen ein Leichtes gewesen, - schließlich hießen sie auch Fliegende Festungen -, die „lahmen" russischen Jäger abzuschießen. Die beiden Piloten wurden vernommen und sagten aus, dass von einem Rückzugsbefehl nichts bekannt sei. Also, folgerte man im Westen, werden es die Russen auf den Ernstfall ankommen lassen.

Nun meldete der Marinechef:

„Französische Minensuchboote vor Kronstadt."

Es war jetzt 17 Uhr am letzten Tag des Ultimatums. Schulenburg wusste nicht, ob Stalin bereits Befehle für oder gegen einen Rückzug aus Polen erlassen hatte, aber ihm schien die Zeit reif zu sein, den letzten schweren Hammer auf Stalins Dickkopf niedergehen zu lassen. E r musste es tun, denn Molotow und die anderen Jünger dieses Diktators standen nur furchtsam-blöd herum und schwiegen wie sibirische Erdkröten.

„Was gibt's zu verlieren, Exzellenz?", fragte der Deutsche salopp und undiplomatisch, als ging's um eine Pokerrunde, „außer einem unfruchtbaren, mit widerborstigen Bürgern bewohnten Grenzstreifen?"

Wodka, ein paar Schinkenschnittchen wurden gereicht.

„Und was gibt's zu gewinnen? Die Existenz der Sowjetunion."

„Sie werden es nicht wagen“, beharrte Stalin.

Er schaute seinen Außenkommissar an:

„Oder, Genosse? Werden sie es wagen?“

„Sie werden es wagen.“

Endlich mal ein konkretes, fest ausgesprochenes Wort! Es gab den Ausschlag. Es gab außerdem Krimsekt an diesem Nachmittag, er und Genosse Wodka verursachten, dass der ehrwürdige deutsche Botschafter in recht tüteligem Zustand zur Botschaft zurückgefahren werden musste...

Seit Mittag versammelte sich alles Polenvolk, das nicht beschäftigt und zu reisen in der Lage war, an der Demarkationslinie. Viele ausländische Reporter besetzten die zeitungsstrategisch wichtigen Punkte oder ließen sich zur Nacht in den wenigen öden Rasthäusern und den zahlreichen Privatquartieren nieder, um am anderen Morgen, „wenn die Kämpfe ausbrachen“, an Ort und Stelle zu sein. An den Grenzübergängen verwickelten aufgebrachte Polen die braven Rotarmisten, die gar keine Ahnung von den Vorgängen hatten, in politische Gespräche und provozierten sie auch hin und wieder:

„Morgen früh gehen wir über diese Grenze.“

„Geht doch heim zu euren Matkas!“

„Schmeißt die Waffen weg und kommt rüber!“

„Erst Hitler kaputt, jetzt Stalin kaputt.“

„Lasst die Gefangenen frei und haut ab!“

„Wenn die UNO-Soldaten kommen, lauft ihr wie ukrainische Hasen davon.“

Reporter fragten russische Offiziere, ob sie schon Rückzugsbefehle vorliegen hätten; hatten sie nicht. Somit schien allen hier befindlichen Leuten klar zu sein, dass ab morgen, den 8. Dezember 1939, ein neuer Krieg ausbrechen würde - falls die UNO Nerven behielt und stark blieb. Kurz vor Mitternacht lag eine unheimliche Ruhe über dem Land.

„Am Grenzübergang Brest“, berichtete William Shirer später, „versammelten sich polnische Bewaffnete, die wie türkische

Freischärler aussehen und gar nicht wie eine Armee von Freiheitskämpfern. Alkohol löste ihre Stimmen zur Nationalhymne schauerlicher Dissonanz und die Polizei hatte Mühe, Übergriffe wie Steinwürfe über die Grenze und Abschießen der Grenzbeleuchtung zu verhindern. Aber es tat sich etwas dort drüben, sah aus wie Packen beim Umzug. Aus den Kaminen stiegen dicke Qualmwolken: verbrannten die etwa Akten? In weiterer Entfernung rechts und links von uns sahen wir plötzlich Brände aufsteigen, Soldaten johlten wie Betrunkene, zerschlugen Fensterscheiben und schossen wie verrückt um sich, wohl in die Luft hinein. Dann verlosch vor uns die Beleuchtung der russischen Grenzstation und eine unheimlich wirkende Stille kehrte ein. Punkt Mitternacht wagten sich die ersten Polen hinüber und fanden alles verlassen und außerordentlich einsam vor.

'Die Russkis sind abgehauen!'

Ich folgte sogleich nach und fand es bestätigt..."

„Die Russkis sind abgehauen!"

Das war die Balkenüberschrift, in verschiedenen Sprachen natürlich, der meisten Zeitungen der nächsten Tage. Ja, was Shirer hier in Brest-Litowsk beobachtete, fand in variierter Form entlang der ganzen Grenze statt: Die Russen zogen sich mit Beginn des 8. Dezember zurück. Was nicht ganz der ultimativen Forderung der UNO entsprach, aber hingenommen wurde. Im Großen und Ganzen lief ihr Rückzug in geordneter Form ab. Übergriffe gab's in der Art von „verbrannter Erde", von Plünderungen und gar von hinterlassenen Minen in geräumten Häusern, aber sie gingen vermutlich aufs Konto vereinzelter Sadisten und Zyniker unter den Mannschaften und Offizieren der Roten Armee. Ihre Polit-Kommissare hatten ihnen in den letzten Wochen eingetrichtert, „Wo der Rotarmist einmal steht, geht er nicht wieder fort", und nun diese Blamage!

Polens Jubel erfüllte den Erdball. Nur selten in der Geschichte dieses Volkes gab es Grund dazu, aber der Optimismus war groß, dass der Friede mit beiden Nachbarn auf lange Zeit gesichert sei. Polens Vorkriegspolitiker, wir erwähnten sie schon, bekamen allerdings keine Chance für ein Comeback, da man von ihnen nichts mehr wissen wollte. Und als sie eine neue Partei zu gründen versuchten, scheiterten sie kläglich an mangelndem Zuspruch. Das neue demokratisch ausgerichtete Polen ließ sogar eine kommunistische Partei zu, die sich freilich hütete, in dieser Phase der Nachkriegszeit allzu sehr mit der Sowjetunion zu sympathisieren. Dass Polen seine Hauptblicke nach Westen richtete, war verständlich und auch vernünftig, schließlich lag dort als nächstes Land das Deutsche Reich, das sich zu Wiedergutmachung verpflichtet hatte.

Schon liefen die ersten Kontakte zu deutschen Baufirmen, die am Wiederaufbau Warschaus beteiligt sein wollten, und auch ganz normale Handelsbeziehungen bahnten sich an. Polnische Parteigründer jeder Coleur besuchten Deutschland, um sich mit ihren Gesinnungsgenossen zu beraten und andere Gemeinsamkeiten zu besprechen. Großer Jubel herrschte bei der Übergabe des Linienschiffes Schleswig-Holstein an Polen, das wurde als eine echte Geste der Versöhnung verstanden. Beide Regierungen kamen überein, erst im neuen Jahr in die Verhandlungen über die Korridorfrage einzutreten, die angekündigte großzügige Regelung für Danzig trat jedoch sofort in Kraft. Danzig! Kann man es der deutschen Mehrheit verargen, dass sie in einem Überschwang feierte, der auch peinliche Nebenwirkungen aufwies? Ostpreußen! Nun sollte der heißersehnte Korridor kommen, der die Abtrennung vom Reich erträglicher machte. Unverbesserliche Nazis wollten das Verdienst hierzu ihrem verstorbenen Chef zuweisen, doch für diese verschrobene Auslassung fanden sie wenig Gehör.

Polen trat sofort mit Russland in erste Verhandlungen ein, um die vom russischen NKWD verschleppten und verhafteten Landsleute freizubekommen. Rascher als die Deutschen waren nämlich Stalins Schergen bestrebt gewesen, ihr Okkupationsgebiet von „echten Polen" freizubekommen: Intellektuelle, Geistliche, Schriftsteller, Wissenschaftler, Provokateure, Unbelehrbare, Widerständler und auch die jüdische Intelligenz. Sie alle waren bereits zahlreich in die gefürchteten Straf- und Arbeitslager deportiert worden, andere harrten der Verhaftung und des Abtransports und kamen jetzt sofort frei. Beim russischen Einmarsch hatten einige polnische Einheiten Widerstand geleistet, sie waren gefangengenommen worden, unter ihnen, wie bereits die Exilregierung in London errechnet hatte, etwa 4000 Offiziere. Sie wurden zurückerwartet. Aber sie kamen nie zurück - doch dieses Thema gehört nicht in unsere Abhandlung.

Und Friede auf Erden?

Am Sonntag, dem 10. Dezembser 1939, fanden im Deutschen Reich endlich wieder freie Wahlen statt. Der Wahlkampf, mehr provisorisch als professionell durchgeführt, zeigte eine Nation im Aufbruch und in der Wiedergeburt. Mit all den üblichen Begleiterscheinungen solcher Ausnahmesituationen. Da gab's Kuriositäten und Unverschämtheiten, Beleidigungen und üble Anwürfe, Fouls und Nierenschläge aller Art. Deutschland wurde von Medienvertretern überschwemmt, die einer neugierigen Welt „schonungslos" den Weg der Deutschen zur Demokratie zu schildern gedachten.

„Sie versuchen's zum zweiten Mal. Möge es ihnen gelingen!"

Aber es lebten ja noch die maßgebenden Männer der Weimarer Republik. Dass alle Parteien, die in den Reichstag einziehen wollten, die Hürde der 5%-Klausel überspringen müssten, wurde schon angedeutet. Das mochte eine Benachteiligung der Kleinen sein, zugegeben, aber das wollte man in Kauf nehmen; außerdem könnte diese Klausel „nach Volkes Wille" später in einer Verfassungsänderung wieder abgeschafft werden. Es waren elf Parteien, die sich um die Reichstagssitze bewarben; vielleicht wären es mehr geworden, aber die Finanzen reichten nicht:

BVP Bayerische Volkspartei,

CDU Christlich Demokratische Union,

CSU Christlich Soziale Union,

DP Deutsche Partei,
DRP Deutsche Rechtspartei,
FDP Freie Demokratische Partei,
KPD Kommunistische Partei Deutschlands,
NSDAP Nationalsozialistische Arbeiterpartei Deutschlands,
SPD Sozialdemokratische Partei Deutschlands,
SRP Soziale Reichspartei und
das Zentrum.

Das Zentrum unter dem schon erwähnten Exkanzler Heinrich Brüning und Prälat *Ludwig Kaas*, Jahrgang 1891, hatte sich der CDU/CSU zur Vereinigung angeboten, war aber bei Konrad Adenauer, dem Vorsitzenden der CDU, abgeblitzt. Adenauer war selbst gläubiger Christ und rheinischer Katholik, mochte aber mit dem klerikalen Gehabe Kaas' nichts zu tun haben und konnte den frommen Junggesellen Brüning nicht ausstehen. Er suchte mit seiner und der Schwesterpartei eine breite christliche, interkonfessionelle Basis für Deutschland. Die Bayerische Volkspartei trat gegen die CSU an, beide auf den Freistaat Bayern beschränkt, und erhoffte sich einen mächtigen Stimmenanteil. Dass es ein Rennen der „Großen" werden würde, SPD gegen CDU/CSU, darüber konnte kein Zweifel bestehen. Adenauer hatte seinen Bonus als „Den Haager Friedensstifter" bereits eingefahren, und jetzt, wo er dieser Last und Verpflichtung entledigt war und sich ganz seiner neuen Partei widmen konnte, rückte er schon von einigen seiner damaligen Worte ab:

„Nur wenn wir die innere Versöhnung verwirklichen, werden wir den Hitlerismus und seine Folgen abschütteln können."

Er sagte statt „Nationalsozialismus" Hitlerismus, im Gegensatz zu radikaleren Rednern des Wahlkampfes, und diese Formulierung des altes Fuchses wurde wohlverstanden.

„Verbrecher gegen die Menschlichkeit wollen und müssen wir bestrafen", fuhr er fort, „aber sollen wir all jene verdammen, die geirrt und sich getäuscht haben, die von raffinierten Demagogen verführt worden sind!"

Im übrigen waren CDU, CSU und FDP die einzigen Parteien, die „für soviel Demokratie wie möglich“ eintraten, das Privateigentum bis in die höchsten Sphären bewahrt wissen und gleichzeitig einen hohen sozialen Status errichten wollten.

„Schlangen von Arbeitslosen vor Essensausgaben darf es nicht mehr geben!“

Das zog natürlich stark. Das Dilemma des deutschen Kommunismus haben wir bereits angeschnitten: auf Meister Stalin hören oder nicht? Bei diesem Meister hatten viele deutsche Kommunisten, die vor den Nazis rechtzeitig geflohen waren, Asyl gefunden. Einige von ihnen, so Heinz Neumann, benahmen sich in Moskau unbotmäßig und wurden liquidiert, andere, hauptsächlich die so genannte „Gruppe Walter Ulbricht“, zeigten sich botmäßig und waren von Stalin dazu erdacht worden, bei einer Niederlage Deutschlands und dem Zusammenbruch des Nationalsozialismus sogleich in Deutschland politisch tätig zu werden; für den Stalinschen Kommunismus natürlich. Und man sehe und staune: Ulbricht und Genossen waren bereits in Berlin angekommen und wollten in bewährter Unterwanderungsmanier die Führung der KPD an sich reißen. Es gab aber wilde und erbitterte Wort- und auch Handgefechte mit den Untergrundkommunisten, die im Dritten Reich ausgeharrt hatten und sich nun nicht die Butter vom Brot nehmen lassen wollten.

„Geht zurück in den Kreml, ihr Kriecher!“

„Mit eurem Kommunismus können wir in Deutschland nichts werden.“

„Haut ab! Wollt ihr unsere Wähler verschrecken?“

So musste die Gruppe Ulbricht, Grotewohl, Piek und Genossen kleine Brötchen backen gehen und sich unters Parteifußvolk reihen.

Mit sieben radikalen Punkten gedachten die deutschen Kommunisten ihr Parteiprogramm einer breiten Masse schmackhaft machen zu können:

1.) Vollständige Liquidierung des Hitlerregimes.

2.) Kampf gegen Hunger, Arbeitslosigkeit und Obdachlosigkeit.
3.) Herstellung der demokratischen Rechte und Freiheiten des Volkes.
4.) Schutz der Werktätigen gegen Unternehmerwillkür und Ausbeutung.
5.) Enteignung des Vermögens aller Nazifunktionäre und Kriegsverbrecher.
6.) Liquidierung des Großgrundbesitzes und der großen adeligen Güter.
7.) Verstaatlichung aller jener Betriebe, die lebenswichtigen öffentlichen Bedürfnissen dienen, Verkehr, Wasser, Gas und Strom...
„Wir erklären", heißt es weiter, „feste Einheit, entschlossener Kampf und beharrliche Arbeit bilden die Garantien des Erfolges der gerechten Sache. Fester den Tritt gefasst! Höher das Haupt erhoben! Mit aller Kraft ans Werk...!"

Das waren nun Parolen, die das Volk nicht mehr hören wollte: Überhaupt keine Parolen mehr nach einer Epoche von sieben Jahren, die mit ihnen reichlich gefüllt war! Auch die SPD mochte nicht schweigen, nun sie wieder reden durfte:

„Arbeiter, Bauern und Bürger! Männer und Frauen! Deutsche Jugend! Wir sind bereit und entschlossen, mit allen gleichgesinnten Menschen und Parteien zusammen zu arbeiten. In dieser entscheidenden Stunde ist es wiederum die geschichtliche Aufgabe der deutschen Arbeiterklasse, Trägerin des Staatsgedankens zu sein. Dieser Staat muss zuerst und vor allem dem deutschen Volk die wirtschaftliche und moralische Kraft geben, diese übermenschliche Aufgabe zu erfüllen..."

Dann folgten ebenfalls ein paar Partei-Programmpunkte:
1.) Restlose Vernichtung aller Spuren des Hitlerregimes.
2.) Sicherung der Ernährung, Bereitstellung von Arbeitskräften und genossenschaftlicher Zusammenschluss in der Landwirtschaft.

3.) Wiederaufbau der Friedenswirtschaft unter Mitwirkung der kommunalen Verwaltung der Gewerkschaften.
4.) Verstaatlichung der Banken, Versicherungsunternehmen und der Bodenschätze, der Bergwerke, der Energiewirtschaft. Beseitigung des arbeitslosen Einkommens aus Grund und Boden und aus den Mietshäusern.
5.) Staatlicher Schutz der Person. Freiheit der Meinungsäußerung in Wort und Bild unter Wahrung der Interessen des Staates und der Achtung des einzelnen Staatsbürgers. Gewissens- und Religionsfreiheit.

„Wir wollen vor allem den Kampf um die Neugestaltung auf dem Boden der organisatorischen Einheit der deutschen Arbeiterklasse führen. Vorwärts! An die Arbeit, Genossen!“

Für derartige Auslassungen hatten Adenauer und seine Mannen nur müdes Lächeln übrig. Sie waren überzeugt, dass die Deutschen derlei nicht hören wollten und mochten und nichts anderes im Sinn hatten, als dort weiterzuarbeiten, wo sie Anfang 1933 aufgehört hatten - freilich durchaus mit In-die-Hände-spucken und Krummlegen, dass die Schwarten krachten. Dazu wollten sie nicht aufgerufen und ermahnt werden, es musste sich nur lohnen; das war alles. Aber natürlich mussten sich auch CDU/CSU verlauten lassen:

„Deutsche Männer und Frauen! Wir rufen euch auf, alles Trennende zurücktreten zu lassen. Folgt unserem Ruf einer großen Partei, die mit den anderen Parteien der neuen Demokratie gemeinsam am Aufbau Deutschlands arbeiten will. Wir rufen alle, die sich zu uns und unserem Aufbauwillen bekennen. Voll Gottvertrauen wollen wir unseren Kindern und Enkeln eine glückliche Zukunft erschließen.“

Ähnlich tuteten auch die Freien Demokraten, FDP:

„In dem Bewusstsein, dass das höchste Glück der Erdenkinder die Persönlichkeit ist, soll der neue demokratische Staat des deutschen Volkes als freier Staat die freie Entfaltung der Persönlichkeit auf allen Gebieten fördern. Jeder Totalitätsanspruch nationalistischer, klerikaler und sozialistischer Färbung ist ein Feind der Demokratie. Der Volksstaat, den wir erstreben, erträgt weder den Klassenstaat noch den Obrigkeitsstaat."

Des Prälaten Zentrum versuchte sich zu mausern:

„Das Zentrum war und ist die sozial-fortschrittlichste und echte Partei des deutschen Volkes auf überkonfessioneller und demokratischer Grundlage. Getreu seiner großen sozialen Tradition will das Zentrum unter Ablehnung eines revolutionären Klassenkampfes bei gerechtem Ausgleich der Lebensinteressen aller Volksschichten durch die Neu- und Umgestaltung der Wirtschaftsordnung die Hebung der materiellen Lage des werktätigen Volkes in Stadt und Land."

Zitieren wir zum Abschluss noch kurz zwei Punkte der DP:

1.) Anerkennung der Ehre des reinen Soldatentums und der Rechte der ehemaligen und noch zu entlassenen Soldaten, der Kriegsgefangenen und Hinterbliebenen, der vielen Versehrten.

2.) Ablehnung einer etwaigen Kollektivschuld und einer etwa geplanten Entnazifizierung.

Wie erwähnt: Aus Geldmangel konnten die Parteien nicht, wie sie wollten, ihre Ansichten und Programme unters Volk bringen, so dass sich dieser erste Wahlkampf nach dem Krieg ziemlich moderat und harmlos gab. Harmlos aber durchaus böse gemeint waren Wählerbemerkungen auf den - natürlich - ungültigen Stimmzetteln:

„Demokratie ist Volksbetrug."

„Reichstag gleich Quasselbude."

„Wartet bis der Führer wiederkommt!"

„A. H. lebt - hütet euch!"

„Nieder mit den neuen Novemberverbrechern!"

„Ihr seid alle Verräter, wie 1918 - pfui euch allen!"

Und so weiter. Jedes Volk hat seine Unverbesserlichen. Allen Unken- und anderen Rufen zum Trotz betrug die Wahlbeteiligung 82%, es gab weder Krawalle noch die befürchteten Pöbeleien zwischen Roten und Braunen, auch in Berlin, Wien und in Essen nicht, so dass sich die Deutschen, jetzt unter den scharfen

Blicken des neugierig-skeptischen Auslands, einen netten Vorweihnachtssonntag machten. Weihnachten! Es sollte, wenigstens nach den Vorstellungen des bürgerlichen Mittelstandes, wieder ein r i c h t i g e s werden, mit Geschenken in angepasster Hülle und Fülle, Kirchgang, Dankgebeten und mit fröhlichen Kindern und Jugendlichen und ohne Hitlerbilder überm Tannenbaum. Niemand sang mehr „Hohe Nacht der klaren Sterne", außer den erwähnten Unverbesserlichen, vertraute Weisen wie „Oh Tannenbaum" und „Oh du fröhliche..." und „Es ist ein Ros' entsprungen..." füllten Wohn- und Kinderzimmer.

Doch es gab nicht nur Ausflüge in die Kirchen, sondern auch solche auf Friedhöfe, zum Beispiel in Braunau, wo Adolfs Grab sich eines regen und tränenreichen Zuspruchs erfreuen durfte. Viele Predigten bezogen sich auf das „Ende des Teufels" und den Beginn einer neuen Zeit - die Redner taten, als hätten sie maßgeblichen Anteil am Ausbruch derselben.

Das offizielle Endergebnis der Reichstagswahl vom 10. Dezember 1939 entsprach nicht ganz Adenauers und seiner Mannen Erwartungen, denn sie hatten - recht unbescheiden - die absolute Mehrheit von etwa 59% erwartet, um „unbehindert" regieren zu können:

CDU/CSU: 43,5%,
SPD 31,2%,
FDP 8,1%,
KPD 7,0% und
NSDAP 5,2%.

Damit waren alle diese Parteien im neuen Reichstag vertreten; der Rest der Bewerber war hoffnungslos abgeschlagen. CDU/CSU hatten vorher nichts über eine eventuelle Koalition verlauten lassen, nun kam sie mit der FDP zustande, womit die absolute Mehrheit hergestellt war. Diese wählte Konrad Adenauer als neuen Reichskanzler und Juniorpartner FDP durfte den Reichspräsidenten stellen, Theodor Heuss. Dieser war eigentlich nur den gebildeten Kreisen Deutschlands bekannt, als Mitglied des Reichstages für die DDP von 1924 bis 1928 und noch einmal von 1930 bis 1933, ebenso als Publizist und Schriftsteller, zum Beispiel des Buches von 1932 „Hitlers Weg". Klar, dass er ab 1933 für das Regime untragbar geworden war.

Da sich unsere Abhandlung dem Ende zuneigt, wollen wir den Werdegang der jungen Demokratie nicht im einzelnen darlegen. Der ersten Wahl folgten die Landtags- und Kommunalwahlen, die im Großen und Ganzen die gleiche Tendenz aufwiesen, aber wie üblich regionale Unterschiede zeigten: Die Länder Hamburg, Bremen, Brandenburg und Niedersachsen gingen an die SPD, die Großstädte Berlin, München, Wien, Essen, Dortmund und andere ebenfalls, und die kleinen und radikalen Parteien hatten in den Kommunalwahlen nur deshalb Chancen, weil hier die 5%-Klausel nicht galt.

Schon am 15. Dezember 1939 musste sich der Reichskanzler mit seinem Außenminister von Weizsäcker der großen Weltpolitik zur Verfügung stellen, nämlich am 17. zur Eröffnungsfeier der Vereinten Nationen in San Francisco. Dies war die Stunde der Amerikaner, die ja in den letzten Ereignissen nicht nach ihrem Geschmack zur Geltung gekommen waren. Präsident Roosevelt schwelgte in Zukunftsaussichten ewigen Friedens und edler Völkerverständigung und schlug Abrüstungen beinahe bis auf Null vor. Hierüber schmunzelten die erfahrenen europäischen Staatsmänner - innerlich, versteht sich. Aber ein Anfang war gemacht, nachdem der Völkerbund in den 30er-Jahren klanglos verschieden war, und es würde vielleicht Jahrzehnte brauchen, „bis alle Streitigkeiten unter den Nationen nicht im Feld des Krieges sondern auf dem Podium dieser Organisation ausgetragen werden würden". Um diese Entwicklung zu beschleunigen, schlug Adenauer die Bildung einer UNO-Streitmacht vor, zusammengestellt aus Soldaten der beteiligten Länder. Sie sollte lokale Krisenfälle, wie sie von Experten für die nächsten Jahre, nämlich in den bisherigen Kolonien, vorausgesagt wurden, kontrollieren und beschwichtigen. Damit kamen die Deutschen nicht durch. Viel Aufsehen erregte ihr Antrag, nun der sich schweigsam grollend abseits haltenden Sowjetunion die Mitgliedschaft in der UNO anzubieten. Noch in den jeweiligen Übersetzungen klangen Adenauers Ausführungen zu diesem Thema eindrucksvoll und ehrlich, so dass sich die letzten Vorbehalte einiger Politiker, ob die Deutschen je einmal echte Demokraten werden könnten, allmählich verflüchtigten. Im übrigen machte die deutsche Delegation in Amerika einen hervorragenden Eindruck und knüpfte mit vielen Nationen neue Handelsbeziehungen an.

„Der Osten Europas muss unser Handelsmarkt sein“, sagte Adenauer bei seiner Rückkehr den deutschen Industriellen und ließ selbigen Tages der Sowjetunion die Erneuerung des Handelsvertrages vom August anbieten. Das hatte Stalin nicht erwartet, dem eine Isolation seines riesigen rohstoffreichen Landes durchaus nicht gefiel, und Genosse Molotow durfte wieder nach Berlin reisen.

„Wir könnten wiederum einen politischen Pakt mit einschließen“, sagte er.

Er meinte natürlich einen „Nichtangriffspakt“. Adenauers Gesicht blieb unbewegt.

„Wenn“, warf von Weizsäcker ein, „nur als Dreierpakt mit Einschluss Polens.“

Er konnte das gut vorschlagen, war ihm doch klar, dass hier die Russen nicht mitmachen würden.

„Wir können auch eine Handelszone bilden“, sagte Adenauer, „in die unsere beiden Länder, Polen und die baltischen Staaten einzubeziehen wären.“

Er suchte Molotow bewusst zu provozieren, denn die genannten Namen Litauen, Lettland und Estland waren in russischen Ohren Reizworte ungeheuren Ausmaßes. Botschafter von der Schulenburg, der anwesend war, hatte seinem Außenminister vorher gesteckt, dass Stalin sehr ergrimmt über den vorzeitigen europäischen Frieden sei:

„Er hat für 1940 gewiss vorgehabt, diese Länder zu okkupieren.“

Bis gegen Ende des Jahres 1939, nur kurze Zeit weiter soll unsere Abhandlung gehen, gab es keine Fortschritte mit den Russen, aber die Aussichten für 1940 waren nicht schlecht - wenn beide Seiten sich bemühten.

Das Volkswagenwerk in Wolfsburg, das sich gegen die Konkurrenz der Werke von Opel und Ford anzustrengen hatte, machte den Deutschen ein nettes Weihnachtsgeschenk: zwei Modelle des Volkswagens, bald „Käfer“ genannt. Es offerierte das Standardmodell für 1.500 und ein Exportmodell für 1.800 RM. Die Produktion lief langsam an und sollte im nächsten Sommer 1.000 Stück täglich erreichen. Vorbestellungen und Anzahlungen waren möglich. So wie die Amerikaner sich rüsteten, das nun friedliche Europa, vor allem Deutschland, mit seinen Waren zu überschwemmen, schwärmten jetzt Kolonnen der VW-Vertreter in alle Länder der Welt aus, um Niederlassungen und Werksvertretungen zu gründen, ohne die ein wirklich starker Export des Autos kaum möglich sei - wie Experten versicherten. Deutschland ließ das Geld rollen, was Hitler nicht fertiggebracht hatte, und es floss auch massenhaft ins Land zurück: von Emigranten, alten Schweizer und Luxemburger Konten und von Investoren Amerikas, Großbritanniens, Frankreichs, Japans, Südafrikas und vielen anderen Staaten. Der politische Umbruch im Deutschen Reich zog weite Kreise: Plötzlich waren faschistische Diktaturen nicht mehr „in“, wie es so schön hieß, und die Welt erwartete vor allem den Sturz der Regierungen Italiens und Spaniens. Hitler war der Unruhestifter der Welt gewesen, Mussolini und Franco waren nicht mehr als seine Lehrlinge, die sich nun einsam und deplatziert fühlten.

„Wann werden ihre Völker sie fortjagen?“

Auch die deutsche Reichsregierung wollte zu den Festtagen, die nach Hitlers Willen eine Kriegsweihnacht hätten sein sollen, eine kleine Bescherung veranstalten. Reichspräsident Theodor

Heuss sprach in seiner Festrede zwar der Zukunft das Wort, aber machte auch Andeutungen einer Amnestie für braune Straftäter, deren Handlungen „weniger kriminell als charakterlich motiviert“ waren, auch wenn sie gegen „unsere jüdischen Mitbürger“ gerichtet waren. Damit meinte er wohl jene SA-Männer und andere Funktionäre, die Juden „nur“ verbal misshandelt und „nur“ theoretisch an ihrer Verfolgung mitgewirkt hatten: Indem sie Schaufenster mit Hassparolen beschmierten, Juden-raus-Schilder aufstellten, Juden nichts mehr verkauften oder billig ihre freigewordenen Immobilien erwarben. Reichskanzler Konrad Adenauer übernahm in seiner Rede forschere Formulierungen. Endgültig blies er eine Entnazifizierung ab und bedrohte stattdessen die von Zeugen erkannten und benannten Einzeltäter mit konsequenter Verfolgung, „und wenn es zehn Jahre dauern sollte“. Ein Drittel seiner Radioansprache widmete der Kanzler dem Fall „Das Attentat vom 8. November 1939“:

„...es ist nun Zeit, meine lieben Mitbürger, Licht in das Dunkel dieses Vorganges zu bringen. Ich verhehle nicht, dass auch ein politischer Mord eine Straftat ist, die von Exekutive und Legislative zu verfolgen ist. Aber jedes Gericht würdigt in einem Mordfall auch Vorgeschichte und Folgen der Tat, was sowohl verschärfenden als auch mildernden Einfluss auf ein Urteil haben kann. Und hier, ich sage es ganz offen, waren die Folgen doch segensreich, meine lieben Mitbürger. Ohne diese Tat wären jetzt zusätzlich viele Hunderte oder Tausende Menschen gefallen, verwundet oder in Gefangenschaft geraten, vielleicht durch einen Hitlerschen Feldzug in Frankreich, durch Luft- oder Seekrieg oder sonst etwas, jedenfalls hatte der Ermordete vor, den Krieg auszuweiten und auch, wie man allenthalben jetzt erfahren kann, die Verfolgung der europäischen Juden zu forcieren und neue, ganz ungeahnt umfangreiche Lager zu bauen. Ich persönlich glaube, dass eine kleine Widerstandsgruppe unseres Landes Hitler beseitigt hat, sie möge sich jetzt melden, anonym oder auch nicht, und der Geschichtsschreibung ihr Recht lassen. Sollte eine Einzelperson diese Tat begangen haben, so unwahrscheinlich uns dieses vorkommen mag, so wage ich ihr hier und heute Straffreiheit zuzubilligen. Ich weiß, dass nicht alle Mitbürger unserer neuen Demokratie so denken können und wollen, aber dieser Schritt, im Kabinett einstimmig gutgeheißen, soll auch helfen, die Kluft gegensätzlicher Meinungen und Weltanschauungen zu überbrücken..."

Der Internationale Gerichtshof in Den Haag mühte sich redlich, die Anklagen gegen „führende Kriegsverbrecher und andere..." zusammenzubringen. Plötzlich gab es gar keine mehr. Schon die Anfangserhebungen zeigten, dass man zuviel erhofft hatte und nicht ganz ohne Grund argwöhnte man, dass die Deutschen wenig Interesse an der Arbeit dieser Institution zeigten.

„Der Hauptverbrecher ist tot."

„Die anderen waren nur kleine Fische."

Diese zwei Sätze brachten es auf einen Nenner. Bei den Vorvernehmungen zur Erhebung der Anklagen, von deutschen Staatsanwälten in Rechtshilfe vorgenommen, bauten die Befragten undurchdringliche Mauern auf, indem sie ihr Verhalten auf Befehlsnotstand beriefen und behaupteten, Hitler allein habe das Sagen gehabt, sie wären nur Ausführende gewesen. Schwer traf die deutsche Regierung der Vorwurf, sie halte Heinrich Himmler versteckt, habe ihn als Experten an Stalin gegeben oder nach Südamerika ausreisen lassen. Natürlich konnte sich Adenauer nicht verbürgen, dass eines davon sofort nach der Verhaftung geschehen sei, aber er verwahrte sich gegen den Vorwurf der Mithilfe. Da bekam er Schützenhilfe von der neugegründeten Zeitung „Die Welt". Diese erhielt einen Leserbrief und druckte ihn ab, ausnahmsweise, da er anonym war:

„...sucht nicht nach Heinrich Himmler, denn seine Frau ist Witwe geworden! Wir haben ihn aus dem Gefängnis geholt, umgebracht und verscharrt..."

Nun, dann war diese Sache ja geklärt. Verfolgen wir nun noch das Schicksal derjenigen Männer, die auf der Den Haager Anklageliste standen. Im Ausland hielt man Hermann Göring für einen derben Kriegstreiber, aber er konnte nachweisen, dass er sich in den letzten Tagen des August für den Frieden „bis zum Herzinfarkt“ engagiert habe und benannte als Zeugen den Schweden Birger Dahlerus; von dem wir bereits berichtet haben. Dieser konnte Görings Aussagen bestätigen, und auch sein Intimfeind Ribbentrop musste in diesem Sinn aussagen, wollte er bei der Wahrheit bleiben:

„...wir spotteten und lachten damals über Görings Bemühungen, weil wir der Meinung waren, dass es dank Hitlers Genialität nicht zum Krieg kommen würde.“

Göring weigerte sich, dem Gerichtshof das Recht zuzugestehen, über seine Aktivitäten in der deutschen Judenverfolgung zu urteilen:

„Das ist eine innerdeutsche Angelegenheit und darf nur vor deutschen Gerichten verhandelt werden.“

Das war auch die Ansicht der deutschen Allgemeinheit. Göring hatte all' sein Vermögen zur Verfügung gestellt, das nur irgendwie im Ruch stand, zu Unrecht oder unredlich erworben zu sein, und besaß nur noch sein Karinhall.

„Das habe ich mir von meinem regulären Gehalt errichtet..“

Im übrigen war er wieder ganz obenauf: als Chefverkäufer der Junkers-Flugzeugwerke. Er ging für einige Wochen ins Ausland, um die neueste Junkers-Version als Langstreckenreiseflugzeug bei den internationalen Fluggesellschaften an den Mann zu bringen. Auch Joachim von Ribbentrop war wieder als Verkäufer unterwegs. Er bemühte sich nicht nur, alte Kameraden und Kunden mit Sekt zu bedienen, sondern war im Einklang mit seinem Arbeitgeber bemüht, Sekt überhaupt zu einem Volksgetränk avancieren zu lassen: indem ein „Volkssekt“ (VS) unter 6 RM angeboten wurde. Das war ein fröhliches Zechen und Schlürfen in deutschen Wohnstuben! Die Anklage, Hitler durch falsche Informationen über die Engländer zum Krieg gedrängt zu haben, konnte Ribbentrop leicht entkräften:

„Ich war sicher, dass Hitler nur bluffte, wir alle glaubten das ja, und versicherte ihm, dass auch die Engländer nichts anderes taten. Wir irrten uns - ist das ein Verbrechen?“

Doktor Goebbels hätte man auch gern drangekriegt, aber schon die Formulierung der Anklage machte Schwierigkeiten: Eine direkte Beteiligung an den Pogromen war ihm nicht nachzuweisen und seine verbalen Niederträchtigkeiten konnten juristisch nicht erfasst werden. Er erfreute sich momentan als Verlagslektor und Autor eines angesehenen Berufs und genoss sein Familienleben, das nun in Eintracht mit Magda und ohne den Stress von Techtelmechteln und Seitensprüngen munter dahinglitt.

Rudolf Heß, beim uninformierten Publikum des In- und Auslands als mächtiger Mann des Dritten Reiches angesehen, entpuppte sich beim näheren Forschen und Ermitteln als „harmlose Kröte“, die keiner anderen Kröte etwas anzutun vermochte. Es war der Rausch der Macht und die Aura im Weichbild Hitlers, die ihm die Einbildung verschafft hatten, ein Großer der Zeit zu sein. Nun widmete er sich wieder den politischen Wissenschaften und schloss sich erneut dem Kreis um *Karl Haushofer,* Jahrgang 1869 und Geopolitiker, enger an.

In *Viktor Lutze*, Jahrgang 1890, glaubten die Den Haager Ankläger einen Schuldigen vom Kaliber Himmlers gefunden zu haben: War dieser doch der Stabschef der gefürchteten und beschuldigten SA und Nachfolger des 1934 liquidierten Ernst Röhm. Nur: Mit der Ermordung Röhms wurde die SA, wie Hitler es beabsichtigte, ein harmloser Haufen Getreuer, der auch mit der Errichtung und Bewachung der KL nichts mehr zu tun hatte. Also blitzte Den Haag auch bei ihm ab. Wer blieb nun noch anzuklagen? Reinhardt Heydrich? Bürohengst zweiter Garnitur. Hans Frank? Mit seltener Offenheit schilderte er seinen großen „Führerauftrag“, nämlich das polnische Generalgouvernement judenfrei zu machen und auch die polnische Bildungsschicht auszurotten.

„Da hätte ich niemals mitgemacht“, versicherte er mit der würdigen Glaubwürdigkeit eines Rechtsanwalts in eigenen Diensten,

„und in der Tat war auch die SS ausersehen, die praktische Arbeit zu verrichten."

Nun, diese kam wegen des Friedensausbruchs nicht in Gang. Konnte man Militärs wie Walther von Brauchitsch und Franz Halder anklagen? Wohl kaum. Jedermann sah ein, dass eine Befehlsverweigerung Hitler gegenüber ihre Köpfe hätte abrollen lassen und dass Hitlers Angriffskrieg doch losgebrochen wäre. Schon Ende Januar 1940 war das Haager Tribunal mit seinem Juristenlatein am Ende und sah ein, dass nur e i n Schuldiger wirklich zu packen wäre - läge er nicht in heimatlicher Erde begraben!

Glück für die noch immer argwöhnisch betrachteten Deutschen war, sich mit zwei Vorgängen vom Verdacht, die Naziverbrechen nicht ernst genug zu nehmen, reinwaschen zu können. Frau Himmler nämlich, die den Kanzler um eine „angemessene Pension" bat, informierte ihn auch, dass der wichtige Geheimtresor ihres Mannes nicht im Amt stände, sondern zu Hause bei ihr. Den amtlichen Tresor hatte man natürlich längst geöffnet und seinen Inhalt überprüft, fand aber nur „ganz normale Vorgänge" behördlichen Charakters und Dossiers über Leute zweiten und dritten Gliedes, Gauleiter, SA-Führer, verdächtigte Offiziere und Privatpersonen. Wo steckten die „heißen Akten"? Reinhardt Heydrich konnte oder wollte nicht antworten. Da kam Frau Himmlers Offerte gerade recht.

Im unter amtlicher Aufsicht aufgebrochenen Tresor des Reichsführers SS fand man neben Dossiers über Hitler und alle führenden Minister des Reiches und der obersten Militärs ein Tagebuch. Es ist bekanntlich eine Spezialität von Tätern, Tagebuch zu führen: Entweder dient es ihrer Eitelkeit und Geltungssucht oder als Ventil fürs schlechte Gewissen.

„Er kam oft ziemlich geknickt heim", sagte Frau Himmler, „und setzte sich dann nieder und schrieb. Danach entspannte er sich und wurde ganz Ehemann und Familienvater und Geflügelzüchter."

„Haben Sie Einblick ins Tagebuch gehabt?"

„Nein. Aber er sagte einmal etwas von 'Sprengstoff', das es enthalte und dass eines Tages, wenn er gestorben oder seine und des Führers Arbeit getan sei, die Welt die Augen verdrehen und die Ohren hochstellen werde, wenn es gelesen würde."

Nun, da konnte man ja gespannt sein. Und wirklich: Nicht nur die Augen verdrehen und die Ohren stellen sich, auch die Haare stehen zum Himmel, wenn man nur ein wenig stichprobenartig liest:

„20. August 1939: beim Führer. Er sagt, am 25. ginge es gegen Polen los, auch wenn der doofe Göring den Friedensapostel mime. Ich gebe zu bedenken, dass Korridor und Danzig keinen Weltkrieg rechtfertigten, aber der Führer erklärt, dass Polen ja nur den Auftakt zu einem neuen Germanenzug gen Osten darstelle. Nach Beendigung des Feldzuges bilde Polen das Vorfeld zum Krieg gegen die jüdische Sowjetunion. 'Da werden Sie viel zu tun haben, Reichsführer', sagte der Führer. Ich bewundere seinen staatsmännischen Weitblick, was macht er doch für eine gute Figur gegen Mickerfritzen wie Chamberlain, Daladier und auch Mussolini..."

„31. August 1939. Der Angriff auf Polen wurde um eine Woche verschoben, aber morgen früh geht es los. Ich bot dem Führer Einheiten meiner SS an, aber er winkte ab und meinte, diese bewährten Männer müsste ich für größere Aufgaben zurückhalten, die demnächst anständen."

„15. September 1939. Polen ist bereits erledigt, wie der Führer meint. Heute Abend erläuterte er mir seine Pläne mit diesem Land. Den östlichen Teil solle Stalin bekommen, um ihn zum Komplizen zu machen, 'den westlichen führen wir ins Reich zurück und ausdem übrigen so genannten Kernpolen machen wir ein Generalgouvernement'. Dieses soll das Arbeitsgebiet der SS werden, indem hier neue Arbeits- und Vernichtungslager, so der Führer wörtlich, errichtet werden. 'Dort können Sie, Reichsführer, alle unsere Juden einquartieren und solange arbeiten lassen, bis sie hopsgehen. Die polnischen Juden und alle anderen,

Reichsführer, die wir aus Europa herankarren werden, und auch polnische katholische Geistliche und die Intelligenz des Landes, müssen Sie auf eine Art und Weise, die ich Ihnen und Ihren Männern überlasse, ausrotten und vertilgen. Ist das klar?' Musste mir noch klarwerden!"

„1. Oktober 1939. Heute bekomme ich vom Führer den offiziellen Auftrag zur Errichtung von Lagern und Gettos für die Juden. Jedes Material und jede benötigte Arbeitskraft stehe zur Verfügung, der künftige Generalgouverneur ist mir direkt unterstellt und die Wehrmacht habe sich nicht einzumischen. Geheimnisvoll sagte der Führer dann: 'Viele Ärzte und Wissenschaftler treten an mich heran und bitten, medizinische Experimente mit Häftlingen durchführen zu können. Das ist eine einmalige tolle Sache und wird Deutschlands Wissenschaft voranbringen. Ich habe diese Männer an Sie verwiesen.' Ja, der Führer ist für alles Gute und Nützliche so leicht zu begeistern..."

„31. Oktober. Der Führer zeigt sich sehr zufrieden, dass meine Einheiten ihre Arbeit in Polen bereits aufgenommen und viele jüdische Elemente zusammengetrieben haben, zumal die Russen ebenfalls nicht zimperlich sind und in ihrem Teil Polens für Ordnung sorgen. 'Polen ist die Generalprobe', sagt der Führer, 'und wenn wir erst einmal Russland bis zum Ural besetzt haben, bekommen Sie soviel Arbeit, Reichsführer, dass Sie sich eine effektive Methode des Ausmerzens ausdenken müssen.' Er schwärmt von den Weiten des Ostens, dass dieses immer schon Germanenland gewesen sei und nun wieder in die rechten Hände zurückkäme. 'Wenn wir uns da einmal festsetzen, kriegt uns niemand wieder fort.' Ich will mein Bestes tun für diese großartige Aufgabe."

„6. November 1939. Ich dringe heute in den Führer, die Münchner Veranstaltung doch abzusagen, da man nie wisse, was passieren könne. Er protestiert: 'Wenn ich mich nicht mehr zeige und nicht mehr öffentlich rede, dann bin ich doch erledigt.' Er hat volles Vertrauen in mich und auf die Wachsamkeit meiner

Männer. Ich persönlich glaube, dass kein Attentäter je an den Führer herankommen kann."

Hier enden die Tagebucheintragungen Himmlers; wir wissen warum.

Der zweite der genannten Fälle hängt mit diesem ersten eng zusammen. Es ist der erste aufsehenerregende Prozess der Nachkriegszeit. Frau *Ida Schonebeck*, Jahrgang 1915, geborene Müller, jetzt Ehe- und Hausfrau, vormals Assistentin bei Doktor *Josef Mengele*, Jahrgang 1911, glaubte durch ihre Heirat alle Spuren ihrer Tätigkeit in Polen verwischt zu haben. Aber ihre Taten waren zu offensichtlich und öffentlich gewesen, um vergessen werden zu können, und nachdem zwei Anzeigen polnischer und drei deutscher Bürger über dasselbe Thema eingegangen waren, arbeitete die deutsche Justiz rasch und effektvoll, spürte Ida auf und verhaftete sie. Sie war der Typ deutsch-braver Hausfrau und selbst den Anklägern fiel es schwer, in ihr einen menschlichen Unhold zu erblicken.

Josef Mengele, der sie in seiner Praxis beschäftigte, war einer jener Ärzte, die prompt, sofort und augenblicklich Moral und Ethos über Bord warfen, als es straflos geschehen konnte - unter der Herrschaft Hitlers nämlich. 1934 bereits, also just mit 23, wurde er Mitglied des Forschungsstabes eines neugegründeten Instituts für Erbbiologie und Rassenhygiene, wo er sich auf Zwillingsforschung und auf die Rassenkunde unter Berücksichtigung der Vererbungslehre spezialisierte. Ein schwieriges Fach, gewiss, aber viel leichter für diejenigen, die sich über Skrupel hinwegsetzen können. Da half Himmler aus, mit Zustimmung Hitlers, wie wir soeben erfahren haben, und verwies diesen famosen Mediziner nach Polen. Dort ging er mit Ida Müller, die für den Erfolgsfall sein Eheversprechen in der Handtasche hatte, auf Jagd nach kindlichen und jugendlichen Zwillingen.

„Ich war", berichtete die erste Zeugin, „Schwester im Kinderheim zu Lodz, als dieses eines Morgens von der SS umstellt wurde. Alle Kinder mussten sich im langen Flur aufstellen und ein gutaussehender junger deutscher Arzt fragte mich, ob wir Zwillinge unter den Kindern hätten. Er hatte eine schnieke SS-Uniform an und trat sehr höflich auf, und darum dachten wir nichts Arges, zumal Fräulein Müller, seine Assistentin, nett mit den Kindern schäkerte. Da waren also Karol und Kasimir, von uns kurz K & K genannt, 6 und Waisen, da ihre Eltern in Warschau verbrannten. Misstrauisch wie alle diese Kinder betrachteten sie die fremden Menschen, von denen sie nur wussten, dass sie ihre Eltern und Verwandten töteten oder mitnahmen nach Deutschland. Der Arzt begutachtete sie begeistert und befahl, sie herzugeben. Ich weigerte mich und verlangte polnische Papiere hierüber. Da merkten die Kinder, dass Gefahr drohte, und wollten weg, aber das Fräulein packte sie derb und drückte sie an sich, dass sie schrien. Beide bissen sie in Arm oder Hand und rissen sich los, rannten schreiend den Flur entlang..."

Die Zeugin verlangte eine Pause, um Tränen entsetzter Erinnerung zu unterdrücken, fuhr dann fort:

„...Nun begann eine Menschenjagd, die ich nie vergessen werde. Die Angeklagte dort war flinker auf den Beinen als Karol und Kasimir und holte sie ein, ehe sie irgendwo in dem ihnen gut bekannten Haus verschwinden konnten. In ihrer Angst und Verzweiflung erspähten sie ein geöffnetes Fenster und schwangen sich auf die Fensterbank und ließen keinen Zweifel daran, dass sie springen würden, wenn... Die Angeklagte schnellte vorwärts und packte Kasimir an den Beinen, während Karol in die Tiefe sprang und unten auf den Steinen zerschellte. Als das die Angeklagte sah, stieß sie einen wütenden Ruf aus und stieß Kasimir, den sie durchaus hätte halten können, bis Hilfe herbeikam, in die Tiefe nach..."

Atemlose Stille im Gerichtssaal. Nach einer Weile fragte der vorsitzende Richter:

„Und die beiden Kinder starben?"

„Ja, sie sprangen doch aus dem dritten Stock des Hauses."

Dann wollte der Richter von der Angeklagten wissen, ob sie denn n a c h diesem Vorfall weiterhin Jagd auf polnische Kinder gemacht habe - hatte sie. Das bestätigten die nächsten Zeugen, die ähnliche, wenn auch nicht so grausame Fälle schilderten. Da das Reich in der neuen Verfassung die Todesstrafe abgeschafft hatte, kam Ida Schonebeck mit „Lebenslänglich“ davon. Ihr Anstifter freilich blieb unauffindbar, bis man erfuhr, dass er sich rechtzeitig nach Südamerika abgesetzt hatte.

Diese beiden Fälle, Himmlers Tagebuch und die polnische Kinderjagd, beeinflussten die Stimmung in Deutschland nachhaltig. Es sei nur am Rand erwähnt, dass weitere Prozesse gegen KL-Leiter und -Angestellte, Gestapomitglieder und SA- und SS-Männer in Vorbereitung waren oder sogleich anliefen, in denen es in gar keiner Weise um irgendeine politische Betätigung oder Mitgliedschaft ging, sondern ausschließlich um kriminelle Handlungen. Das neue Justizministerium ließ hohe ehemalige Funktionäre von SA, SS und Sicherheitsdienst befragen, „ob es irgendwann von irgendwem Befehle zu Misshandlungen und Folterungen der Beschuldigten, Verhafteten oder der Häftlinge in den Lagern gegeben habe?“. Alle sagten eindeutig „Nein!“, was nichts heißen musste oder bewies, aber Kenner der Nazimentalität waren der Auffassung, dass derartige Befehle nicht ausgesprochen, gar schriftlich formuliert werden mussten, um Gültigkeit zu erlangen.

„Das fing bei Hitler an, dessen Wünsche, zum Beispiel des Ausmerzens bestimmter Personenkreise, als Befehle von höchster Stelle weitergingen bis nach unten hin. Wer nicht mitmachte, hatte nicht viel zu fürchten, höchstens eine langsamere Beförderung als üblich.“

Viele entlassene KL-Häflinge bestätigten dieses indirekt, indem sie berichteten, „dass unter den KL-Wachleuten nur wenige gewesen seien, die über die übliche Aufsichtspflicht hinausgingen und die die Häftlinge aus eigenem Entschluss und zur eigenen Befriedigung schikanierten“.

Eines dieser Subjekte wurde erwischt, als man ein Foto genauer analysierte, das den am 4. Mai 1938 in der Berliner Klinik verstorbenen Carl von Ossietzky strammstehend vor einem Nazifunktionär zeigte. Er hatte den Nobelpreisträger, als dieser bereits an Tuberkulose erkrankt war, mehrfach mit Handschuhen ins Gesicht geschlagen und übel beschimpft - fünf Jahre Gefängnis waren die Quittung.

Nun zu der oben erwähnten Beeinflussung der Stimmung in Deutschland. Nachdenklich gestimmt oder schon halb und voll bekehrt zeigten sich jene Bürger, die noch immer der Legende „vom zwar anständigen aber nichtwissenden Führer“ anhingen, getreu der Devise „Wenn das der Führer wüsste“. Unter ihnen müssen wohl zahlreiche NSDAP-Wähler zum Reichstag gewesen sein - jedenfalls erhielt diese Partei bei den nächsten beiden Landtagswahlen den Todesstoß, nämlich nicht mehr als 1,3% der Stimmen. Somit konnten die demokratischen Parteien hoffen, dass es der Partei bei den nächsten Reichstagswahlen nicht besser erginge; was Adenauers Ansicht bestätigte, „Es ist klüger sie untergehen zu lassen als sie zu verbieten“.

Werfen wir noch einige kurze Blicke in den neuen Reichstag. Nur zähneknirschend und grollend hatte sich Kurt Schumachers traditionsreiche SPD mit der Oppositionsrolle abgefunden und alte Weimarer Mitglieder plädierten auf „Opposition bis aufs Messer“, was wohl soviel wie „dagegen um jeden Preis“ heißen sollte. Doch vorerst verfolgten die Regierungsparteien ein Programm, dem sich selbst notorische Querulanten und permanente Zwischenrufer nicht verschließen konnten, wollten sie sich nicht für alle absehbare Zeiten die Gunst des Volkes verscherzen:

1.) Arbeit für alle.
2.) Soziale Sicherheit für alle.
3.)Ein Auto für jede Familie.
4.) Soziale Fürsorge für jeden in Not Geratenen, ohne Frage der Verschuldung.
5.) Großzügige Förderung des Eigenheimbaus.
6.) Großzügige Förderung des Sparwillens.

7.) Gerechtere Steuerumlegung.
8.) Bau der Autobahnen so, dass niemand weiter als 50 Kilometer von ihr wohnt.
9.) Großzügige Förderung von Kunst und Kultur.
Scherzhaft noch dazu: „Unser heutiges Brot gib uns täglich“ und „Unser tägliches Bier gib uns heute“. Was blieb der Opposition anderes als zuzustimmen!

Ehe wir unsere Abhandlung endgültig beschließen bleibt noch eine Aufgabe: Über das Schicksal desjenigen Mannes zu berichten, den wir am Anfang als *Unser Mann* bezeichnet haben. Georg Elser und Mama hatten mächtig Aufwind bekommen, als Adenauer den oder die Attentäter aufrief, sich zu bekennen und nicht um ihre Sicherheit zu fürchten. Letzte Gewissensbisse Elsers schwanden dahin, als er die Reste des Dritten Reiches untergehen und das Volk aufatmen, ja aufblühen sah. Das war sein Werk! Was war seine Überzeugung gewesen, sein Antrieb zur Tat?

„Hitlers Beseitigung wird weiteres Blutvergießen verhindern.“

Nur selten in der Weltgeschichte ist eine Ansicht so bestätigt worden!

Mutter Elser konnte nicht mehr an sich halten und entschloss sich, ihr und ihres Sohnes Geheimnis zu offenbaren. Aber nicht einfach so: Hingehen und hinausplappern! Auch nicht so, wie es heutzutage eine Person ihresgleichen tun würde: Nämlich eine Illustrierte aufsuchen oder das Fernsehen, um erst einmal für eine gute Geschichte abzukassieren. Nein: wenn schon - denn schon! Also zur höchsten Stelle dieses Staates. So kratzte sie Erspartes zusammen und begab sich mit der Eisenbahn nach Berlin. Ihr Sohn arbeitete für ein paar Tage auswärts.

Reichspräsident Theodor Heuss staunte nicht schlecht, als ihm eine Besucherin gemeldet wurde, die „dringende einmalige Aussagen zum Führer-Attentat zu machen habe“. Er hatte sich bei Amtsannahme zwar vorgenommen, ein Bürger-Präsident zu werden, wie immer man eine solche Formulierung auch definieren mag, aber Schwätzer, Wichtigtuer und Angeber beiderlei Geschlechts mochte er nicht leiden und ihnen auch keine Sprechstunden widmen. Doch hier wurde ein heißes Thema angemeldet: Hinhören schadete wohl nichts.

Frau Elser trat mit dem Mut des kleinen Mannes vor hohen Tieren ein, bekriegte sich aber rasch bei Heuss' väterlicher Art und sagte schlicht und aufrichtig:

„Mein Sohn, Johann Georg heißt er, ein braver Bursch, hat den Führer und die anderen Männer totgemacht."

Theodor Heuss bekam gar keine Zweifel an dieser Aussage, doch Verblüffung verschlug ihm vorerst die klaren Gedanken. Dann sagte er:

„Können Sie, Frau Elser, das belegen, beweisen?"

Sie öffnete umständlich die Handtasche und breitete Georgs Tatzeichnungen auf dem Tisch aus: Sie zeigten den Wecker und die gesamte Konstruktion der Höllenmaschine, fein penibel war aufgeführt, wo und wann die Sachen gekauft worden waren. Nun meinte Heuss, nicht zuständig zu sein, wenigstens allein nicht, und beorderte seinen Referenten, den Kanzler und Justizminister herzuholen. In der Wartezeit ließ er Kaffee und Kuchen servieren und fragte Frau Elser nach ihren familiären Verhältnissen, erkundigte sich nach ihrem Sohn, was dieser mache, wo er lebe und warum er nicht mitgekommen sei; Fragen, die wir hier nicht zitieren, da sie im folgenden Verhör Frau Elsers wiederholt wurden. Ein Protokollführer schrieb alles penibel und in Sütterlinschrift mit.

„Werde ich jetzt verhört, gar verhaftet?"

Wieder fragte Frau Elser mit dem Mut des kleinen Mannes vor hohen Amtspersonen, bekriegte sich aber auch diesmal in der lockeren Atmosphäre, die diese Herrschaften hier zu verbreiten wussten.

„Nein, aber wir müssen doch alles schriftlich aufnehmen, nicht wahr, anders geht das nicht."

Und so entspann sich ein gemütlicher Dialog, als ginge es gar nicht um jene Ermordeten aus dem Bürgerbräukeller. Wir schalten uns nach der Aufnahme der Personalien von Frau und Georg Elser ein.

„Haben Sie nur die Aussagen Ihres Sohnes, Frau Elser“, fragte der Justizminister, „zu dieser Tat?“

„Ja, natürlich, woher denn sonst!“

„War Ihr Sohn vor der fraglichen Tat zu Hause?“

„Nein. Er sagte, er wolle sich Arbeit suchen.“

„Wie lang war diese Zeit?“

„Zwei Wochen.“

„Und er sagte Ihnen nachher, in diesen zwei Wochen die Bombe in die Säule des Saales eingebaut zu haben?“

„Das sagte er.“

„Hatte er Gehilfen?“

„Nein, mein Georg macht alles allein und selbst.“

Die Männer schauten sich zweifelnd an.

„War Ihr Sohn?“, fragte Adenauer, „vor diesen zwei Wochen immer zu Hause?“

„Ja. Er ging kaum aus.“

„Kein Mädchen, keine Frau?“

„Keine, das ist ja mein Kummer.“

„Was tat er zu Hause?“

„Jetzt, wo Sie es fragen! Er hockte in seinem Zimmer und bastelte an einer Maschine, wie er sagte. Ein Wecker stand auf dem Tisch, viele Drähte lagen herum.“

Aha, das war ja was!

„Hatte er Geld, sich so etwas zu kaufen?“

„Ja, er machte Gelegenheitsarbeiten im Tischlern und so, wie jetzt auch bei einem reichen Fabrikanten in Heidenheim oder sonstwo.“

Nun kam der Justizminister zum Kern der Sache.

„Weiß Ihr Sohn, dass Sie hier sind?“

„Nein.“

„Er will sich also nicht offenbaren?“

„Doch. Will er.“

Und Frau Elser berichtete, dass sie sich mit Georg einig gewesen sei, die Tat bei passender Gelegenheit bekanntzugeben. Inzwischen war ein Kriminalkommissar, der als Gestapomann die Ermittlungen im „Fall Bürgerbräukeller“ mitbearbeitet hatte, erschienen und nahm grobe, vorsorgliche Einsicht in die von Frau Elser mitgebrachten Zeichnungen und Abbildungen. Er war beeindruckt und „beinahe sicher“, dass nur der Täter sie gemacht haben könnte. Er durfte einige Fangfragen stellen, die Frau Elser befriedigend beantwortete - wer bei der Wahrheit bleibt, kann sich bekanntlich nicht verhaspeln. Dann wurde Frau Elser nach dem Tatmotiv ihres Sohnes gefragt.

„Georg hatte gewisse Kontakte“, antwortete sie, „auch zu kommunistischen Kreisen, ohne die Zustände in der Sowjetunion gutzuheißen. Aber die deutschen Kommunisten lachten ihn aus, verspotteten ihn wegen seiner ruhigen, überlegenden und gar nicht radikalen Art. Aber auf die Idee, Hitler zu beseitigen, ist niemand von ihnen gekommen. 'Sie schwadronieren nur', sagte Georg immer, 'haben große Schnauzen, zetteln Keilereien an, sonst nichts dahinter'. Da hat er sich halt hingesetzt und hat gehandelt. 'Der Hitler ist Deutschlands Unglück', war seine Devise.“

Man beschloss nun folgendes: Frau Elser sei morgen noch einmal durch den Staatsanwalt zu vernehmen und dürfe noch nicht heimfahren, für Unterkunft und Essen würde gesorgt; der Öffentlichkeit sollen durch Rundfunk und Presse „erste Ergebnisse zum Attentat“ mitgeteilt werden, vorerst ohne Namensnennung.

Das war natürlich die Sensation der Abendnachrichten im Radio. Sie teilte die Bevölkerung wiederum in zwei Lager: in Gegner und Befürworter des Attentats. So auch im Bauwagen der Baustelle in Heidenheim, wo Georg Elser nebst Kollegen die Meldung hörte.

„...meldete sich die Mutter des Attentäters bei der Reichsregierung, um hierüber auszusagen...“

Elser machte die Holzinnenarbeiten einer Villa, für drei Tage nur, und es lohnte nicht, abends nach Hause zu fahren. Darum wusste er nichts von der Reise seiner Mutter nach Berlin und hielt die Radioangaben für Aufschneiderei oder Irreführung durch Hochstapler und Prahler.

„Da macht sich einer wichtig“, verkündete er den anderen Arbeitern und Handwerkern, „ich weiß es genau.“

Bier- und Schnapsflaschen hatten gekreist.

„Wie willst du das wissen, he?“

„Weil ich es selbst war, ha!“

„Was warst du?“

„Der den Führer kaltgemacht hat. So, da wisst ihr's.“

Nun war's heraus. Er hätte besser schweigen sollen - vorerst wenigstens! Aber er war jetzt am Zug und außerdem froh, alles von sich geben zu können. Atemlos, verblüfft, skeptisch und ironisch lauschten die Kollegen seinen Worten und konnten doch nicht umhin, völlig gebannt zu sein und entweder ihm zu glauben oder seine Fantasie zu bewundern. Georg zeichnete ihnen in wenigen Strichen eine Höllenmaschine seiner Bauart aufs Papier und sprach von Sprengstoffen wie von Frankfurter Würstchen. Was auch immer die Arbeiter letztendlich denken mochten, einige von ihnen, nämlich diejenigen, die jetzt die Bauhütte verließen und heimgingen, brachten die Kunde, der Attentäter sei derzeit in Heidenheim, unters Volk.

Am anderen Morgen, als Georg Elser wieder nüchtern war und ihm die Dummheit des Abends ins Gemüt ging und er tat, als sei alles ein Scherz gewesen, da nahm man seine Mutter noch einmal in die Mangel und versuchte sie in Widersprüche zu verwickeln; vergeblich. Misstrauen erweckte ihre Aussage, nichts über den Aufenthalt ihres Sohnes zu wissen.

„Er wollte für drei Tage auf eine Baustelle.“

Basta! Als ein Beamter vorschlug, die Hermaringer Kripo zu informieren und eine Durchsuchung des Zimmers Georgs vornehmen zu lassen, winkte der Staatsanwalt ab: Er hatte bereits vor, dieses morgen selbst zu tun, und mit einem Vorwand bot er Frau Elser an, sie morgen nach Hause begleiten zu lassen. An diesem Tag bekamen die Medien keine neuen Nachrichten über den Fall.

„Morgen, meine Damen und Herren“, vertröstete man sie.

Frau Elser war also bereits unterwegs nach Hermaringen, als ihr Sohn und seine Kollegen den Namen des Attentäters im Radio vernahmen.

„Also doch! Er war's! So ein Schlawiner!“

Diese wenigen Worte waren durchaus doppelsinnig gemeint, denn unter den Kollegen waren einige, die vorher gewisse Posten in Partei und SA bekleidet und diese nun verloren hatten - die Drähte der Seilschaft liefen bereits heiß.

„Erzähl mal wie du das gemacht hast.“

„Ach“, winkte Elser ab, „das könnt ihr alles in den Zeitungen nachlesen.“

Er spürte plötzlich einen Drang nach Hause und sagte, dass er den Zug um 19 Uhr noch bekommen müsse. In einer Stunde also war Feierabend, Georg Elser kassierte seinen Lohn, packte die wenigen Habseligkeiten zusammen, sagte „Tschüss“ zu den Kollegen und verließ die Bauhütte, um zum Bahnhof zu gehen. Später stellte es sich heraus, dass die Kollegen vorläufig die letzten waren, die ihn gesehen hatten - wenigstens meldeten sich sonst keine Leute, niemand hatte ihn unterwegs, am Bahnhof oder im Zug gesehen, und zu Hause kam er vorläufig nicht an.

Was war geschehen? Noch am Bahnhof hielt ein gutsituiert aussehender Passant ihn an und sagte zu ihm:

„Herr Elser? Gut. Ich habe Ihnen mein Leben zu verdanken und bitte Sie, für ein paar Tage mein Gast zu sein, damit ich Ihnen danken kann.“

Georg Elser zögerte misstrauisch. Er wusste um Kräfte, war bereits gewarnt worden, die ihm an den Wickel wollten, ernsthaft an den Kragen sogar und er hatte gar nicht vor, jetzt nach Hause zur Mutter zu fahren. Irgendetwas warnte sein Inneres, aber dieser Mann vor ihm, der sich als Werner Heistermann vorstellte, strahlte eine Welle voller Vertrauen aus. Dieser sagte jetzt eindringlich:

„Wenn wir hier lange herumstehen, kann etwas passieren. Gewisse Reaktionäre wollen Sie entführen, wohl beseitigen. Ich kann Ihnen Sicherheit bieten, bis diese Mordlust abgeklungen ist. Kommen Sie mit!"

Georg Elser kam mit. In einer Seitenstraße parkte ein Opel Olympia, der beide Männer in einer Mehrstundenfahrt nach Augsburg brachte, wo Werner Heistermann einen Einmannbetrieb für Tischler- und andere Holzarbeiten besaß. Georg Elser war sofort in seinem Element.

„Ich habe immer am liebsten mit Holz gearbeitet", sagte er.

„Mein Betrieb ist Ihr Versteck", erklärte Heistermann, „hier können Sie für mich arbeiten und bekommen auch ein Gehalt."

„Warum tun Sie das für mich?"

Diese Frage hatte Heistermann natürlich erwartet, er erklärte:

„Ich bin Jude, auch wenn mir das kein Mensch ansehen kann, und stand bereits auf der Liste derjenigen, die sich mit Sack und Pack zu melden hatten. Da machten Sie, mein lieber Herr Elser, diesen so genannten Führer tot, eine Heldentat das und gottgefällig."

„Und Sie meinen", fragte Elser „dass ich bedroht bin?"

„Und wie! Da sind schon welche unterwegs, Sie von zu Hause abzuholen oder auf der Straße abzufangen..."

Georg Elser blieb hier bis zum Frühjahr 1940 und ließ seiner Mutter auf Geheimwegen mitteilen, dass es ihm gut ginge...

Zeitgleich, als Georg Elser in Sicherheit war, durchsuchten Kriminalbeamte sein Zimmer, während sich draußen vor dem Haus eine Menschenmenge versammelte, „um den Helden zu sehen", aber auch um Rufe wie „den Mörder vors Gericht" auszustoßen. Im Zimmer konnten die Kriminalbeamten nur feststellen, dass Elser ganz offensichtlich ein Tüftler und Bastler gewesen war, sie fanden aber keine direkten Beweise für die Tat, etwa, wie sie gehofft haben mochten, Spuren von Sprengstoff, eine Fahrkarte nach München oder Hinweise auf seinen Aufenthalt dort. Sie beschlagnahmten ein drei Jahre altes Foto von Elser und ließen es in der Hoffnung veröffentlichen, dass jemand ihn wiedererkennen würde; daraus wurde nichts. Inzwischen hätte er natürlich in Hermaringen auftauchen müssen, und da das nicht geschah, machte er sich, mitsamt seiner Mutter, in den Augen der Beamten verdächtig. Schon am nächsten Tag meldete sich sein letzter Arbeitgeber, auch einige seiner Kollegen taten dieses, und sie bestätigten, dass er am fraglichen Tag nach Hause aufgebrochen sei.

Kaum waren die Beamten aus dem Haus und die Menge hatte sich verlaufen, als zwei Männer in der Aufmachung der ehemaligen Gestapo ins Haus brachen und Frau Elser im Genick festhielten. Sie war nicht bange und trat den Festhalter auf sein Hühnerauge. Sie ließen sie los, verhinderten aber eine Flucht dürch Türen und Fenster.

„Wo isser?“

„Wer, Sie Idiot?“

„Nun, dein Sohn, der Führermörder.“

„Is weg natürlich, Sie Idiot.“

„Warum isser weg?“

„Weil er wusste, dass Sie Idioten kommen würden. Den kriegen Sie nie. Wer Hitler kalt gemacht hat, den kriegen ehemalige Gestapoleute niemals. Also raus mit euch, sonst schreie ich die ganze Nachbarschaft zusammen.“

Sie gingen, nachdem sie noch die übliche Hausdurchsuchung gemacht hatten.

„Braunes Pack, ihr!“, rief Frau Elser ihnen nach.

Der ganze Fall blieb letztlich für die Öffentlichkeit unaufgeklärt, da Johann Georg Elser, *unser Mann*, die ganze Zeit weder gesehen oder gefunden wurde, aber offiziell sprach alles für seine Tat und als Täter ist er in die Geschichte eingegangen.

„Den hat die braune Mafia beiseite geschafft.“

„Da soll etwas vertuscht werden.“

„Das hätt's zu Führers Zeiten nicht gegeben.“

„Man hat ihm Geld gegeben und ihn ins Ausland geschickt."

„Man will Gras drüber wachsen lassen."

Volkes Stimmen! Mit ihnen wollen wir unsere Abhandlung ausklingen und es unseren Lesern überlassen, wie denn dieser Georg Elser über die Runden gekommen ist.

Ausklang

Wie eine nackte und brutale Realität ist unsere Vision an uns vorübergezogen. Wie anders könnte heute vieles und manches sein, wenn es keine solche wäre? Welche Schrecken wären der Welt erspart geblieben, wie hoch sind die Werte zu veranschlagen, die nicht vernichtet worden wären? Bedenken wir bei alledem, dass das wahre Entsetzen der Hitlerschen Herrschaft erst nach dem hier geschilderten Zeitraum hereingebrochen ist, dass die Verbrechen schon in den Köpfen spukten und teilweise geplant waren und ihrer Ausführung harrten, aber noch nicht ausgeführt waren.

Grundsätzlich ist zu sagen, dass Johann Georg Elser eigentlich nicht rehabilitiert ist, während seiner uniformierten, aber zu spät gekommenen Attentatskollegen in großer Hochachtung und Ehrfurcht gedacht wird. Liegt es am äußeren Erscheinungsbild, das ja soviel ausmacht in unserem Urteil und Leben: Dort die ordensgeschmückten, stattlichen Offiziere der Wehrmacht, die viel riskieren und tapfer und entschlossen die Folgen ihres Tuns erleiden müssen – und dort der unscheinbare, vollkommen unattraktive, linkische, kommunistisch eingefärbte Handwerker, der Hitler auf dem ersten Höhepunkt des Erfolges an den Wickel gehen will. Der nicht einmal einen Prozess bekam, auf dem er sich hätte äußern und verteidigen können, sondern „als persönlicher Häftling des Führers" solange in KLs aufbewahrt wurde, erst in Sachsenhausen, dann in Dachau, bis man sich am Ende des verloren gehenden Krieges seiner erinnerte und ihn am 9. April 1945 auf Anweisung Heinrich Himmlers ermordete; der gewiss mit Zustimmung Hitlers handeln ließ. Noch lange Jahrzehnte nach dem Krieg soll Elser im Heimatort „persona non grata“ gewesen sein, man schämte sich seiner statt ihn zu rühmen.

„Undank ist der Welten Lohn...“

Tatsächlich hatte Johann Georg Elser nicht vor, sich zu opfern. Sogleich nach der Installation und der Einstellung der Detonationszeit der Bombe in der Nacht zum 8. November machte er sich davon, und zwar zur Schweizer Grenze. Kurz vor Überschreiten wurde er von Grenzwachen gefasst und verhaftet, die natürlich nicht ahnen konnten, welcher Fisch ihnen da ins Netz gegangen, obwohl ihnen das Attentat durchs Radio bekannt gemacht worden war. Möglich, dass Elser als illegaler Grenzgänger oder Flüchtling davongekommen wäre, aber man brachte ihn in die berüchtigten Gestapokeller der Prinz-Albrecht-Straße zu Berlin und verhörte ihn nach der Kunst der dortigen Beamten. Ganz andere Männer als er sind hier schwach geworden. Zur Verblüffung der Beamten gestand Elser das Attentat, sie konnten's nicht glauben, dass ein Einzelgänger und nicht eine mächtige, feindliche Organisation, wie's Hitler und Himmler recht gewesen wäre, dahinter stand. Eine Blamage für den Sicherheitsdienst des Staates, die man nicht öffentlich eingestehen durfte! Also wieder Lügen her, wie so oft und immer wieder, weil diese Diktatur durch und durch unmoralisch war und diese Lügen das Fundament dieses Regimes waren, und rasch eine politische Geschichte erfunden: Entweder war's die „Schwarze Front“ des *Otto Strasser*, Jahrgang 1897, ehemals Anführer des sozial-revolutionären Flügels der NSDAP, dann mit Hitler verkracht, jetzt im Exil lebend und gegen das Dritte Reich polemisierend; mit Werken wie „Die deutsche Bartholomäusnacht“ (1935), „Wohin treibt Hitler?“ (1936) „Kommt es zum Krieg?“ (1937) und „Europa von morgen“, (1939). Klar, dass Hitler wütete, dass er diesen alten Kämpfer und Widersacher im Schweizer Exil nicht packen konnte. Sprach nicht alles dafür, dass Elser zu ihm zu flüchten gedachte? Doch dem war nicht so. Himmler und Heydrich zogen es in Absprache mit Hitler vor, diesen Verdacht ruhen zu lassen und stattdessen dem Volk eine mehr verständliche, logisch klingende Attentatsversion zu präsentieren: Der britische Geheimdienst war's! Er m u s s t e „unseren Führer“ als den starken, unbesiegbaren Garanten des Sieges ansehen und demzufolge bestrebt sein, ihn zu beseitigen; nur so sei eine britische Niederlage abzuwenden. In dieser Lüge sehen wir den Grund zur „Aufbewahrung“ Johann Georg Elsers für einen Prozess nach s i e g r e i c h e r Beendigung des Krieges; vielleicht hätte Hitler gar Gnade vor Vergeltung üben lassen, zumal Elser sich in der Haft vorbildlich benahm, mit den Wachmannschaften gut auskam und sich friedlich und hingebungsvoll seinem Hobby nützlicher Bastelei widmen durfte. Das scharfe Schwert des Herrn Damokles hing freilich stets über ihm...

Was unseren Protagonisten wirklich geschah

In unserer Vision sind die meisten Hauptdarsteller, wie ersichtlich, ziemlich glimpflich davongekommen, ihre Realität sieht freilich durchweg düsterer aus. Listen wir sie hiermit alphabetisch auf, um den Lesern ein Nachschlagen zu ersparen.

Adenauer, Konrad: Wurde nach dem Krieg tatsächlich Kanzler, wenn auch statt Reichs- nun Bundeskanzler. Er starb am 19. April 1967 zu Rhöndorf.

Beck, Ludwig: Er war einer der führenden Verschwörer vom 20. Juli 1944 und wurde am Abend dieses Tages ohne Prozess auf Befehl des Generalobersten Fromm durch Kopfschuss getötet.

Brauchitsch, Walther von: Wurde nach dem Frankreichfeldzug Generalfeldmarschall, aber dann im Russlandfeldzug 1941 verabschiedet. Er starb am 18. Oktober 1948 in britischer Gefangenschaft, vor der Eröffnung eines Prozesses gegen ihn.

Canaris, Wilhelm: Da herauskam, dass er in den Widerstand gegen Hitler verwickelt war, wurde er im Februar 1944 kaltgestellt, nach dem 20. Juli des Jahres verhaftet und am 9. April 1945 im Lager Flossenbürg hingerichtet.

Dietrich, Joseph: Er wurde mit seiner Waffen-SS ein richtiger Draufgänger und von seinem Führer hoch gelobt und ausgezeichnet. Er starb am 21. April 1966.

Dietrich, Otto: Er blieb bis zuletzt Hitlers treuer Paladin. Im Nürnberger Wilhelmstraßen-Prozess von 1949 wurde er wegen Verbrechen gegen die Menschlichkeit zu sieben Jahren Haft verurteilt, doch schon 1950 freigelassen. Er starb 1952.

Frank, Hans: Unter seiner Herrschaft wurden die hier nur angeschnittenen Grausamkeiten in Polen tatsächlich ausgeführt. Dafür wurde er am 16. Oktober 1946 in Nürnberg hingerichtet.

Furtwängler, Wilhelm: Nach 1945 wurde er zwar von einer deutschen Entnazifizierungskammer freigesprochen, jedoch mit Auftrittsverbot bis 1949 belegt. Er starb am 30. November 1954.

Goebbels, Joseph: Er blieb fanatischer Endsiegbeschwörer bis zuletzt und starb als letzter deutscher Reichskanzler am 1. Mai 1945 nebst Magda und den sechs Kindern durch Selbstmord.

Goerdeler, Carl Friedrich: Wurde für seine Teilnahme am Putsch vom 20. Juli 1944 am 2. Februar 1945 hingerichtet.

Göring, Hermann: Nachdem er bei Kriegsende tatsächlich für kurze Zeit die Nachfolge Hitlers angetreten hatte wurde er verhaftet und im Nürnberger Prozess zum Tod verurteilt. Der Hinrichtung entging er durch Selbstmord am 15. Oktober 1946. Emmy Göring starb am 8. Juni 1973.

Guderian, Heinz: Er überlebte den Krieg in verschiedenen Positionen, einschließlich Absetzung, und starb am 14. Mai 1954.

Halder, Franz: Wurde 1942 als Generalstabschef abgesetzt und war in die Ereignisse vom 20. Juli 1944 verwickelt, überlebte aber in einem KL. Er starb am 2. April 1972.

Heydrich, Reinhardt: Am 27. September 1941 rückte er zum Stellvertretenden Reichsprotektor von Böhmen und Mähren auf, was ihm nach Hitlers krudem Verständnis von Macht mehr Befugnisse gab als dem eigentlichen Reichsprotektor Freiherr von Neurath - worüber dieser nur glücklich sein konnte: Denn am

27. Mai 1942 wurde Heydrich bei einem Attentat schwer verletzt und erlag ihm am 4. Juni.

Himmler, Heinrich: Auch er geriet, nach Hitlers letzter Ansicht über ihn, unter die Verräter und wurde am 28. April 1945 aller seiner Ämter enthoben. Bei Kriegsende versuchte Himmler unterzutauchen und geriet tatsächlich unter falschem Namen in britische Gefangenschaft. Aber als er doch erkannt wurde, schluckte er rasch seine Giftkapsel, die er für diesen schlimmsten Fall im Mund bereitgehalten hatte...

Hitler, Adolf: Noch einige Attentatsversuche, von denen er nie etwas erfuhr, durfte er überleben, bis ihn der vom 20. Juli 1944 beinahe erwischt hätte. Aber seine Zeit war abgelaufen: Am 30. April 1945, als alles zusammenbrach, beging er mit seiner Ehefrau Eva, geborene Braun, im Bunker zu Berlin Selbstmord..

Hoeß, Rudolf: Aus Sachsenhausen, wo wir ihn kennengelernt haben, wurde er am 1. Mai 1940 nach Auschwitz versetzt, das in der Geschichte bekannteste Vernichtungslager in Polen, das er bis zum 9. November 1943 leitete. Erst am 11. März 1946 wurde er von britischer Militärpolizei verhaftet und anschließend als Zeuge im Nürnberger Prozess benötigt, dann am 25. Mai an Polen ausgeliefert. Am 2. April 1947 wurde er zum Tod verurteilt und am 16. April in Auschwitz hingerichtet.

Koch, Ilse: Sie kriegte man natürlich nach dem Krieg an den Wickel, doch hatte sie unverdientes Glück, indem man ihr Lebenslang auf vier Jahre reduzierte. Aber das Schicksal ließ diesmal nicht locker: Am 15. Januar 1951 wurde sie vor einem deutschen Gericht angeklagt und erhielt erneut Lebenslang. Am 1. September 1967 beging sie im Gefängnis Selbstmord.

Langsdorff, Hans: Da er im Dezember 1939 seine Admiral Graf Spee in den Hafen von Montevideo bringen und sie dort versenken musste, setzte er seinem Leben ein Ende.

Naujocks, Alfred: Dieser amoralische Tausendsassa lief im November 1944 zu den Amerikanern über, die ihn jedoch bei Kriegsende in ein Lager für Kriegsverbrecher verbrachten. Von dort brach er aus. Nun war seine Spur nicht genau auszumachen, bis er am 4. April 1960 in Hamburg starb, ohne je zur Rechenschaft gezogen worden zu sein.

Raeder, Erich: Am 30. Januar 1943 trat er zurück, weil er sich mit Hitler wegen der mangelnden Erfolge der dicken Pötte verkrachte. Wider sein eigenes Erwarten wurde er den Nürnberger Hauptkriegsverbrechern beigesellt und zu lebenslanger Haft verurteilt. Doch am 26. September 1955 war er wieder frei und starb am 6. November 1960 in Kiel.

Ribbentrop, Joachim von: Über ihn gibt's nichts mehr zu sagen als: Er wurde in Nürnberg als Verbrecher für den Krieg, gegen Menschlichkeit und Frieden für schuldig befunden und am 16. Oktober 1946 hingerichtet.

Rosenberg, Alfred: Er versuchte sich im Nürnberger Prozess gegen den Vorwurf der Kriegsverbrechen und Hetze gegen die Juden und der Gräueltaten im Osten zu verwahren, wurde aber verurteilt und am 16. Oktober 1946 hingerichtet.

Schacht, Hjalmar Horace Greely: Auch er verkrachte sich mit Hitler und landete nach dem 20. Juli 1944 im KL Ravensbrück, um später nach Flossenbürg überstellt zu werden. Dort befreiten ihn die Amerikaner, doch auch er landete auf der Anklagebank für Hauptkriegsverbrecher in Nürnberg - Freispruch. Doch ein deutsches Gericht nahm ihn nochmals her und verurteilte ihn zu acht Jahren Arbeitslager. Das Berufungsgericht hob das Urteil auf, so dass man Schacht am 2. September 1948 freilassen musste. Nach wiederum erfolgreicher Tätigkeit im Geldge- werbe verstarb er am 3. Juni 1970.

Streicher, Julius: Wie nicht anders zu erwarten, landete auch er in Nürnberg, wurde verurteilt und wie die anderen Hauptangeklagten am 16. Oktober 1946 durch den Strang hingerichtet.

Wasner, Eugen: Er hat die fatalen Äußerungen über Hitler tatsächlich gemacht, aber zu seinem Leidwesen in schlechter Kriegslage, nämlich 1943, und sehr freizügig vor Kameraden der Kompanie im Osten. Einer von diesen war ein Verräter und meldete Wasners Darstellung nach oben. Folge: Verhaftung, Verhör, kein Widerruf Wasners, keine Entschuldigung, im

Gegenteil: „Bei Jesus und Maria, er hat's aber doch getan, der Adi, ich kann's beschwören!“ Dabei blieb er und starb unter dem Fallbeil - ein echter Held im Dritten Reich!

Weizsäcker, Ernst Freiherr von: Im Frühjahr 1943 schob Ribbentrop ihn auf den Posten eines Botschafters beim Vatikan ab. Im Juli 1947, als er nichts Böses mehr ahnen mochte, wurde er verhaftet und im sogenannten Wilhelmstraßen-Prozess angeklagt, am 14. April 1949 zu sieben Jahren Haft verurteilt. Eine allgemeine Amnestie verschaffte ihm allerdings nach 18 Monaten die Freiheit. Er starb am 4. August 1951.

ENDE

Außerdem bald von Walther Rohdich erhältlich:

Das Hitler-Attentat vom 20. Juli 1944

Wenn es gelungen wäre ...

(erscheint voraussichtlich im März 2017)

Pimpfe, Pauker und Propheten

Jugend in Deutschland 1930 bis 1948

(erscheint voraussichtlich im April 2017)